중국 유학생들이 말하는, 학업보다 어려운 한국 문화

문화장벽을 넘어
더불어 살기

내일을여는지식 교육 6

중국 유학생들이 말하는, 학업보다 어려운 한국 문화

문화장벽을 넘어 더불어 살기

김삼화 | 김창대 공저

한국학술정보㈜

최근 중국의 개혁개방정책(改革開放政策)에 따라 많은 중국학생들이 한국으로 유입되고 있다. 출입국 관리국 통계연보의 '체류자격에 따른 분류' 중 '체류자격별 외국인 입국자'에 따르면, 2001년 중국유학생은 1,832명, 2002년 2,836명, 2003년 6,213명, 그리고 2004년에는 9,118명에 이르렀다. 교육인적자원부(2004)는 2010년에 유학생의 총수가 5만 명에 달할 것으로 추산하고 있다. 이러한 중국유학생의 양적 증가 이면에는 한국에서 성공의 기회를 찾으려는 중국인 유학생의 기대와 親韓·支韓 해외 인적자원 개발이라는 한국의 정책적 고려가 있다(한국교육인적자원부, 2004). 그러나 아직 한국 내 중국유학생들에 대한 기초적 연구가 부족하여 중국인 유학생들이 잘 적응하면서 한국에 대한 좋은 감정을 발전하고 있는지에 대한 평가는 쉽지 않다.

본 저자 중의 한 명도 중국인 유학생으로 한국에서 석사·박사 학위를 취득하였다. 본인의 경험에 따르면 상당히 긴 시간 동안 적응의 어려움을 겪었다. 그것도 '이러한 어려움은 다른 문화를 적응하는 과정에서 누구에게나 있을 수 있는 문화충격현상'이라는 사실을 전혀 모르는 상태에서다. 다행히도 저자는 상담이라는 학문영역에서 자기의 고민을 해결하기 위하여 '문화적응'과 적응하는 과정에서 인간의 '심리변화'를 전문적으로 공부하고 연구할 수 있는 기회가 있었기 때문에 지금은 그 힘든 경험이 모두 소중한 '문화자산'으로 받아들였지만 아직도 많은 유학생들이 문화적응의 어려움 때문에 한국에 대한 부정적 인상을 그대로 가지고 있는 채 귀국했거나 본인에게 주어진 소중한 유학 기회를 잘 살리지 못하고 있다. 유학생 중에 마음속에 부정적인 감정을 담고 또 그러한 부정적인 감정을 근거로 한국에 대한 부정적인 인상을 주변에 확산한 유학생들을 보면 안타까움을 금할 수 없다. 물론 이러한 현상은 한국에서만 발생하는 일은 아니다. 일본, 미국 등의 해외에서 수행된 선행연구들을 보면 유학생들이 보편적으로 의사소통의 곤란, 불안, 대인관계 방식에 대한 이해부족 등을 호소하며(松原, 1990), 이로 인하여 유학국에 대한 강한 분노를 표출하는 경우가 많음을 보고하고 있다(陳向明, 1996). 또한 야노 미찌꼬(2002)는 재한 일본유학생들이 일본인에 대한 선입견 및 부정적 태도, 직접적이고 강한 표현, 공중예절 및 질서의 부족, 배타성, 이질적 가치관 및 생활습관 등의 문제를 경험한다고 보고하였다.

유학생 중에 주변에 돕는 사람이 많거나 또는 본인이 내적인 힘이 강해서 어려움을 잘 극복하여 성공하는 사람도 있다. 힘든 일과 오해가 많았지만 시간이 경과함으로 어려운 문제도 자연스럽게 해결하는 경우도 많다. 그래서 이런 현상은 문화적응과정에서 당연히 있을 수 있는 일로 받아들이고 그냥 내버려 둬도 좋다고는 볼 수 없다. 그 이유를 다음 몇 가지 측면으로 설명할 수 있다.

첫째, 유학생들은 한정된 시간 내에 소정의 학업목표를 달성하고 귀국하게 되는 집단이다. 대부분의 유학생들은 학부과정 4년, 석사과정 2년, 박사과정 3~5년이라는 한정된 시간 내에 소정의 목표를 가지고 한국에 머물게 된다. 이 한정된 시간에 경험한 내용들은 인상으로 남게 되고, 그 인상이 파장효과를 가지고 있다. 예컨대 좋은 인상은 더 친밀해지고 싶고, 보답하고 돕고 싶은 마음을 가지게 하지만 나쁜 인상은 피하고 싶고, 복수하고 나쁜 소문을 퍼뜨리게 된다. 때문에 나쁜 인상으로 고착하기 전에 예방차원의 교육이 필요하고, 이미 나쁜 인상을 가졌으면 나쁜 인상을 좋은 인상으로 바꿀 수 있는 교정경험을 제공해야 한다.

둘째, 유학생들은 새로운 지식을 배우고 자신의 능력을 개발하기 위하여 유학 왔다. 문화적응에 있어서도 배워야 할 지식이 있다. 문화 및 문화적응에 관한 지식은 배워도 좋고 안 배워도 좋은 선택의 문제가 아니라 타 문화를 접하는 사람으로서 자기의 실생활에 직접 도움이 되는 지식이기 때문에 필수적으로 알아야 할 지식이다. 마치 운전자가 운전에 관한 지식을 먼저 배우고 운전면허를 취득한 다음에 운전할 수 있는 것처럼 말이다. 그리고 문화적응능력도 새로운 영역의 능력으로서 개발하고 훈련해야만 사용할 수 있는 유용한 능력이다. 이러한 능력개발은 투자할 가치가 있는 인간의 발달을 촉진하는 또 하나의 교육영역이다.

셋째, 중국인에게 있어서 한국은 미국 등 유럽나라처럼 발달한 자본주의 나라로 잘 알려진 나라가 아니다. 좋은 나라, 배울 점이 많은 민족으로 알리려면 그러한 이미지가 형성할 수 있도록 별도의 노력이 필요하다. 즉 한국에 온 유학생들에게 문화적응에 관한 교육을 함으로서 그들의 이해심과 포용력을 넓히게 하고, 늘 긍정적인 측면을 선택할 수 있는 사고의 힘을 가지게 하며, 자신의 부정적인 감정과 인상을 긍정적으로 바꿀 수 있는 유연성을 길러줘야 한다.

재한 중국유학생들이 한국에서 겪는 다양한 어려움 중에서 이 책은 문화적인 맥락에서의 대인관계 문제에 초점을 맞췄다. 문화적인 맥락에서의 대인관계 문제는 재한 중국유학생들이 보편적으로 겪고 있는 어려움이라고 생각된다. 왜냐하면, 한국과 중국은 정치·경제체제로부터 생활 문화에 이르기까지 서로 다른 체계를 가진 두 나라이다. 중국유학생들은 한국인과 서로 상이한 문화배경에서 생활해 왔기 때문에 한국인의 사고방식과 감정을 있는 그대로 이해하기란 쉬운 일이 아니다. 한 개인이 경험하는 인간관계의 양과 질은 그 개인의 독특한 자아형성 및 발달에 영향을 미친다(한종철, 김은정, 김영란 등, 1999). 대인관계가 만족스럽고 효과적인 경우 그러한 인간관계의 경험을 통하여 한 인간으로서 바람직한 성장과 발달을 하게 되지만 그러지 못하는 경우에는 심각한 부적응을 경험할 수도 있다. 이렇게 볼 때 문화적인 맥락에서의 대인관계 문제는 특별히 중요한 문제로 다루어져야 할 문제라고 본다.

이 책은 크게 세 부분으로 구성하였다. 첫 번째 부분은 문화적인 맥락에서 당사자들이 겪은 크고 작은 당혹스러운 상황을 제시했고, 두 번째 부분은 이러한 현상을 문화 및 문화적응이론으로 설명을 시도하였으며, 세 번째 부분은 해결책으로써의 대인관계교육 프로그램을 구성하였다. 문화적인 맥락에서의 대인관계문제와 해결책을 통찰력 있게 제시한다는 것은 그리 쉬운 일이 아니다. 저자의 학문적인 한계 때문에 문제만 제기하고 시원한 해결책은 제시하지 못했다고 봐야 한다. 아니, 어쩌면 문제의 핵심도 집어내지 못했을지도 모른다. 하지만 저자의 작은 노력으로 유학생들이 문화적응의 어려움을 다른 시각으로 볼 수 있는 안목을 가지기를 바라고 이 책의 출간을 계기로 다문화적인 배경에서 사람들이 서로 어울리는 어려움에 대해서 사회의 많은 관심과 학계의 후속 연구가 뒤따랐으면 한다.

마지막으로 이 책의 출간을 도와주신 분들에게 감사의 말씀을 올리고 싶다. 먼저 한국학술정보(주)의 권성용 선생님에게 감사를 드린다. 다문화적인 맥락에서의 대인관계문제에 대해서 관심을 가지고 오랫동안 자료를 수집해 왔지만 책으로 내기에는 아직 멀었다고만 생각해왔다. 권성용 선생님의 격려와 친절한 제안이 없었으면 이 책은 빛을 보지 못했을 것이다. 또 외국인인 저자의 매끄럽지 못한 한국어 원고를 교정하느라 수고하신 윤옥화 선생님에게 감사를 드린다. 끝까지 인내심을 가지고 세밀하게 교정을 봐 주신 덕에 이 책이 완성될 수 있었던 것이다. 늘 든든한 후원자로 물심양면으로 도와주신 많은 분들에게 이 책을 자그마한 선물로 드리고 싶다.

| 차례 |

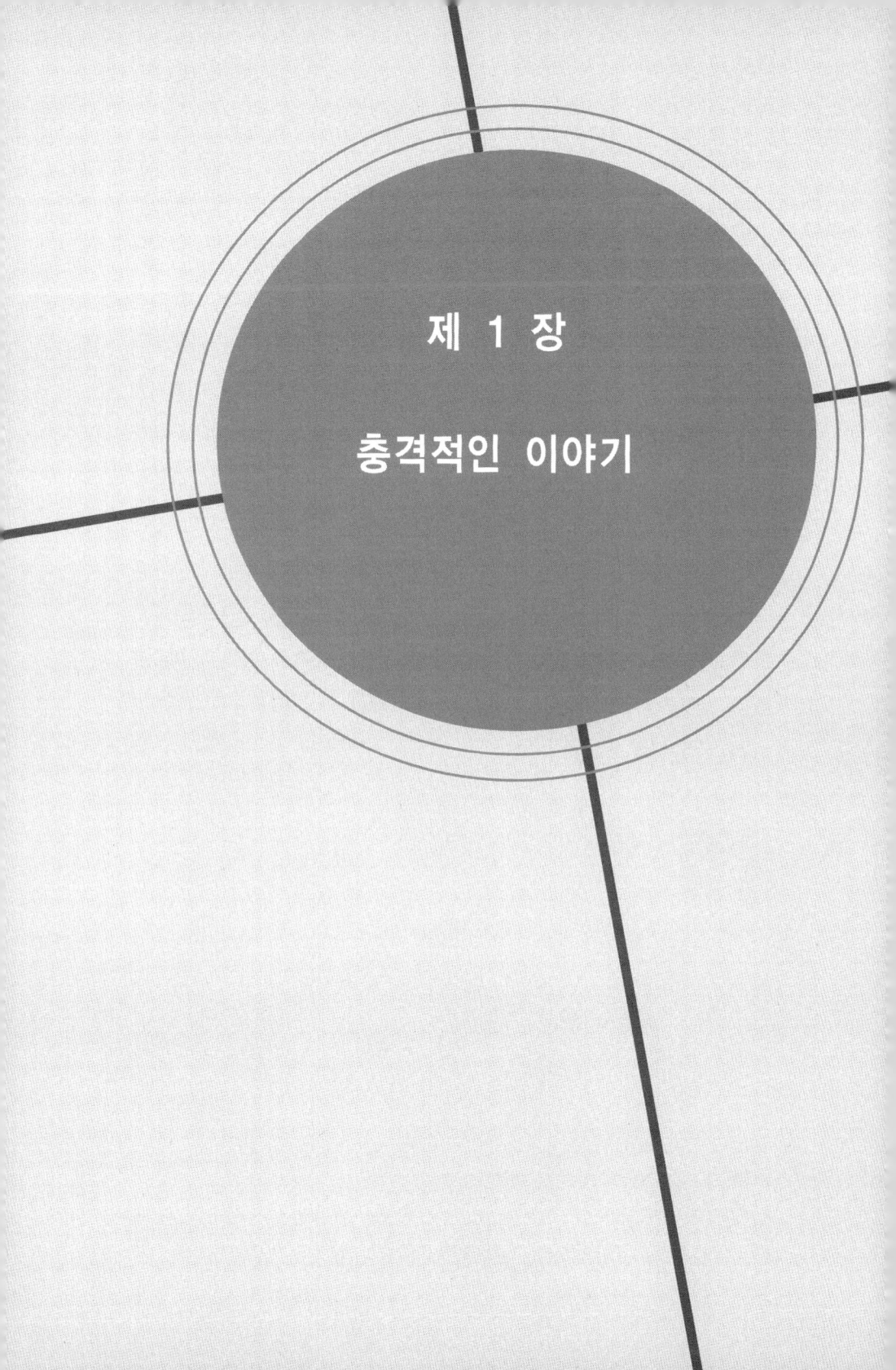

제 1 장

충격적인 이야기

중국유학생들은 보다 나은 세상에 대한 동경과 결코 포기할 수 없는 자기만의 꿈을 가지고 한국으로 유학 왔다. 중국 유학생들이 한국에 와서 어떤 경험을 했고 이러한 경험이 그들의 유학생활과 개인의 성장에 어떤 영향을 미쳤으며 그들의 성장과 성숙에 어떠한 도움을 제공해야 그들이 보다 성공적으로 유학생활을 할 수 있는지를 알고 싶어서 상담적인 접근으로 유학생들을 인터뷰했다. 본 장은 중국유학생들과의 인터뷰 내용을 재구성해서 정리한 내용이다. 본문에서 나오는 이름은 모두 가명이다.

"짐을 싸서 집에 가고 싶었어요."

김유경은 1년 전에 자비로 한국에 온 중국유학생이다. 현재 박사 과정 재학 중이고 약학 전공이다. 단정한 외모에 연구자를 친절하게 반기는 모습에서 연구자는 고향사람을 만나는 친근감을 느꼈다. 그는 자기의 이야기를 들어줄 사람을 기다렸듯이 말을 시작했다.

연구자: 한국에 와서 대인관계 문제에서 어려움이 있었나요?
김유경: 당연히 있었지요. 솔직히 저는 국내에서 저의 대인능력에 대해서 한 번도 의심한 적이 없었어요. 그런데…… 저의 교수님을 만나고 나서 도대체 뭐가 잘못됐는지 모르겠어요. 한때는 정말 답답해서 짐을 싸서 집에 다시 가고 싶었어요. 선생님은 잘 아시잖아요. 우리 중국 사람들은 관계를 특별히 중요하게 생각하잖아요. 제가 한국 오기 전에 많은 사람들이 저에게 해 준 말도 꼭 지도교수님하고 좋은 관계를 유지하라고 했거든요. 졸업논문도 그렇고, 앞으로 졸업해도 지도교수님의 도움이 필요하다고 하면서 좋은 조언을 많이 해 줬어요. 저도 당연히 교수님과 좋은 관계를 맺고 싶었지요.

유경 씨가 말하는 "대인능력"이 어떤 능력을 말하는 것인지를 한번 짚고 넘어가기로 했다. 왜냐하면 중국에서의 "대인능력"이 한국에서도 통한다고 말할 수 없기 때문이다. 유경 씨가 자기의 "대인관계능력"을 믿고 있기 때문에 상대방에게서 문제를 찾고 있다. 그리고 유경 씨가 말하는 "중국인이 중요하게 생각하는 인간관계"는 어떤 의미인지, "교수님과의 좋은 관계"는 무엇을 가리키는지도 확인할 필요가 있었다. 중국인이 인간관계를 중요하게 생각하는 측면과 한국인이 인간관계를 중요하게 생각하는 측면이 다를 수 있기 때문이다. 유경 씨가 중국인의 측면만 생각하고 있는 것 같아서 이 부분에서 충돌이 생길 수도 있겠다는 생각이 들었다. 그리고 유경 씨가 생각했던 "교수와의 좋은 관계"도 교수님이 기대하는 "제자와의 좋은 관계" 형태와 다를 수 있을 것이라는 짐작을 했다. 이런 내용을 더 탐색하고 더 확인해 보기 전에 유경 씨의 마음을 편안하게 해 주고 싶어서 유경 씨의 마음에 쌓였던 불쾌한 감정부터 털어 버릴 수 있도록 도와주기로 했다.

연구자: 유경 씨는 교수님과 좋은 관계를 맺으려는 의도도 있었고, 또 충분히 좋은 관계를 맺을 수 있는 능력도 있다고 믿었는데 상황이 기대한 것처럼 안 되니 좀 당황했겠네요. 불쾌한 감정이 많이 생길 것 같아요. 많이 힘들었을 텐데. 어때요, 마음이 어땠어요?

김유경: 마음, 잘 모르겠지만, 화가 나지요. 화가 나도 교수님한테 말할 수 있겠어요? 나중에는 제가 마치 문제 있는 사람같이 느껴지기도 해요. 저 빼고 다른 한국학생들은 잘 지내고 있으니까요. 그런데 이상하게 지도교수님을 만날 때마다 관계가 꼬이더라구요. 자꾸 의도와 다른 말이 나오고, 어떻게도 불편한 것 같고. 가끔 제가 정말 무능한 사람이라는 생각이 들 때도 있었어요. 너무 부끄럽고, 말하기도 싫고, 마음에서 뒤죽박죽 한 뭉치가 있는 것 같은데 어떻게 처리해야 할지 저도 잘 모르겠어요. 점점 사람 만나기가 싫어지고, 혼자 있자니 쓸쓸하고…… 나중에 같은 중국친구와 함께 한국 사람이 좀 이상하다는 결론을 내렸어요. 우리가 중국에서도 지금과 똑같이 했지만 아무런 문제도 없었으면 당연히 한국 사람의 문제 아니겠어요? 생각처럼 안

되니까 하루하루가 힘들었어요.

연구자: 그랬었군요. 정말 많이 힘들었겠네요. 짐을 싸서 다시 중국으로 돌아가고 싶은 마음까지 있었다면 얼마나 힘들었겠어요? 그래도 꿈을 위하여 여기까지 온 거 아니겠어요? 유경 씨처럼 꿈이 있는 사람은 조금 우여곡절을 겪더라도 결국은 다 성공하더라구요.

김유경: 그렇지요. 그렇게 말씀해 주셔서 고마워요.

연구자: 교수님과의 관계에서 제가 몇 가지 질문을 더 해도 될까요?

유경 씨의 마음에는 여러 가지 복잡한 감정들로 가득 쌓여 있었다. 유경 씨의 마음과 생각을 좀 정리할 수 있도록 도와주기 위하여 몇 가지 질문을 던졌다.

연구자: 유경 씨가 바라는 좋은 관계는 어떤 관계죠? 그러니까 보통 중국 사람들이 좋은 관계라고 할 때 사람들은 주로 무엇부터 말을 하죠?

김유경: 좋은 관계? 솔직히 깊이 생각해 본 적은 없는데, 그런 느낌이 있잖아요. 서로 호감이 가고, 서로 신뢰하고, 부탁할 수 있고, 오랫동안 기억해 주고, 중요한 일이 있을 때 서로 도울 수 있는 그런 관계라면 좋은 관계 아닐까요? 말로 하기에는 어렵지만 그런 느낌이 들 때 있어요.

연구자: 그렇다면, 유경 씨가 찾아갈 때 교수님이 어떻게 행동해야 유경 씨가 느끼기에 교수님이 유경 씨에 대해서 호감이 있고, 유경 씨를 신뢰한다고 생각하죠?

김유경: 어떤 특정한 행동보다 그것도 느낌인데, 최소한 반갑게 인사하고, 잠깐이라고 최근의 상황을 물어보고, 제가 민망하지 않을 정도로 체면을 세워 주는 행동을 바라겠지요? 그리고 꼭 그렇지 않더라도 어려움이 있으면 얼마든지 찾아오라는 말을 해 주면 더 고마울 것 같아요. 정말 말만 해 줘도 고마울 것 같아요.

연구자: 그렇다면, 유경 씨가 어떻게 행동해야 교수님이 유경 씨를 신뢰하고, 유경 씨에게 호감이 가고, 중요한 일이 있을 때 유경 씨에게 연락이 갈 수 있을 것 같아요?

김유경: 그러게요. 저는 많이 생각하지 않고 그냥 중국에서 했던 대로 친해지려고 적극적으로 노력했지요. 처음에는 친하지 않아도 친한 척하면 사람들이 좋아하잖아요. 저는 지도교수님이라면 당연히 격식 없이 친하게 지내야 된다고 생각했어요. 그래서 특별히 볼일 없어도 일부러

3그냥 찾아가서 안부 전하고 편안하게 이야기를 하려고 했어요. 친구들이 교수님을 찾아갈 때는 먼저 전화로 약속하고 가라고 했지만 저는 일 때문에 간 거 아니잖아요. 있으면 만나고, 없으면 그냥 와도 된다고 생각했거든요. 자연스럽게 만나서 자연스럽게 대화하기를 바랬죠. 사람은 일단 서로 알아야 친해지잖아요. 적어도 제가 어디에서 왔고, 그 지역이 어떤 곳이고, 제가 어떤 능력과 꿈을 가지고 있는지에 대해서는 교수님이 알고 계셔야 되잖아요.

연구자: 유경 씨는 중국에서 했던 대로 했겠네요. 유경 씨의 의도를 알아주고, 유경 씨에 대해서 좀 더 많은 관심을 가져 주기를 바랬는데 기대했던 반응이 없어서 좀 섭섭했겠네요.

김유경: 그렇지요. 저의 지도교수는 저에 대해서 별 관심이 없으신 것 같았어요. 한 번도 먼저 물어봐 주시지 않았어요. 제가 좀 적극적으로 찾아가서 말을 걸어 보려 하면. 진지하게 '무슨 일 있니? 나 지금 조금 바쁜데 너 아주 급한 일 아니면 다음에 어때?' 이런 식으로 저를 민망하게 만들어 버린다니까요. 제가 무슨 바쁜 일이 있겠습니까?

연구자: 기분이 안 좋았겠네요.

김유경: 그럼요. 상상해 보세요. 제가 얼마나 난감했겠습니까? 특별히 일 없이는 다시는 안 가겠다고 생각했지만 그래도 용기를 내서 다시 찾아갔죠. 자꾸 만나야 된다고 생각했으니까요. 방법을 바꿔서 수강신청에 관한 문제를 가지고 갔더니 교수님이 하신 말씀이 '이런 문제는 친구한테 가서 물어보는 게 어때?' 에휴. 제가 너무 기가 막혀서 그 자리에서 눈물 날 뻔했다니까요.

유경 씨는 교수님과 친해지려고 나름대로 여러 가지 방법을 시도하였다. 대부분의 방법은 중국에서 사람들을 만날 때 썼던 방법이었고, 적절한 태도와 적절한 시기라고 생각했던 것 같다. 그러나 이런 방법은 한국에서 느닷없이 좌절을 경험했다. 유경 씨는 교수님과 친해졌다는 느낌이 안 들었고 반대로 관계가 더 껄끄러워진 것 같고, 자기의 마음도 좀처럼 편하지 않았다. 유경 씨는 혼자의 힘으로 이 상태를 역전하거나 스스로 편해질 수 있는 방법을 찾아내지 못했다.

연구자: 많이 섭섭하고 난감했겠네요.

김유경: 그렇지요. 어찌 창피하고 난감했던지……. 제가 저의 상황을 다른 친
구에게 말했더니 제가 너무 눈치 없다고 하잖아요. 제가 눈치 없는
사람은 아니거든요. 제가 뭘 잘못했지요? 제가 바라는 것은 단지 선
생님과 친하게 지내는 것인데 그럼, 제가 아무런 행동도 안하는 것이
더 좋은 건가요? 지금은 되도록이면 교수님을 만나는 일을 피해요.
아무런 기대도 안 하려고요. 한국에서 사람에게 기대하지 않는 게 더
현명하다고 하더라구요. 후유 —

연구자: 관계가 잘 안되니 피하고 싶겠네요. 교수님의 입장은 어떤지 생각해
본 적 있나요?

김유경: 그건 모르지요. 교수님은 일도 많고, 제자들도 많으니까 저에 대해서
관심이 없으시니까 생각하지 않을 수도 있겠지요? 이렇게 생각하니
더 화가 나요. 제가 바보 같고, 왜 한국으로 왔나 싶고, 정말 짐을 싸
고 다시 중국으로 돌아가고 싶어요. 이럴 때 제가 자꾸 작아지는 느
낌이 들어요. 중국이 잘 사는 나라라면 교수님이 이럴까요?

여기서부터 유경 씨는 교수님의 생각과 의도를 상상으로 왜곡하
기 시작한다. 자기에 대해서 별 관심이 없고, 그 이유는 중국이 못
사는 나라이고, 못 사는 나라에서 온 학생에게 잘해 줘 봤자 별
이득이 없고, 잘해 줬다가 나중에 친해지면 괜히 부담이 될 수도
있고, 거리를 유지하는 것이 교수님이 의도적으로 선택한 전략이라
고 상상하면서 그것이 마치 사실인 것처럼 확신 있게 말하면서 자
기의 경험과 교훈으로 후배들에게 조언까지 하기 시작한다.

연구자: 유경 씨가 교수님을 오해하는 부분도 있을 것 같은데 교수님이 실제
로 어떤 마음이었는지 확인해 보셨나요?

김유경: 저하고 말씀을 나누지 않으려 하는데 제가 어떻게 알 수 있겠어요?
그런데 저뿐만 아니고, 다른 친구들도 그렇게 생각해요. 뻔하잖아요.
사람은 누구나 이익을 추구하고 부담은 피하려 하잖아요. 우리가 못
사는 나라에서 태어났으니까 어쩔 수 없는 거죠. 이렇게 나오니까 정
말 조국이 어떤 의미인지 알 것 같아요. 그래서 선배들이 밖에 나가

면 다 애국자 된다는 말을 그렇게 한 것 같아요. 외국에 나와서 이렇게 서러운 일들이 있으니까 정말 조국이 잘됐으면 좋겠어요. 미국 사람들 보세요. 한국 사람들은 미국 사람들한테는 정말 잘해 주잖아요.

연구자: 개인적인 경험인데도 나라와 연계하기 쉽죠? 그렇다면 이런 관계문제도 문화적인 방식의 차이 때문에 생길 수 있는 문제라는 생각은 해보셨어요? 예를 들어, 같은 교수님이지만 한국학생들은 유경 씨와 다른 경험을 할 수 있잖아요.

김유경: 솔직히 저는 한국학생들을 더 이해할 수 없어요. 한국인들이 앞에서 하는 행동과 뒤에서 하는 행동이 다르잖아요. 교수님 앞에서는 공손하고, 예의바르지만 뒤에서는 교수님을 씹는 일 빼고는 할 일도 없잖아요. 한국학생들은 저보다 불만이 더 많은 것 같아요. 걔네들의 말에 의하면 뒤에서 이렇게 다 풀어야 교수님을 웃는 얼굴로 다시 볼 수 있대요. 정말 이중적인 사람 같아요. 우리 중국 사람들은 뒤에서 사람을 욕하거나 말하지 않잖아요. 어떻게 뒤에서 그렇게 욕하고 앞에서는 또 웃음을 지을 수 있는지 도무지 이해할 수 없어요. 저는 이런 한국학생의 대인태도를 싫어서 절대로 걔네들처럼 똑같이 하지 않으려 했는데 결국은 걔네들이 계속 교수님과 친하게 잘 지내고, 저는 이러지도 저러지도 못하는 꼴로 되었네요. 한국학생들도 교수님께 불만이 있지만 적어도 저처럼 이 지경까지 온 거 같지는 않아요.

여기에서 한국 사람의 대인관계 방식과 중국 사람의 대인관계 방식의 차이를 발견할 수 있다. 대부분의 한국 사람들은 사람과 사람이 만나면 반드시 이런 저런 불만이 생길 수 있고, 이런 감정, 저런 감정이 생길 수 있다고 생각한다. 그것이 긍정적인 감정이든, 부정적인 감정이든, 감정이 생기면 오히려 가까운 관계라고 생각한다. 즉 정든 관계는 인간적인 좋은 관계라고 본다. 그리고 서로 형편이 비슷한 사람끼리 안전한 자리에서 서로의 마음을 보여 주고, 마음속에 쌓인 감정을 풀어 주는 것이 지극히 정상적인 일이고 바람직한 일이라고 생각한다.

그러나 중국인은 그렇지 않다. 중국인은 되도록 타인의 감정을 건드리지 않는다. 그것이 좋은 감정이든 나쁜 감정이든 감정적으로 행동하면 믿음직스러운 사람이 못된다. 중국인은 본인의 감정도 동요가 없어야 편하다. 중국에서는 타인에게 쉽게 마음을 보여 주지 않는 것이 일반적인 상식이다. 그리고 상대의 체면이 중요하고 어떠한 경우에도 상대의 체면을 상하게 하지 않으려 노력한다. 중국에서 아주 가까운 관계에서도 감정을 주고받고 하는 일이 흔하지 않다. 관계에서 나쁜 감정은 관계악화의 신호이다. 나쁜 감정을 직접적으로 전달하면 관계회복이 굉장히 어려워진다. 나쁜 감정을 노골적으로 드러내는 일은 중국인에게 아주 상징적인 의미가 있는 사건이다. 관계에서 참을 대로 참았으니 이젠 더 이상 참을 수 없음으로 관계를 정리하겠다는 표시이다. 중국인은 원칙보다 관계를 더 중요하게 생각하는 문화를 암묵적으로 받아들였다. 따라서 나쁜 관계에서 상대의 도움은커녕 정상적인 협조를 구하는 것도 상당히 어려워진다. 그래서 중국인은 관계가 굉장히 중요하다고 한다. 관계가 나쁘면 개인의 기분 문제뿐만 아니라 정상적인 일도 정상적으로 처리하기 어려워질 수 있기 때문에 사람들은 긍정적인 관계를 유지하는 일에 상당히 많은 노력을 한다. 중국인에게 좋은 관계는 정을 나누는 관계가 아니고, 서로의 체면을 최대한 세워 주고, 서로의 이익을 최대한 챙겨 주는 관계이다. 좋은 관계에서 서로의 이익을 챙겨 주기 때문에 중국에서의 사회적인 성공은 인간관계에 달렸다고 해도 과언이 아니다. 체면문제는 비물질적인 내면의 삶과 관련된 문제이기 때문에 타인이 체면을 세워 주지 않으면 내면의 평화도 깨진다. 중국에서 인간관계를 제대로 하지 못하면 사회적으로 무능한 사람으로 취급하기 쉬우며 관계의 평화를 깨는 당사자는 상당히 현명하지 않는 사람으로 취급당한다. 유경 씨가 교수님과의 관계를 그토록 심각하게 생각했던 이유도 아마 이런 문화적인 배경에서 비롯된 것이다.

> 연구자: 교수님께 유경 씨의 마음을 알려 드리지 않았지요?
> 김유경: 교수님께 제 마음을 이야기한다고요? 제가 미쳐서 그런 바보 같은 짓을 해요? 제가 교수님께 뭐라고 해야 하죠? 당신이 정말 나쁜 사람이라고! 내가 한국보다 낙후한 중국에서 왔다고 나를 무시하고 있다고 가서 따져요? 교수님이 불친절하다고 앞에서 이야기해요? 나에게 좀 관심을 보여 달라고 애원해요? 제가 이런 이야기를 하고 정말 중국으로 가버리면 몰라도 멀쩡한 정신에 이런 이야기를 왜 하겠어요?

유경 씨가 진지하게 교수님께 자기의 심정을 말하면 한국의 교수님이라면 이해할 수도 있을 것이다. 하지만 유경 씨는 중국에서의 경험으로 한국교수님을 생각하고 있기 때문에 그런 이해받을 수 있는 행동을 하지 못하고 있다. 자기의 심정을 말할 필요성을 느끼지 못했고 또 자기의 마음을 차분하게 전달하지도 못한다. 그렇게 해본 적 없었기 때문이다. 유경 씨는 확인하지도 않은 수많은 상상으로 이미 교수님을 나쁜 사람으로 낙인찍었고 마음으로 교수님을 비난했기 때문에 교수님도 자기를 좋아하지 않을 거라고 더 확실하게 단정 지었다. 유경 씨는 현실과 상상의 경계가 모호했고, 감정과 생각이 얽혀져 있었기 때문에 전문가의 도움을 받으면 좋을 거라고 생각하였다.

> 연구자: 이런 어려움을 두고 전문적인 도움을 요청한 적은 없었나요? 예를 들어 상담을 받아 보면 마음이 좀 편해질 수도 있는 것 같은데요.
> 김유경: 교수님과의 관계문제로 상담을 받는다고요! 당사자도 해결할 수 없는

문제를 상담자가 어떻게 해결해 줄 수 있어요? 저는 정말 중국에서 대인관계 문제 때문에 이렇게 심각하게 고민해 본 적이 없어요. 고민이 전혀 없는 거는 아니지만 금방 해결이 되더라구요. 제가 사람들과 잘 어울리거든요. 저 친구 많아요. 한국에서는 문제가 다른 것 같아요. 농담이지만 교수님이 상담을 받아야 되지 않아요?

연구자: 그럼, 교수님과의 관계는 어떻게 풀어 갈 생각이신가요?

김유경: 저는 지금도 우리 선생님이 매일 무슨 생각을 하시는지 잘 모르겠어요. 제가 연구실에 찾아가도 별 말씀 없으시고 중국 다녀와서 일부러 인사하러 가도 저에 대해서 별로 궁금해하지 않더라구요. 처음에는 교수님이 이것저것 물을 것 같아서 제가 많이 준비했는데 아무것도 물어보지 않으시니까 좀 부끄럽더라구요. 제가 이런 교수님 밑에서 몇 년 공부해야 한다고 생각하니 자신이 없네요. 이런 관계 자체도 너무 힘이 드는데, 교수님과 친하지 않으면 앞으로 제가 할 일에도 별로 도움이 안 될 것 같아서 답답해요. 앞으로 어떻게 해야 하는지 정말 모르겠어요. 정말 답답해서 죽겠어요.

연구자: 교수님과 직접적인 충돌이 있었거나 관계가 이미 깨지는 거는 아니잖아요. 입장을 바꿔 놓고 생각해 볼까요? 교수님은 지금 유경 씨가 이렇게 복잡한 생각을 갖고 있다는 자체를 모를 수 있어요. 교수님도 중국에서 온 유학생을 어떻게 해 줘야 좋을지 모를 수도 있잖아요. 그 당시 정말 바쁜 일이 있으셔서 유경 씨를 챙겨주지 못할 수도 있고, 그렇지 않아요?

김유경: 그러니 제가 더 미치겠는 거예요. 가끔 정말 아무 일도 없었던 듯이 말을 건네주시는데 그때는 정말 속이 뒤집어져요. 저에게 관심이 없으면서 관심 있는 척하는 것이 너무 위선적이고 가식적으로 느껴져요. 제가 무슨 생각을 하는지 모르는 것이 바로 저에 대한 무관심 아닌가요? 저의 교수님도 해외에서 박사학위를 받고 온 사람이에요. 유학생의 심정과 형편을 모르시겠어요? 분명히 중국인에 대한 선입견이 있기 때문에 그렇게 거리를 유지하려 하는 것 같아요. 이런 문제는 말하지 않는 것이 상책이겠죠? 교수님이 이런 생각이 있었다고 본인의 입으로 직접 말씀하시겠어요? 누구나 숨기고 싶은 것이 있잖아요.

유경 씨의 행동 이면에는 유경 씨만의 강력한 생각과 감정이 내재되어 있다. 그러나 확인 없이 그렇게 확신 있게 자기의 생각을 믿고 있다는 것은 너무도 위험하고 부적절해 보였다. 유경 씨와 교수님과의 관계에서 누구의 잘잘못을 따질 일은 별로 없다. 문제의 핵심은 문화적인 차이에서 비롯된 오해를 어떻게 풀 수 있는가의 문제이다. 즉 유경 씨는 유경 씨대로 중국의 문화배경에서 자연스럽게 습득된 행동을 자동적인 수준에서 하고 있고, 교수님에 대한 기대와 예측도 중국배경에서 일방적으로 진행하고 있다. 두 사람의 생각과 감정의 충돌을 좀 더 이해하기 쉽게 표로 정리하면 다음과 같다. 여기에서 교수의 생각과 감정은 유경이 나름대로 추측한 부분이 있고, 유경 씨가 생각하지 못한 교수님이 가질 수 있는 다른 측면이 있다.

문화충격분석

	유경	유경이 상상한 교수	교수	충돌 점
생각	▶ 인간관계는 중요하다. ▶ 적극적으로 찾아 가는 것으로 교수님과 좋은 관계를 맺어야 한다.	▶ 중국 유학생과의 관계는 별로 중요하지 않다. ▶ 일정한 거리를 두는 것이 좋다.	▶ 가족 같은 관계로 되려면 시간이 필요하다. ▶ 연구실의 학구적인 분위기에 적응했으면 좋겠다.	체면을 세워주는 관계와 학문적인 진지한 관계
기대	▶ 만날 때 반가움으로 체면을 세워주고 ▶ 어려움이 있을 때 도움을 요청하면 진심으로 도와주기를 기대	▶ 중국 학생인데 신경 써 줄 필요 없다. ▶ 어떤 일이든 혼자서 알아서 했으면 좋겠다.	▶ 열심히 공부하고 친구들과 잘 어울렸으면 한다. ▶ 교수를 믿고 잘 따라 주면 필요할 때 당연히 도움을 준다.	원할 때 도움을 주는 것과 필요할 때 도움을 줌
감정	▶ 호기심, 반가움 ▶ 놀라움, 화남 ▶ 섭섭함, 답답함 ▶ 당황하고 난감함	▶ 별로 감정의 동요가 없음	▶ 의아하고 ▶ 걱정이 되고 ▶ 당황스러움	감정 강도의 차이
행동	▶ 적극적인 접근 ▶ 다른 시도 ▶ 회피	▶ 의도적인 회피 ▶ 목적 있는 접근	▶ 필요할 때 접근	접근 – 회피

유경 씨의 경험에서 볼 수 있듯이 유경 씨와 교수님의 개인 특성도 관계의 발전에 많은 영향을 미쳤겠지만 유경 씨와 교수님이 미처 알아차리지 못했던 문화적인 측면이 두 사람의 관계발전에서 결정적인 문제가 된 것이다. 즉 유경 씨와 교수님은 한국과 중국에 문화적인 차이가 있을 수 있다는 점에 대해서 확실히 많은 생각을 하지 못했다. 유경 씨는 중국에서의 경험과 기준을 그대로 적용하려 했고, 교수님도 한국에서의 행동방식을 특별히 조절하거나 다르게 행동하려는 노력을 하지 않았다. 유경 씨는 좋은 의도로 출발해서, 기존의 방식으로 접근하면, 기대한 대로 좋은 관계를 맺을 수 있을 거라는 확신을 가지고 교수님을 만났던 것이다. 그러나 본인의 방식이 기대했던 결과가 보이지 않았을 때 느꼈던 당혹함과, 상대에게서 기대하는 방식들이 보이지 않았을 때 느꼈던 섭섭함과 놀라움이 관계의 걸림돌이 되었다. 유경 씨처럼 대부분의 유학생들은 부정적인 감정이 생길 때 상대의 의도와 상대의 행동이 나로 하여금 부정적인 감정이 생기게 하였다고 생각한다. 자기가 불쾌해진 이유를 정당화하게 하기 위하여 상대의 의도를 임의로 추측하는데 상대방의 의도를 나쁜 쪽으로 생각하는 경향이 많다. 즉 대인관계에서 발생한 문제를 교수님의 개인적인 성향이나, 성품으로 생각하면 교수님에게는 아쉽고 원망스럽고, 심지어 혐오감까지 생길 수 있다. 유경 씨는 자기의 불편한 심정을 이야기해서 우리는 알 수 있었지만 아직도 유경 씨를 비롯한 외국 유학생들이 왜 불편했는지, 어떻게 해야 유경 씨가 마음이 풀릴 수 있는지에 대해서 알지 못하는 한국 사람들도 많을 것이다. 분명히 유경 씨의 지도교수님이 유경 씨의 감정을 알게 되면 상당히 당황스럽고, 난감했었을 것이다. 중국유학생이 교수님의 성품에 대해서 의심했다는 사실을 알게 되면 분개할 수도 있을 것이다. 중국유학생과 교수님은 모두 좋은 관계를 맺고 싶은 순수한 의도를 가졌을 것이다. 이러한 좋은 의도가 관계의 좋은 출발이 될 수 있지만 문화적인 맥락에서 서로에 대한 이해와 별도의 노력 없이는 충돌은 피할 수밖에 없을 것이다. 다음의 그림처럼 유경씨는 상상중의 한국인과 안 좋은 관계를 맺었지 실제의 한국인과 관계를 맺지 못했다. 이 사실만 확인해도 유경씨는 마음이 다시 밝아질 수 있을 것 같다.

"중국 사람은 절대로 무릎을 꿇지 않는다!"

학빈이는 80년대 출생의 외동자식 세대이다. 대학교 3학년으로 편입한 교환학생인데 그를 만날 때 그의 패션 감각이나 활발하고 재치 있는 성격들이 아주 인상적이었다. 길에서 보면 아무도 그를 중국에서 온 청년이라고 딱지를 붙이지 않을 것 같다. 학빈이는 사람을 굉장히 좋아한다고 자기를 소개하였다. 워낙 집에서 외동아이로 자랐기 때문에 친구를 그리워하고 밖에 나오면 또래들을 모두 형제자매로 생각하고 싶다고 한다. 그리고 중국에서 정말 친구를 많이 사귀었고, 친구와의 관계도 그런대로 좋은 편이라고 하였다. 한국에 와서도 좋은 사람, 좋은 친구가 많았지만 '농구사건' 후에는 한국 사람과 벽이 생겼다고 하였다.

학빈이는 농구를 굉장히 좋아했다. 친구의 소개로 교내 농구동아리를 알게 되었는데 농구만 할 수 있으면 타향생활도 그리 어렵지 않게 잘 버틸 수 있다고 생각하였다. 학빈이는 흥분된 마음으로 교내 농구동아리에 찾아가서 가입하기로 결정하였다. 한국은 중국과 달리 학생들끼리 만든 동아리조직인데도 거기에 회장 있고,

총무 있고, 규정까지 있어서 신기했다. 첫날에 동기와 같이 갔는데 선배한테 인사하는 것과 농구동아리의 규정에 대해서 소개를 받는 일이 너무 특이해서 좀 어색하기는 했지만 그런대로 좋아보였다. 나올 즘에, 선배님 중에 한 분이 "여기는 오고 싶으면 오고, 싫으면 안 나오는 그런 곳이 아닙니다. 다 같이 열심히 훈련을 잘해서 나중에 시합도 나가고 대외적으로 유명한 동아리로 자리 잡으려 합니다. 잘할 수 있죠?"라고 했던 말이 왠지 조금 불편하게 들렸다. 학빈이는 농구를 정말로 좋아하기 때문에 누가 말려도 자기는 당연히 열심히 할 것이라고 생각했고 정말 어쩔 수 없이 빠질 때는 다들 이해해 줄 것이라고 생각했다. 또 학빈이는 스스로 그렇게 까다로운 사람이 아니기 때문에 농구동아리에서 사람들과도 금방 친하게 잘 지낼 수 있을 거라고 믿었다. 그는 심지어 속으로 한국으로 올 때 어머니가 특별하게 준비해 준 맛있는 음식들을 동아리 친구랑 나눠 먹으면 다들 자기를 싫어할 사람이 없을 거라고 믿었다. 이렇게 시작한 동아리에서 처음 몇 번은 정말 재밌고 행복했다. 그런데 어느 날, 과 행사 때문에 동아리 모임시간에 40분이나 늦게 도착했다. 자기도 미안하고 아쉬운 마음에 허둥지둥 모임장소로 달려갔는데 그날따라 늦은 친구가 몇 명 더 있었다. 체육관 분위기가 굉장히 이상했다. 동아리 선배님 한 분이 정색으로 다가오면서 낮은 목소리 왜 늦었냐고 물었다. 그리고는 변명할 기회도 주지 않고 느닷없이 소리를 지르면서 야단을 치기 시작했다. 학빈이는 선배들이 작은 일을 가지고 너무 크게 확대해석을 한다고 생각하였다. 그리고 속으로는 선배들이 좀 가소로워 보였다고 하였다. 학빈이는 귀여운 표정을 지으면서 변명하려 했을 때 학빈이의 태도가 못마땅해서인지 아니면 그날따라 선배들이 기분이 나빠서 그런 건지 학빈이를 포함한 새로 가입한 후배들을 모두 불러내서 집단으로 기합을 주기 시작하였다. 체육관을 열다섯 바퀴 뛰라는 것이다. 학빈이는 좀 어이없었지만 한국친구들이 뛰기 시작했기 때문에 자기도 아무소리 없이 따라 뛰었다고 하였다. 그런데 선배들은 그것으로 그치지 않고 후배들이 '잘못했다고' 말로 잘못을 시인하라고 하였다. 이번에도 친구들이 공손하게 "잘못했습니다."라고 시인하였다. 그런데 학빈이는 도무지 이해할 수 없었다. 어쩔 수 없이 따라 했지만 마음이 굉장히 불편하기 시작했다. 몇 명 친구의 반성 태도가 마음 안 들어서 이번에는 "엎드려뻗쳐!"라고 명령했습니다. 친구들이 하나 둘씩 무릎을 꿇고 '엎드려뻗쳐' 준비를 하기 시작했습니다. 학빈이는 더 이상 참지 못하고 큰소리로 "저는 할 수 없습니다. 중국 사람은 절대로 무릎을 꿇지 않습니다."라고 하였다. 선배들은 학빈이의 갑작스러운 반응에 놀라서 순간 당황했다가 바로 학빈이에게 경고하듯이 말했다. "너 잘났다. 하기 싫으면 그만둬! 당장 나가!" 그랬더니 학빈이는 정말 뛰쳐나갔습니다.

연구원: 그 사건이 충격이 컸겠네요?
학 빈: 그렇지요? 솔직히 선배들이 농구를 정말 잘해요. 제가 선배님들과 농구를 같이 하면서 잘 배우고 싶었거든요. 그런데 무릎을 꿇는 것은 용납할 수 없잖아요? 그것은 우리나라의 국격을 짓밟는 행동이잖아요.

학빈이는 아직도 화를 다 풀지 못했다. '무릎 꿇기 사건'을 이야기할 때 여전히 흥분된 억양으로 이야기했다. 현대 중국인은 무릎 꿇는 행동을 '비겁한 자', '인격 없는 자', '권세에 굴복한 자'의 대명사로 쓰일 정도로 무릎 꿇은 행동에 대해서 굉장한 혐오감을 느낀다. 더구나 외국에서 외국인 앞에서 무릎 꿇은 행동은 개인의 문제가 아니라, 나라의 국격을 팔아먹는 행동으로 생각하기 때문에 이 행동에 대한 거부감이 상당히 크다.

> 연구원: 학빈 씨의 반응은 중국인으로서는 충분히 이해할 수 있지만 선배는 지금도 왜 학빈 씨가 그렇게 뛰쳐나갔는지 이해하지 못하고 있을 거예요. 오히려 학빈 씨가 참을성이 없고, 과잉반응을 한다고 생각할지도 몰라요. 선배의 행동이 옳고 그름을 떠나서 그 선배는 학빈이의 국격을 짓밟으려는 의도는 없었을 것 같아요. 어떻게 생각하세요?
>
> 학　빈: 제가 과잉반응이라고 생각한다고요? 다른 중국 사람이 그 자리에 있었다면 어떻게 하는지 보라고 해요. 제가 폭력을 하지 않은 게 다행인줄 알라고 해요. 중국에서 같이 온 친구들이 제 이야기를 듣고 너무 분해서 가서 때리자고 하는 것을 제가 말렸거든요. 우리 부모님이 늘 밖에 나와서는 많이 참으라고 하셔서 제가 가만히 있었지 안 그러면 저도 그런 모독을 당하고 그렇게 가만히 있지는 않죠.

실제로 중국유학생들이 한국에서 모독을 느끼거나 기분이 상하면 몸싸움을 한다고 들었다. 폭력사건까지 가지 않아서 정말 다행이었다.

> 연구원: 농구를 굉장히 좋아한다고 하지 않았어요? 아쉽지 않아요?
>
> 학　빈: 아쉽죠. 거기에서 잘 노는 친구를 보면 가끔 부럽기도 하고……
>
> 연구원: 그런데 왜 다시 찾아가지 않았어요.
>
> 학　빈: 저한테 그런 굴욕적인 요구를 하는 데 제가 어떻게 선배들과 계속 놀수 있겠어요? 무릎은 꿇으라고 하는 것은 너무 하지 않았습니까? 중국 사람은 절대로 무릎을 꿇지 못한다는 것을 보여 줘야지요. 그 사람들이 얼마나 큰 잘못을 저질렀는지를 이렇게라도 알려 줘야지요.
>
> 연구원: 한국에서 생활하다 보면 아실 텐데, 한국 사람들은 사과를 할 때라든

가, 자기를 낮추는 자세를 취할 때 무릎을 꿇고, 존경심을 표시할 때
도 무릎을 꿇잖아요. 그리고 '엎드려뻗쳐'는 무릎을 꿇으라는 뜻도 아
니잖아요. '엎드려뻗쳐'는 한국에서 자주 쓰는 체력단련의 방법인데
물론 잘못할 때 벌로 많이 쓰이기도 하죠. 선배들이 의도 없는 굴욕
을 받으신 것 같아서 좀 안타깝네요.

학 빈: 제가 설명을 다 하지 못해서 그러신 것 같은데요. 선배들이 자주 그
렇게 명령식으로 우리에게 말을 해요. 이번에 저한테는 처음이었지만
옛날에 다른 후배들한테 무릎을 꿇으라고 했어요. 제가 그날에 뛰쳐
나가지 않았으면 분명히 저한테도 손을 머리 위에 얹어 놓고 무릎을
꿇고 반성하라고 할 거예요. 한국 친구들은 아무렇지도 않지만 저는
절대로 이것만은 용납 못해요. 제가 한국에서 한국 사람 앞에서 무릎
을 꿇었다는 말을 들으면 중국친구들이 저를 어떻게 생각하겠어요?
제가 무슨 얼굴로 다시 중국 친구를 만나요?

연구원: 그 선배가 어떤 분인지 제가 못 봐서 잘 모르겠지만, 모임의 질서를
확실히 세우고 싶어서 한국에서 통하는 방법을 쓰는 것뿐이라는 생각
은 해보셨어요? 그러니까 학빈 씨 개인에게 어떤 모욕을 주기보다
그냥 후배들의 기강을 잡기 위해서 그런 방식을 택했다는 거…….

학빈 씨는 상대방이 어떤 의도로 행동을 했던 간에 상관없이 자
기가 받은 '모독'감에 사로잡혀 거기에서 벗어나기 어려웠다. 아마
다른 부정적인 감정도 함께 섞여 있어서 좋은 감정으로 회복하기
어려워하는 부분도 있었을 거라고 짐작했는데 학빈이의 이야기에
서 그 부분을 확인하였다.

학 빈: 그럴 수도 있겠지요. 그런데 저는 그 당시 정말 화가 나더라구요. 그
선배의 어떤 의도를 분석할 틈도 없었고, 제가 너무 화가 나서 그 자
리에서 뛰쳐나올 수밖에 없었어요. 그리고 솔직히 저는 선배들의 태
도와 행동에 대해서 별로 좋게 보지 않거든요. 저의 친구들도 선배들
을 뒤에서 욕해요. 저는 솔직히 한국 사람들을 이해 못해요. 자기들
도 싫어하면서 왜 앞에서는 말을 못하는지 저는 이해할 수 없어요.
그들은 자존심이 없는 건지 원래 이중성이 있는 건지, 그게 정말 싫
어요. 겉과 속이 다르고, 앞에서는 순종한 척하고 뒤에서는 죽이고

심을 정도로 밉고. 그리고는 어쩔 수 없다고 다시 같이 놀고…… 이런 친구들과 놀지 않아도 그렇게 아쉽지 않아요.

연구원: 그런 생각도 있었네요.

학 빈: 저도 답답해서 친구들에게 물어봤죠? 나는 참을 수 없는데 당신들은 어떻게 참았냐고? 그랬더니 하는 이야기가, 우리도 싫어요. 하지만 선배 한 사람한테 잘못 보이면 앞으로 견디기 더 어렵대요. 그 선배가 안 좋은 소문만 퍼뜨리면 그때 가서는 정말 죽는 것보다도 더 괴롭대요. 그리고 자기의 꿈을 펼치기 위해서 감수해야 된대요. 선배 싫어서 동아리에서 빠지면 꿈도 이루지 못하니까, 어느 정도는 참을 수 있대요. 그러니까 벌을 받을 때 벌이라고 생각하지 않고 체력단련이라고 생각하면 속이 편하대요. 또 혼자가 아니고 같이 벌을 받으니까 벌이라는 생각도 안 든대요. 선배도 화를 다 풀면 또 잘해 준대요. 배울 점이 많은 사람들이니까 같이 놀고 싶대요. 도대체 이 사람들이 왜 이렇게 생각하는지 이해할 수 없어요. 저는 한국친구들을 이해하지 못하는 부분이 너무 많아요. 제가 좋아하는 농구는 못했지만 제가 저의 인격을 지켰고, 중국인의 국격을 지켜서 하나도 후회하지 않아요.

연구원: 화해를 못 해서 너무 아쉽네요. 그 선배도 그런 부분은 좀 아쉽지만 다른 장점도 있을 텐데도 말입니다. 그리고 정말 후배들을 잘 돌보고, 성품도 좋은 선배들이 많을 텐데 안 좋은 경험으로 마음의 문을 닫으신 것 같아서 정말 안타깝네요.

학 빈: 괜찮아요. 지금은 한국친구들과 잘 놀지 않아요. 농구를 하고 싶으면 가끔 중국에서 온 유학생들과 같이 해요. 세상이 넓은데 한두 사람 때문에 제 인생을 망치겠어요. 저는 친구가 많아서 즐겁게 잘 지내요.

학빈 씨는 선배와 부정적인 관계경험을 하고 나서 한국의 선후배문화에 대해서 전적으로 부정적인 시각을 갖기 시작했고 한국친구와 거리를 두기 시작했다. 중국은 한국처럼 분명한 선후배관계문화가 발달되어 있지 않다. 혈연관계가 아닌 또래들이 서로 형, 누이로 부르는 현상은 있지만 그것이 한국과 같은 하나의 문화로 정형화되어 선배는 후배들의 존경을 받고, 후배들을 돌보는 의무를 다하며, 후배는 선배를 잘 모시고 선배에게서 좋은 전통을 이어받는 문화로 정착되지는 않았다. 더구나 학빈 씨는 외동자식 세대이기 때문에 형제자매와 함께 살아 보는 경험조차도 없다. 중국에서는 20세기, 80년대 후부터 한 가족당 한 아이만 낳게 하는 '산아제한' 정책을 실시하였다. 그때 태어난 외동아이들이 지금의 20대 아이들이다. 그들은 혼자서 사는 데 익숙한 아이들이고 총애와 관심을 한 몸으로 받는 것에 익숙한 아이들이다. 그들은 사람을 좋아하고 사람과 친해지기를 원하지만 사람과 더불어 사는 경험과 기술은 부족한 편이다. 형제 사이에 서로 돌보고 돌봄을 받는 경험, 형제들 사이에 서로 질투하고 또 화해하는 경험, 부모님 대신 동생에게 권위를 행사하는 경험, 부모님을 모시듯 형을 두려워하면서도 의지하는 등등에 대해서 직접적인 경험을 해보지 못한 세대들이다. 어릴 때부터 부모, 외할아버지, 외할머니, 친할아버지, 친할머니의 사랑과 세심한 관심을 받으면서 자랐기 때문에 억울함을 인내하고, 타인을 깊이 이해하는 경험도 많지 않다. 이렇게 자라온 아이들이 갑자기 자기의 나이와 별로 차이 없는 선배들의 지시를 받는다는 것은 어간 불편한 일이 아닐 수 없다.

한국학생들은 다르다. 한국학생은 형제자매 있는 가족분위기에 익숙한 아이들이다. 그들은 가족에서의 형제자매 관계양식을 사회조직에 옮겨 간다. 즉 동아리에서의 선후배 관계모형의 실체는 가족에서 형제자매 관계의 모형과 다를 바 없다. 부모님은 큰아이에게 많은 권한을 위임하고 큰아이는 부모님의 명을 받아 동생들을 훈육하고 돌본다. 좀 엄격한 가정에서 자라는 아이는 동생들을 돌볼 때 엄격한 방식으로 다루고, 부드러운 가족에서 자라는 아이는 부드럽게 동생을 돌보는 법을 배운다. 조직에서도 마찬가지이다.

한국학생들은 형 같은 선배의 존재자체를 인정하고 받아들인다. 때로는 선배의 잘못된 지시와 명령에 불쾌해지기도 하지만 대부분의 한국학생들은 선배들의 권위를 인정한다. 그리고 한국의 선후배 관계는 학빈 씨가 보고 경험한 그런 관계양식만은 아니다. 많은 조직에서 선배의 훈육적이고 돌보는 역할도 아주 크기 때문에 후배들은 괴로움보다 혜택을 많이 보게 된다. 선배들이 개척자와 보호자의 역할을 묵묵히 맡아서 하고, 후배들에게 개척된 영역을 물려주거나 추적된 경험을 물려주면서 후배들의 발전에 디딤돌의 역할을 한다. 이런 조직에서 후배들은 선배들을 진심으로 존경하고 받드는 문화도 만들어진다. 선배들은 후배들이 열심히 노력하도록 권면하기도 하고, 후배들에게 좋은 본보기가 되기 위하여 자율적이고 헌신적으로 노력하는 모습도 볼 수 있다. 한국에서 선후배 관계문화는 오랜 전통을 가졌을 만큼 긍정적인 부분이 많다. 그런데 대부분의 중국유학생들은 형제자매간의 끈끈한 정을 경험해 보지 못했기 때문에 한국의 선후배 관계문화의 긍정적인 의미에 대해서도 긍정적인 생각을 하기 어려워한 것 같다.

연구자: 학빈 씨는 형제 없지요? 형제가 그립지 않아요?

학 빈: 친형제는 없지만 친구들이 다 형제 같지 않아요? 그런데 솔직히 가끔 형이 있었으면 하는 생각을 해요. 누나가 있어도 좋고요. 동생은 별로예요. 동생 있으면 제가 또 돌봐 줘야 되잖아요. 그걸 잘 못해요. 평상시 외롭지는 않지만 가끔 심심할 때는 있는 것 같아요.

연구자: 여기서 한국친구들과 친형제 비슷한 끈끈한 정을 느껴 보세요. 좋은 경험이 될 것 같은데요.

학 빈: 이젠 무서워서 기대를 못 하겠어요.

학빈이는 농구동아리를 통하여 자기의 유학생활을 즐겁게 하고 또 한국친구들과 좋은 관계를 맺고 싶어 했다. 그리고 학빈이는 이러한 자기의 기대가 충분히 실현가능하다고 생각했다. 학빈이는 동아리에 열심히 참여하고, 맛있는 거 있으면 친구에게 아낌없이 나눠 주면 어떤 모임에 가서도 환영을 받을 것이라고 믿었다. 그리고 지금까지의 경험을 미루어 봐서도 누구에게 미움을 받거나 사람들과 어울리기 어려운 성격도 아니었다. 반대로 동아리 선배들도 유독 학빈이를 미워하거나 학빈이를 괴롭히려는 의도는 없었을 것이다. 그들은 자연스럽게 한국에서 하던 대로 후배들을 잘 이끌어 주고 싶었고 동아리를 동아리답게 만들어 가고 싶었을 것이다. 그들이 택한 방식이 좀 문제가 있다 하더라도 같은 한국인 후배들은 이 부분을 문제시하지 않았다. 그런데 왜 이런 문제가 발생했을까? 학빈이의 입장에서 보면 문화적으로 상당한 충격을 받았다. 그는 한국에서 선후배 사이가 친형제 비슷한 끈끈한 정을 쌓을 수 있다는 경험을 해보지 못했기 때문에 이런 측면의 기대가 없다. 그리고 선배들은 농구동아리를 질서가 있고 전통이 있는 조직으로 만들고 싶었지만 이 부분에 대해서도 학빈이는 이해하지 못했다. 즐기려고 농구동아리에 왔는데 갑자기 선후배 관계를 강조하고, 선배에게 깍듯이 예의를 차리고, 보이지 않는 질서를 지켜야 하니 학빈이에게는 은근히 불편하고 불쾌한 경험으로 누적한 것 같다. 폭발점이 바로 '무릎 꿇기' 사건이었다.

선배와의 관계가 깨진 후 학빈 씨는 다른 친구가 많아서 괜찮다고 했지만 이 일만 생각하면 여전히 감정이 불편하다고 인정하였다. 특히 이후의 대인관계에 미친 영향으로서는 자기 행동의 적절

성에 대한 관심이 많아지고, 불쾌한 경험이 반복할까 봐 두려워한
다고 하였다. 적극적인 성격을 소유한 사람인데도 불구하고 소심해
지면서 사람과 만나면 상당히 부자연스러워진다고 한다. 다음의 그
림에서는 중국유학생들이 한국인과 부분적인 접촉만 하고 있는 경
우를 표현하는 것이다.

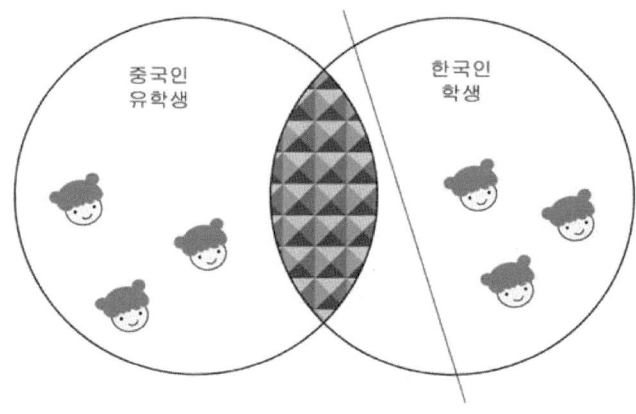

3

"룸메이트가 너무 불편해요."

해란 씨는 컴퓨터공학을 전공한 중국유학생이다. 논리적이고 문제해결력도 강한 편이어서 보통의 어려움은 혼자서 잘 극복하거나 합리적인 방법으로 잘 해결해 냈다고 한다. 교회를 다니는 친구와 룸메이트였는데 그 친구가 기회가 되면 자기에게 전도를 해서 심적인 부담이 컸다고 하소연하였다.

연구자: 한국에 와서 인간관계가 어려웠던 적이 있었습니까?
해 란: 저는 사람에게 매달리지 않아요. 저는 혼자서도 밥을 잘 먹고, 혼자서도 잘 놀고 잘 다니거든요. 그래서 사람과 부딪쳐서 문제가 발생한 일이 별로 없었어요. 좀 불편한 거 있었다면 저의 룸메이트와의 관계를 말할 수 있는데 교회에 다니는 친구거든요. 자꾸 같이 다니고 싶대요. 저는 시간이 맞으면 같이 다니고 아니면 혼자도 괜찮은데 쓸데없이 기다리는 것은 정말 싫거든요.

대부분의 중국유학생은 처음으로 한국에 올 때 씩씩하고 잘 적응해 나가는 것으로 보인다. 그들은 한국학생과 달리 독립적으로 행동하는 것에 익숙해서 그들의 말대로 누구에게 매달리지 않는다.

식당 갈 때도 혼자서 맛있게 잘 먹고, 친구가 옆에 없으면 혼자서 책을 읽거나 혼자서 영화도 곧잘 본다. 이는 그들이 외국에 와서 당연히 독립적인 생활을 해야 된다는 각오도 있지만 더 심층적인 면에서는 한국학생처럼 사람과의 정서적인 유대를 중요하게 생각하지 않는 측면도 있다. 한국학생들은 중국유학생들의 독립적인 모습을 보고 놀라고, 중국유학생들은 한국학생들이 사람에게 매달리는 것을 이해하지 못하는 경우가 있다.

> 연구자: 서로 이해하기 어려운 부분이 많아서 좀 힘들었겠네요.
> 해 란: 그 친구가 참 이해할 수 없는 부분이 많아요. 혼자서 중얼중얼 기도하는 것도 이상해 보이고, 매일 성경책을 베껴 쓰는 것도 이해할 수 없어요. 21세기인데 그렇게 무식한 사람 다 있나 싶어요. 제가 철저한 무신론 교육을 받아서인지 잘 모르겠지만 저는 신의 존재를 믿지 않거든요. 정말 힘이 없고, 배우지도 못한 노인이나, 가정부라면 몰라도 우리처럼 대학교에서 과학을 배우는 대학생이 신을 맹목적으로 믿는 게 참 이해할 수 없어요. 그래서 그 친구와 친해지려도 마음이 불편해서 친해지지 못하겠어요. 그 친구가 기회가 있으면 저에게 전도하려 하거든요. 그럴 때마다 정말 불편해서 죽겠어요. 당신이 아무리 노력해도 나만은 포기해 달라고 정중하게 부탁했거든요.

해란씨를 포함한 많은 중국유학생들은 신앙문제에 있어서 많은 불편함을 겪었다.

왜냐면 중국은 한국처럼 신앙생활이 보편화되어 있지 않다. 아직도 사람들은 절에 다니는 사람이나 교회에 다니는 사람들을 이상한 시선으로 바라본다. 이는 중국의 학교교육에서 유물론교육을 철저히 했던 까닭일 것이다. 대부분의 중국학생들은 학창시절에 종교에 관심을 가질 수 있는 기회 자체가 없기 때문에 신앙경험과 신앙에 대해 진지하게 생각해 본 적이 거의 없다고 볼 수 있다.
그러나 한국은 종교와 신앙이 상대적으로 자유롭고 보편화되어 있
어서 신앙때문에 친구를 사귀지 않거나 누가 자기한테 전도 한다
고 그렇게 반발심이 크지는 않는다.

연구자: 신앙이 달라도 친구가 될 수 있잖아요. 어떻게 문제가 됐나요?
해 란: 제가 불편하니까요. 저는 합리적인 것을 좋아하는데 그 친구는 너무
    가식적이고, 너무 맹목적인 사람처럼 보이니까 볼 때마다 저도 어쩔
    수 없이 불편하고 싫어지더라구요.
연구자: 그 친구가 가식적이고 맹목적인 사람으로 보였나 봐요. 해란 씨는 합
    리적인 것을 좋아하고 솔직하고 진실 된 것을 좋아하는데 그 친구가
    맹목적으로 보이면 정말 불편하고 답답하시겠어요.
해 란: 정말 답답하다니까요. 교회를 다니는 것도 다 좋은데 이 친구가 어떻
    게 믿느냐면, 시험 전날에 어디 가서 술을 잔뜩 마시고 거의 새벽에
    들어와서는 하나님께 기도하면서 시험을 잘 보게 도와 달라고 하고,
    돈이 없으면서도 돈을 꿔서라도 만취할 정도로 술을 마시고, 남자친
    구도 벌써 몇 번 바꿨는지 몰라요. 그리고 얼마나 잘 삐지는지 몰라
    요. 툭하면 마음 아프다는 둥, 기분이 꿀꿀 하다는 둥 하면서 방 정
    리도 안하고, 기분이 좋으면 남이 뭐하든 음악을 빵빵 틀어 놓고 혼
    자서 미친 사람처럼 즐기고, 기분이 나쁘면 하루 종일 누운 자리에서
    끔쩍도 안 해요. 이렇게 믿으려면 차라리 믿지 않는 것이 더 편할 것
    같은데 정말 이해할 수 없어요. 솔직히 신앙이 없는 제가 더 잘 살고
    있는 것 같아요. 저는 하나님을 믿지 않지만 착하게 살거든요. 어려운
    사람이 있으면 정말 진심으로 도와줘요. 저는 솔직히 이 친구가 하나
    님을 진심으로 믿는다고 생각하지 않아요. 그런데 얼마나 웃기는지
    아세요? 이 친구는 자기가 너무너무 힘들 때 하나님을 볼 수 있대요.
    하나님에게 위로를 받으면 금방 마음이 편안해진대요. 새 힘이 생긴
    대요. 도대체 무슨 소리를 하는지 알 수 없어요.

해란 씨는 신이 없다고 생각한다. 그 이유는 만약에 신이 있으
면 신을 믿는 사람에게 어려움이 없어야 되는데 오히려 믿는 사람
들이 더 많은 고통과 더 많은 어려움을 안고 있기 때문에 도대체

왜 신의 존재를 믿는지 이해할 수 없다고 한다. 그리고 정말 신을 믿는다면 믿는 사람들은 도덕적으로 완벽해야 된다고 생각한다. 신이 어떻게 방탕한 짓을 하는 사람들을 가만히 내버려 둘 수 있는지 이해할 수 없다고 한다. 교회를 다니는 사람들이 방탕한 짓을 하면서 신을 믿는다고 하면 그 믿음 자체가 믿음직스럽지 않고, 믿지 않는 사람들이 그 부류에 끼지 않는 것이 더 깨끗하고 더 정직하다고 말했다. 해란씨는 친구의 안 좋은 모습을 못내 아쉬워하고 있는것 같아서 해란씨의 아쉬움을 공감했다.

> 연구자: 해란 씨는 하나님을 믿는다고 하면서 자기 관리를 제대로 못하는 친구가 좀 아쉬웠겠네요.
> 해　란: 그런 것 같아요. 영화에서 많이 봐서 그런지 저는 한국 오기 전에 한국 사람들이 굉장히 열심히 살고, 정직하고, 책임감이 강하고, 깔끔하다고 생각했는데 바로 옆에 친구가 이런 모습이니까 좀 놀라고 많이 실망한 것도 사실인 것 같아요.

바로 이런 마음이 해란씨의 진심이다. 한국사람의 열정, 성품과 성실한 노력을 높게 평가하고 이런 좋은 모습을 닮고 싶어서 한국 유학을 선택했던 것이다.

대부분의 유학생들은 한국에 대한 좋은 감정을 가지고 유학 왔다. 때문에 한국인에게서 좀 더 효율적인 사고방식과 좀 더 세련된 행동을 기대한다. 한국 사람들이 자기의 기대에 못 미치면 실망하게 되는데 실망감이 커지면 마치 한국을 잘못 온 것처럼 이야기한다. 이런 전적으로 긍정 혹은 전적으로 부정하는 사고방식이 문제가 될 수 있지만 어째든 감정적으로 불편해지는 것은 사실이다.

연구자: 그 친구의 다른 면에 대해서 생각나는 게 있나요? 예를 들어, 칭찬해 주고 싶은 부분……?

해　란: 칭찬해 주고 싶은 부분이요? 많이 생각해 보지 못했는데, 공평하게 말하자면 그 친구가 나름대로 장점이 많아요. 예를 들어, 정말 악착 같은 면은 있는 것 같아요. 등록금을 혼자서 다 마련해야 된대요. 아버지는 구멍가게 사장이신데 별로 많이 벌지 못하는 것 같아요. 그리고 동생들도 있는데 가끔 동생들에게도 용돈을 줘야 된대요. 그리고 정말 재주가 많아요. 노래도 잘하고, 피아노도 좀 하는 것 같아요. 아무리 어려워도 언제나 자기를 예쁘게 꾸미거든요. 재밌을 때는 꽤 재밌어요. 멸치로 국을 끓이는데 버리기 아까워서 여러 번 써요. 그러면서 굉장히 맛있다고 하는데 그럴 때는 정말 귀엽고 재밌지요.

연구자: 그 친구는 등록금도 혼자서 해결해야 하고, 동생에게 용돈도 줘야 하고, 국물도 마음대로 먹지 못할 정도로 생활이 어려운 것 같은데 여유가 많지 않겠네요.

해　란: 그런 것 같아요. 제가 그 상황에 처해 있으면 참을 수 없을 것 같은데 한국친구들은 어떻게 견뎌내는지 정말 대단한 것 같아요.

　　대부분의 유학생들은 한국의 경제적인 풍요로움에 매력을 느끼고 한국 유학을 선택하였다. 어떤 유학생들은 한국에서 공부도 하고 아르바이트도 하면서 돈을 벌려는 야무진 꿈도 있었다. 그러나 실제적인 한국의 모습은 그들의 생각과 다른 부분이 많았다. 아직도 어렵게 생활하는 사람들이 많고, 열심히 일을 하지 않으면 살아남기조차 어려운 것이 한국의 현실이다. 그럼에도 불구하고 한국 사람들은 희망을 포기하지 않는다. 중국유학생들은 한국의 풍요로움의 이면에 얼마나 많은 사람들의 노력이 깃들어 있는지에 대해서 잘 모를 수 있다. 성공하는 사람 뒤에 얼마나 많은 사람들의 노력과 지지가 있었는지에 대해서도 잘 모르고 있다. 자신의 한계를 뛰어넘으면서 끊임없이 도전하는 한국 사람들을 보면 중국유학생들은 감탄을 금하지 못하는데, 어디에서 온 힘인지는 잘 알지 못하고 있다. 한국 사람들의 힘의 원천을 이해하지 못하면 그들을 이상한 사람으로 보거나 맹목적인 사람으로 보여서 한국인을 싫을 수도 있지만 한국 사람들의 삶의 방식에 대해서 이해가 되면 그들이 왜 가끔식 망가지고, 또 왜 눈물을 닦고 또 새로운 힘이 생기는지도 알게 될 것이고, 실패하고 좌절할 때 다시 일어설 수 있는 이유도 알 수 있을 것이다.

한국 사람들에게는 일반 중국인들이 이해하기도 어렵고 체험해 보지도 못한 독특한 정신적인 자원이 많다. 예컨대 한국인들은 가족중심적인 가치관을 가지고 있다. 가족에게서 사랑을 받고, 가족을 위하여 노력하고, 가족을 보호하고 또 가족을 위하여 견디는 것은 한국인의 핵심가치이다. 즉 그렇게 살아야 사람다운 사람이고, 그렇게 살아야 존경을 받고 신뢰를 받을 수 있다고 생각한다. 가족을 부양하는 일이 어떻게 보면 부담이 되기도 하지만 가족의 행복이 자기의 행복이므로 힘이 되기도 한다. 가족과의 따뜻한 정과 끈끈한 유대관계가 삶의 원동력이기 때문이다.

그리고 한국인은 놀이로 삶의 고단함을 풀 줄 아는 민족이다. 친구하고 술을 마시거나 노래방에서 신나게 노래를 부르고 춤을 추다 보면 어느새 스트레스가 해소된다. 중국 유학생들은 가끔 한국인의 노래솜씨에 놀라는데 한국인들이 노래에 부여한 의미를 알게 되면 그리 놀라운 일이 아닐 것이다. 한국인에게 노래를 부르는 것은 하나의 삶의 방식이다. 아무리 고단하고 힘든 현실이라도 노래할 수 있고 춤 출 수 있기 때문에 견딜 만하고 또 새로운 힘을 얻어 낼 수 있다는 것이다.

마지막으로 한국인은 신앙적인 힘을 가지고 있다. 그들은 삶의 가장 어려운 시기에도 삶에 숨겨진 의미를 찾아낼 수 있다. 신앙생활에는 그야말로 빈부노소를 불문하고 모든 사람들이 평등하고 모든 사람들이 더 높은 영적인 경지를 경험할 수 있는 기회가 열려져 있기 때문에 많은 사람에게 정신적인 위안이 될 수 있고 힘의 원천이 될 수 있다.

유학생들이 자기만의 기준으로 한국을 바라봤을 때는 실망도 많고, 좌절도 많겠지만 한국인 처지의 입장이 되서 한국문화에 깊이 젖어 들면 전에 체험해 보지 못한 새로운 경험을 할 수도 있다. 외국유학생들이 한국에서 단순히 지식이나 배우고 학위나 받고 한국을 떠나면 한국에서의 중요한 문화가치를 놓칠 수도 있다. 한국문화는 피상적인 술 문화, 음식 문화, 놀이 문화만은 아니다. 한국의 문화를 알려면 한국인과 직접 접해야 된다. 많은 유학생들은 한국문화를 접하면서 막연하게 무언가 다르다는 것은 느끼고 있지만 무엇이 어떻게 다르고, 그 다름이 어떤 의미가 내포되어 있는지에 대해서는 깊이 생각하지 못하고 있다. 많은 유학생들은 한국문화가 '어렵다', '힘들다', '잘 모르겠다'라는 식의 막연한 표현으로 한국문화를 이야기하고 있는데 이는 적응하는 시간이 짧아서 그럴 수도 있고, 문화보다 현실적인 문제가 더 시급해서 그럴 수도 있겠다. 그러나 더 중요한 원인은 한국인 친구와 좋은 관계를 못 맺어서 한국문화를 생활에서 자연스럽게 체험해 보지 못한 이유일 수도 있다. 좋은 관계는 그 자체로도 목적이 될 수 있지만 좋은 관계가 전제되어 있어야 친구 나라의 문화를 더 깊이 이해하게 되고 또 문화를 배경으로 한 사람을 이해해야만 진정으로 사람을 깊이 이해하고 있다고 말할 수 있을 것이다. 다음은 중국유학생들이 한국문화에 대해 의논한 내용이다.

- 한국문화는 생각보다 어려워요. 다 아는 것 같았는데 결국은 아닐 때가 많아요.
- 한국에서 마음이 편할 때가 없어요. 늘 조급하고 늘 외롭고 늘 우울하고……
- 저는 한국이 정말 좋아요. 사람들이 진솔하고 환경이 깨끗하고 중국보다 훨씬 좋다고 생각해요. 그런데 제가 이렇게 말하면 친구들이 웃어요. 한국친구들도 웃거든요.
- 한국 오니 한국 사람처럼 골치 아픈 일이 왜 이렇게 많은지 모르겠어요. 한국에 와서 두통증이 생겼어요.
- 한국 생활이 너무 힘들어요. 친구가 찾아오거나 찾아가면 언제나 밤새도록 붙잡고 술에 푹 취해야만 되거든요.
- 한국인은 알면 알수록 더 혼란스러워져요. 진심인지 가짜인지 잘 모르겠어요. 그래서 저는 한국인을 상대하지 않아요. 너무 피곤해서요.
- 한국인과는 넘어갈 수 없는 선이 있는 것 같아요. 그래서 저는 중국친구들하고 더 친해요.
- 처음에는 잘 놀다가 이젠 다 지겨워졌나 봐요. 저도 급한 사정 있으면 중국친구들을 찾지 한국 친구를 찾지 않거든요.
- 참는 거지요. 조금만 참으면 귀국하는데 저는 한국인과의 인간관계에 크게 신경 쓰지 않아요. 남의 나라에서 우정을 찾는 사람이 이상한 거지요.

"한국 사람들은 간단한 문제를 복잡하게 생각해서
일을 복잡하게 만든 것 같아요."

많은 중국유학생들은 중국과 한국은 서로 다른 나라이고 문화적으로 차이가 많은 나라라는 것을 알고 있었다. 그럼에도 불구하고 그들은 한국문화에 적응하면서 많은 어려움을 경험하였다. 그중 가장 큰 어려움은 문화충격 현상이 언제 어떤 식으로 발생하는지 예측할 수 없었고, 자기의 순간순간 자동적으로 떠오르는 사고방식 때문에 자동적으로 나오는 행동을 어찌할 수 없었다는 것이다. 문화적인 맥락에서 차이를 안다고 해서 충돌이 일어나지 않는 것은 아니다. 특히 대인관계 문제는 사전에 예측할 수 없는 변인들이 많기 때문에 사람들이 구체적인 상황에서 어떤 내적가치를 적용하여 반응할 것인지 예측할 수 없을 때가 많다. 왕원원 씨는 자기의 이야기를 이렇게 했다(왕원원, 여, 어학원, 한국어전공, 한국 체류 3개월).

"…… 개학 초에 우리 학교 강사 한 분이 오셔서 우리랑 강의시간을 맞추는데 저마다 자기의 가능한 시간을 말해서 30분이 지나가도 결정을 내리지 못하는 일이 있어요. 중국에서는 선생님의 한 마디면 끝날 일이거든요. 그래서 제가 한마디 했지요. '우리 그냥 선생님 말씀하신 시간에 수업합시다.' 그랬더니 한 여학생이 화를 팍 내면서 '그건 원원 씨의 생각이에요. 원원 씨는 자기의 생각을 남에게 강요하지 마세요. 여기는 민주국가랍니다.' 그 말 듣고 정말 어이없고 기분이 이상해졌어요. 저는 좋은 뜻으로 말 한마디 했을 뿐인데 마치 제가 한국 사람들이 말하는 머리에 뿔이 생긴 공산당처럼 이상한 놈으로 보인 것만 같았어요. 그 후에 매사에 조심하기 시작했는데 옛날의 기준이 무너진 것 같고 새로운 기준은 잡히지 않아서 사람을 만나면 늘 긴장되고 불편했어요."

연구자: 강의시간을 맞추는데 시간이 너무 많이 걸려서 좀 못마땅하고 답답했겠네요.

왕원원: 그렇죠? 이렇게 맞춰도 안 되고, 저렇게 맞춰도 안 되서 정말 30분이 지났는데도 결정을 못 했어요. 그 상황에서는 당연히 학생이 교수에게 맞춰야 되지 않나요?

연구자: 한국학생이 이 자리에 있으면 또 '그건 원원 씨의 생각이에요'라고 말하겠어요.

왕원원: 제가 잘못했나요? 지금도 제가 뭘 잘못했는지 모르겠어요. 한국 사람들은 간단한 문제를 복잡하게 만드는 경향이 있는 것 같아요.

연구자: 예상치 않은 반응이 나와서 굉장히 당황했겠네요. 여기에서 혹시 한국과 중국의 문화차이를 느끼지 않았어요?

왕원원: 문화차이에 대해서는 저도 잘 알지요. 여기는 민주국가고, 모든 사람은 다 평등하고, 모든 사람들이 다 자기의 의견을 말할 수 있고…… 다 아는데 이 상황에서는 문화적인 차이보다 그 친구가 너무 오버한 것 같아요. 교수님의 의견을 듣는다고 해서 민주주의를 파괴하는 것도 아니고, 그렇게 시간을 낭비하는 것보다 효율적으로 일을 처리하는 것도 자본주의 방식이 아닌가요? 그 친구가 그렇게 나오니까 정말 어이없더라구요. 왜 그렇게 복잡하게 생각하는지 이해할 수 없어요. 그리고 제가 정말 헷갈리는 것은 한국도 유교전통이 있어서 중국보다 더 윗사람을 받들고 윗사람을 중심으로 하는 것 아닌가요? 한

국학생들이 교수님과 평등한 권리를 행사하려는 것을 보면 정말 혼란스러워요. 지금은 유교전통이 없어지는 건가요? 도대체 뭐가 뭔지 모르겠어요.

왕원원 씨의 사례를 보면 왕원원 씨가 개인적으로 성격 문제가 있거나 문화차이를 이해하지 못해서 어려움을 겪는 것은 아닌 것 같다. 원원 씨의 혼란스러움은 아마 한 개인의 문화양식을 개별적으로 이해하지 않고, 본인이 알고 있는 상대의 문화양식이라는 고정 틀에 맞추려 하다가 충격을 먹은 것 같다. 이 학생처럼 한 개인이 전체적인 문화배경에서 자기만의 독특한 문화양식을 선택적으로 구성할 수 있다. 즉 어떤 문화도 그 문화 속에서 살고 있는 모든 사람에게 다 적용된다는 보장은 없다. 전형적인 한국 문화라도 그것을 그대도 받아들이지 않는 개별사람은 얼마든지 있을 수 있다. 그리고 한 개인을 이해한다고 해서 그 개인이 살고 있는 문화 전체를 이해했다고도 할 수 없다. 왕원원 씨는 한국학생과 한국에서 벌어진 상황을 한국식대로 이해하고 한국식대로 반응했다고 생각했지만 그것도 자기만의 생각이고 실제와 거리가 멀다. 왕원원 씨는 이 충격적인 사건 때문에 그 후에도 사람들이 자기를 이상하게 볼까 봐 마음이 불편하고 매사에 자신감이 없어졌다고 한다. 원원 씨가 '좋은 뜻'으로 '타인의 관점'으로 타인을 이해하려 했지만 여기서 원원 씨가 범한 우는 '타인의 관점'을 짐작하는 거지 확인된 실제의 '타인의 관점'이 아니라는 뜻이다. 이런 좋은 의도를 가지고도 좋은 결과를 보지 못했기 때문에 나중에 어떻게 해야 될지 갈피를 잡지 못해서 혼란스러워 하고, 억울해하고, 당황스럽고, 창피해 하고 있다. 이상황에서 원원씨가 자기의 인식과 실제가 '차이' 있다는 것을 인정하면 도움이 될 수 있을 것이다. 왕원원 씨의 문화충격경험을 이해하기 쉽게 표로 제시하면 다음<표 1>과 같다.

<표 1> 문화충격경험 분석

상황	원원 씨가 짐작한 한국인의 생각	다른 측면의 생각	혼란
교사와 학생이 공동으로 수업시간에 관한 의사결정을 할 때	학생은 교사의 의사에 따르고 수업시간에 관한 결정은 교사 한 사람의 의견으로 결정할 수 있음	각자의 사정을 충분히 표현한 다음 가능한 방향으로 협상함:교사도 학생의 의견을 존중해야 되고 어떤 결정이든 민주절차를 밟아야 함.	중심에 있는 사람의 의견을 우선시하는 의사결정방식－참여자들의 의견을 수렴하고 최대한 협상하는 의사결정방식
협상과정에서 시간이 지연될 때	불필요한 시간낭비라고 판단됨	협상과정에서 있을 수 있는 현상이라고 생각함	의미 없는 시간 낭비－필요하고 의미 있는 과정
교사의 의견과 학생의 의견이 동등한 위치에 놓이게 될 때	못마땅하다고 생각함	당연하고 자연스러워함	못마땅함－정상임
문제가 해결이 되지 않을 때	권위자의 의사에 복종함	동등한 위치에서 계속 협상해야 하고 문제해결이 지연되더라도 한 여자의 의견을 무시하지 못함.	의리 있고 용감한 행동－섣부른 행동이고, 타인을 강요하는 바람직하지 않은 행동임

<표 1>에서 분석한 것처럼 한국인들은 원원 씨가 짐작하는 유교의 '가부장적인' 문화만 가지고 있는 것이 아니다. 일부 한국인은 서양의 민주주의 협상방식을 받아들여서 그것을 실천하는 사람도 있다. 원원씨가 이 문제를 간단하게 볼 수 있는 이유는 교수한 사람의 의견만 존중하고 따르려고 했던 것 같다. 같은 상황에서 한국학생은 다 수의 생각은 존중하려 했고, 협상하는 과정을 밟으려 했다. 이런 방식은 원원씨 보기에 복잡할 수 있다.

마찬가지로 원원 씨도 그 상황에서 상당히 당황했을 것이다. 같은 상황이 중국에서 벌어졌다면 중국인들은 원원 씨의 제안이 그렇게 거슬리지 않았을 것이고 조금 불쾌감이 있더라도 최대한 돌려서 말하는 방법으로 원원 씨의 체면을 건드리지 않았을 것이다. 그런데 한국학생이 아주 강하게 "여기는 민주국가랍니다."라는 말을 함으로써 원원 씨가 민주국가의 민주절차를 모르는 사람으로 취급당하는 느낌이 들었고 자기의 생각으로 남을 강요하는 그런 거친 사람으로 취급당했기 때문에 원원 씨도 오해를 받는 느낌이 들 수 있고 무시당한 느낌이 들 수 있다. 이상황에서는 한국과 중국의 문화적인 '내용'이 양쪽을 불쾌하게 만들었다기보다 상대를 수용하고, 상대를 이해하는 태도가 부족했다고 느꼈기 때문에 서로 충격을 받은 것 같다.

한국과 중국의 문화차이에 대한 무지와 무감각은 다른 중국유학생들의 표현에서도 여러 번 발견하였다. 이런 표현을 한 중국유학생들의 공통된 특징은 한국 온 지 얼마 안 됐거나 한국인과 깊은 교류가 없는 사람들이다. 많은 중국유학생들은 한국인과 중국인의 유사한 점만 강조하기 때문에 갈등과 문제가 발생하면 대처할 방법을 찾지 못하고 관계가 급속히 악화되는 경우가 종종 있다. 다음은 문화차이에 대한 감각이 없는 재한 중국유학생들의 대표적인 진술이다.

- 한국과 중국은 똑같은 것 같아요. 별로 차이를 모르겠어요.
- 한국과 중국은 비슷하잖아요. 먹는 것 빼고는 다 비슷한 것 같아요. 별 차이를 느끼지 못했어요.
- 사람 사는 세상이면 다 비슷하지요.

- 한국은 더 공산주의인 것 같아요. 체제에서도 차이를 모르겠어요.
- 어른을 존경하고 예의 바른 것은 한국이나 중국이나 똑같은 것 같아요.
- 한국인들도 술을 좋아하고 중국인도 술을 좋아하는 면은 크게 차이가 없는 것 같아요.
- 같은 유교문화권이니까 비슷한 거 같아요.
- 저는 여기서나 중국에서나 다 똑같이 해요. 비슷하니까요.
- 한국에 특별한 것 없는 것 같아요. 여기에 있는 거는 중국에 다 있잖아요.

5

"먹던 술잔을 건네준다니, 그것도 여러 사람이 계속 그 잔에! 정말 놀라고 토할 것 같았어요."

한국과 중국은 같은 동양권이기 때문에 겉으로 보기에는 비슷한 점들이 상당히 많다. 많은 유학생들은 처음에 언어 빼고는 특별히 다른 것이 없어서 조금 실망한 부분이 없지 않아 있었습니다. 그러나 회식에 한 번 참가하면 여러 가지 차이를 동시에 확인할 수 있다고 유학생들이 이구동성으로 말한다. 차이를 발견하는 것은 반드시 색다르고 재밌는 일만은 아니었다.

연구자: 한국문화와 중국문화를 비교했을 때 가장 다르게 느꼈던 부분이 있었나요? 그것을 경험했을 때 기분은 어땠나요?

송 원: 저는 한국에 와서 가장 충격적인 일이 있었다면 먼저 술잔을 돌리는 문화를 이야기해야 될 것 같아요. 개강식 행사 때였어요. 한국에서는 개강하면 교수와 학생들이 모여서 식사를 하잖아요. 그날, 저도 처음으로 한국에서 많은 사람들과 식사를 하게 되었어요. 정말 다른 점을 많이 발견했어요. 중국에서처럼 빙 둘러 앉는 것도 아니고 두 줄로 양쪽에 죽 늘어앉는 것이 너무 신기했어요. 그리고 신발을 벗고 방에 앉는 것도 처음이었거든요. 저는 한국학생들이 어떻게 그렇게 잘 앉는지 놀라울 따름입니다. 저는 불편해서 죽는 줄 알았어요. 자세를 이렇

게도 해보고 저렇게도 해봤지만 결국은 양쪽 다리와 발이 모두 마비가 왔어요. 잠깐 화장실에 가려는데 발이 저려서 걷지도 못하는 거예요. 그리고 메뉴가 너무 간단한 것도 참 놀랐어요. 중국에서 회식이라면 적어도 10개의 메뉴는 있어야 회식이라고 할 수 있잖아요. 속으로는 '이것도 회식이라 하나?'라고 생각했지만, 로마에 가면 로마법에 따르라는 속담이 있듯이 저도 재밌는 척하면서 아무런 티도 내지 않았어요. 별로 맛있는 반찬도 없는데 한국친구들이 너무 맛있다고 하니 저는 정말 어이없었어요. 속으로는 '이것도 맛있다고 할 수 있어?'라고 비웃었지만 겉으로는 아무 말도 안했지요. 남의 나라니까요.

중국의 회식문화는 많은 부분에서 한국과 다르다. 우선, 중국에서의 회식은 한국처럼 자주 하지 않는다. 일년 중에 중요한 행사나 특별한 일이 있을 때만 회식을 하는데 대부분 음식점에서 거하게 하는 편이다. 예를 들어 12가지 이상의 다양한 요리를 준비하거나 아니면 평상시에 집에서 먹기 어려운 고급음식을 준비한다. 원으로 된 식탁에 10명 정도 의자에 빙 둘러 앉아서 식사하고, 회전식 식탁을 사용하기 때문에 앉은 자리에서 먼 데 있는 음식까지 골고루 모두 먹을 수 있다. 한국은 회식자리가 중국보다 자주 있는 편이다. 일반적으로 각 조직에 따른 전통적인 회식날짜가 있고 또 분위기에 따라 임시적으로 하기로 결정한 회식도 있다. 따라서 한국회식은 대중화된 요리일 경우가 많다. 음식보다 모여서 정을 나누는 일이 더 중요하다고 생각하는 사람도 많다. 그리고 한국의 음식점에서는 일반적으로 메인메뉴가 있고 나머지는 모두 밑반찬으로 되어 있는데 한국인들은 이런 음식문화를 더 편애하는 편이다. 다양한 음식을 동시에 먹으면 어느 한 가지 음식의 맛을 깊이 맛볼 수 없는 단점이 있다고 생각하기 때문이다.

그러나 중국인들은 평상시에 검소하게 생활하다 특별한 날에는 특별한 보상을 받고 싶어 한다. 거하게 음식을 차려 놓은 것은 손님을 그만큼 귀하게 대접하는 뜻으로 해석된다. 중국인들은 손님을 대접할 때 음식이 남아서 낭비하는 한이 있어도 손님을 서운하게 해서는 안 된다고 생각한다. 그리고 다양한 사람들의 다양한 구미에 맞게 음식을 준비하려면 반드시 다양한 요리가 있어야 된다고 생각하고, 사람은 한 가지 맛에 만족할 수 없기 때문에 다양한 음식을 시켜야 다양한 맛을 동시에 맛볼 수 있다고 생각한다. 중국인들이 보기에 밑반찬은 요리에 속하지도 않기 때문에 한국인은 한 가지 요리로 손님을 대접하는 것으로 본다. 이런 손님대접 방식은 처음 한국에 온 유학생들로 하여금 한국의 삶의 질에 대한 회의와 본인이 그렇게 중요한 사람이 아니라는 약간 서운한 감정이 있게 만들 수도 있다.

연구자: 많이 참으셨지만 좀 서운했겠네요. 음식이 너무 간단해서요.
송 원: 서운까지는 아닌데 그렇게 잘 산다는 한국이 먹는 면에서는 이렇게밖에 안 되는구나! 이런 생각은 좀 들었어요.
연구자: 그렇군요. 그렇게 생각하면 좀 힘이 빠지겠네요.
송 원: 그렇겠지요. 잘사는 나라라고 생각했는데 음식 면에서는 중국하고 비교도 안 되니까 여기에 유학 온 제가 실망을 좀 했겠지요. 근데, 더 놀라운 일이 있었어요. 한참, 먹고 마시고 나서 어떤 친구가 저의 옆에 앉더니 자기 잔에 술을 붓고 쭉 마시더니 그 잔을 저에게 건네줬어요. 저는 정말 쇼크를 받았어요. 자기가 먹던 술잔을 저에게 바로 건네준다니! 갑자기 띵해져서 아무 반응도 못했어요. 옆에 친구가 당황한 저를 보면서 '그냥 받아, 빨리 받아, 선배가 준 술이야!'라고 했어요. 그래서 수동적으로 그냥 받았지요. 그리고 선배가 그 잔에 술을 붓더니 저보고 마시라는 손짓을 하더군요. 순간 저는 정말 멍해졌어요. 어떻게 해야 할지 몰랐어요. 이게 무슨 이런 문화가 다 있나 싶었어요.
연구자: 어떤 점이 가장 불편하고 놀랐어요?

송　원: 중국에서 자기 컵 혹은 자기 잔을 그냥 남에게 건네주지 않잖아요. 자기가 마셨던 술잔을 바로 건네주니까 놀랐지요. 저의 앞에서 마시고, 또 그 잔을 저에게 그냥 건네주니까 마시자니 너무 찝찝하고, 안 마시려니 실례인 것 같아서, 정말 난감하고, 불쾌했지요.

연구자: 중국에서는 그런 일이 없으니까 많이 놀랐겠네요.

송　원: 학생시절에 식당 밥을 먹으면서 너무 배고프면 친구의 수저를 빼앗아서 그냥 먹었던 기억은 있지만 성인이 돼서 사회생활을 하면서 그런 일은 정말 없었어요. 한국 사람들이 왜 그런 문화를 보존하고 있는지 모르겠네요. 그 자리에서 마시기는 했지만 정말 토할 것 같았어요. 그리고 그 잔이 계속 자리에서 돌고 도는 거 보면서 속으로는 정말 할 말이 없었지요. 이런 문화구나, 이런 문화에 적응을 해야 되나? 다음에는 못 마신다고 할까? 이런 저런 쓸데없는 생각을 하면서 주변 친구들이 재밌게 농담하고 이야기하는 데도 끼지 못했지요.

많은 유학생들이 한국의 술잔 돌리는 문화에 대해서 거부감을 이야기하였다. 실제로 이런 술잔 돌리는 문화에 대해서 한국 사람들도 서로 다른 생각을 가지고 있다. 물론 이런 비위생적인 문화는 고쳐야 된다고 주장하는 사람들이 많다. 하지만 여전히 많은 사람들이 이런 문화에 긍정적인 의미를 부여하고 있다. 자기가 마셨던 술잔을 그대로 건네주는 것은 너와 나를 구분하지 않는 서로 신뢰하는 가장 친밀한 친구라는 의미로도 해석이 된다. 이런 문화를 받아들이고, 또 이런 문화의 의미에 대해서 잘 알고 있는 한국 사람들은 상대방의 행동을 터프하고 자기한테 먼저 우호적인 행동을 보여 준다고 생각하지만 이런 문화를 처음으로 접해 본 중국유학생들에게는 충격적인 경험이 아닐 수 없다. 그들은 이런 행동을 미련하고, 비위생적으로만 본다. 이런 평범한 행동 이면에 숨겨져 있는 문화적인 의미를 알지 못하기 때문에 심지어 부정적인 감정이 더 많이 생길 수도 있다. 중국에서 술을 권할 때는 보통 각자가 자기의 술잔만 쓰는데 상대와 건배제의를 할 때 상대에 대한 존경과 신뢰를 표시하기 위하여 자기 잔에 있는 술을 마시고 상대가 자기 잔에 부은 술까지 마시는 것으로 자기의 마음을 전달한다. 상대에 대한 특별한 존경심을 전하려 할 때는 일부러 새로운 잔을 가져와서 술을 권하기도 한다. 이런 문화적인 차이를 감안하면 중국유학생들이 왜 그렇게 정도 이상으로 반응했는지를 이해할 수 있겠다.

> 연구자: 다른 불편한 점은 없었어요?
> 송 원: 있지요. 제가 가장 싫은 것 중의 하나가 한국 사람들이 미친 듯이 술을 마시고 나서 자기 몸도 주체할 수 없어서 다른 사람에게 업혀 가야 할 때 정말 보기 싫더라구요. 술에 취해서 토하고 헛소리를 하고, 울기까지 하면 정말 왜 그런지를 이해할 수 없어요. 한국 사람과 같이 2차, 3차까지 가봤는데요, 노래방에서 미친 듯이 소리 지르고, 바보같이 춤추는 것을 보면 차마 눈 뜨고 못 보겠어요. 평상시는 다 얌전한 사람들이지만 술만 마시면 짐승보다도 못하더라구요. 더 놀라운 것은 여자들도 술을 꽤 많이 마시더라구요. 술에 취하고, 추태를 보여주고…… 이런 사람과 친해지려면 왠지 거북스럽고 무섭더라구요.

중국에서도 술에 취한 사람들이 간혹 있지만 술에 취한 모습에 대해서 한국처럼 관용적인 태도를 취하지는 않는다. 한국에서는 술에 취해 한 말과 행동에 대해서는 책임을 묻지 않지만 중국에서는 술을 마시는 태도로 한 사람의 절제력과 수양을 평가한다. 평상시에 아무리 잘해도 술에 취해 헛소리를 한다면 그 사람은 믿을 만한 사람이 못되고 중요한 순간에 일을 망칠 수 있는 위험한 사람으로 생각한다.

그러나 한국은 술에 취한 행위를 상당히 관용적으로 대하는 것 같다. 사회경쟁이 치열하다 보니 사람들은 서로 친해지는 시간도 없고, 친구에게 잘해 주고 싶어도 잘해 주지 못하는 현실에서 술자리에서나 그동안 못 나눈 정을 나누고, 맨 정신으로 말하기 어려운 자기의 상처와 아픔도 술을 통하여 이야기할 수 있도록 분위기를 만들어 준다. 한국에서는 술에 취해 망가지는 모습을 인간적인 모습으로 보는 경향이 있지만 중국에서는 주량이 있는 사람을 높게 평가한다. 다음은 중국유학생들이 한국인에 대한 불편한 점들을 정리한 내용이다.

- 감정의 기복이 커서 적응하기 힘들다.
- 공개석상에서 남자들이 눈물을 흘리는 것을 보면 정말 싫다.
- 여자들이 주방에서 일하고 남자들이 거실에서 게임하는 것을 보면 정말 싫다. 한국여자들이 너무 착한 것 같다.
- 여자들이 담배 피우고 술에 취하는 것이 너무 보기 안 좋다.
- 말과 행동이 일치하지 않을 때 너무 실망이 크다.
- 공개석상에서 성적인 담화를 할 때 너무 싫다.
- 선배들이 후배들을 느닷없이 혼낼 때 이상하다.
- 잘난 척할 때 너무 싫다.
- 어른 앞에서 순응한 척하고 뒤에서 욕하는 사람들이 싫다.
- 자기기준으로 교육하려고 하면 너무 싫다.
- 약속을 잘 안 지키는 것 같다. 정말 야비하다.
- 많은 한국인이 수줍어하는데 왜 그런지 이해할 수 없다.
- 선심을 베풀 때 너무 위선적으로 보인다.
- 중국에 대해서 너무 모르는 것 같아서 실망스럽다.
- 성격이 급하고 너무 무모할 때 무섭다.

6

"그들이 '우리'라고 말할 때 소외감을 느껴요."

한국과 중국은 체제로부터 문화에 이르기까지 많은 차이가 있는 나라이다. 같은 문화에서 생활했던 사람이라면 배경을 세세하게 설명하지 않아도 그 상황에 있을 수 있는 사람들의 일반적인 감정과 반응을 예측하고 이해할 수 있지만 문화가 다르면 설명이 길어지고 오해가 생기기 쉽다. 그래서 많은 중국유학생들도 한국인 친구와 지내다가 다시 중국인 친구를 만나게 되면 의외로 의사소통이 쉬워지고, 서로 잘 이해하고 이해받는 느낌이 든다고 한다. 그런데 정작 한국인 친구들이 서로 잘 통하고 그들끼리 만나서 좋아하는 걸 보면 소외감을 느낀다고 한다. 김영 씨는 한국인 친구들과 잘 어울리는 데도 이런 느낌을 이야기했다(김영, 여, 교육학전공, 박사과정).

연구자: 김영 님이 한국인 친구와 사귀면서 가장 힘들었던 것이 무엇이었어요?
김　영: 저는 사람을 좋아해요. 사람들과 잘 지내는 편이거든요. 특히 한국에 와서 중국인 친구들하고만 놀고 한국인 친구를 사귀지 않는 유학생들을 보면 정말 잘못했다고 생각해요. 그래서 늘 친구들에게 우리끼리만 놀지 말고 한국친구를 많이 사귀자라고 하거든요.
연구자: 김영 님처럼 생각하면 정말 한국친구를 많이 사귀었겠네요. 사람들과

만나고 지내면서 아쉽거나 불편할 때도 있었어요?

김　영: 그럼요. 중국인 친구들과 오래 있어도 서로 불쾌해지고, 불만이 생길 때 있는데, 한국인하고 어떻게 다 좋겠어요. 저는 오해 있으면 오해를 풀고, 제가 잘못했으면 사과하고, 친구들이 잘못이 있으면 인정만 하면 그냥 넘어가거든요. 그런데 한국친구들이 말속에서 자꾸 '우리'라는 말을 써요. 그 말이 정말 듣기 싫고 불편해요. 저는 한국친구들을 친구로만 생각하는데 걔네들이 늘 저를 이방인으로 생각하고 있는 것 같아요. 아무리 친해도 한국친구들이 자기네들이 설정한 '우리'에 끼워 주지 않을 것 같은 소외감을 느껴요.

연구자: 그렇게 생각하면 정말 섭섭하겠네요. 좀 더 구체적인 예를 들어서 설명해 주실래요? 언제 어떤 상황에서 '우리'라는 말을 써서 소외감을 느꼈어요?

김　영: 구체적인 예가 잘 생각이 안 나는데…… 예를 들어, 제가 한국어로 한국인하고 대화를 하면, '우리말을 진짜 잘하네요.'라고 하고요, 한국의 연예인이나 정치인을 같이 의논하면 친구들이 '우리 한국 사람보다도 많이 아네.' 이렇게 말하잖아요. 실제로 제가 한국의 역사, 문화에 대해서 관심이 많거든요. 책도 좀 읽었고요, 한국 친구들이 이런저런 주제를 놓고 토론할 때 저는 하나도 낯설다는 느낌이 안 들거든요. 그런데도 불구하고 친구들이 가끔 '우리', '우리나라'라고하면 저는 굉장히 불편해요.

연구자: 본인은 공부했던 바탕이 있어서 한국문화에 공감할 수 있는 지식과 능력이 충분히 있는데 친구들이 그 부분에 대해서 알아주지 않으니까 좀 섭섭했나 봐요.

김　영: 저의 능력을 알아주기를 바라는 것이 아니에요. 뭐라고 말할까요? 말과 문화는 거론할 필요도 없는 문제인데, 그 부분을 자꾸 이야기하면 다르다는 것을 의식하게 되잖아요. 친하게 잘 지내다가 갑자기 저도 나와 그들이 다르다는 것을 의식할 때 좀 불편한 것 같아요. 제가 일방적으로 너와 나를 구분하지 않고 저만 걔들을 친구로 생각했다는 섭섭함이라고 할까? 그런 느낌이 들어요.

　　한국인들은 집단주의 문화경향이 강하기 때문에 '우리'라는 말을 자주 사용하는 편이다. 특히 외국인을 상대할 때 '우리'라는 말이 더 자주 등장한다. 한국인들이 '우리'를 사용할 때는 의도적으로 상대를 소외시키려는 목적은 없다. '우리'는 단지 같은 경험유무의 구분기준뿐이다. 한국인에게 '우리'는 적어도 같이 먹고, 마시고, 놀았던 경험이 있어야 되고, 함께 생활하면서 고통과 기쁨을 나눴던 경험이 있어야 한다. 중국인 친구들이 한국에 관해 아무리 많은 정보와 지식을 가지고 있더라도 오랫동안 함께 가졌던 시간이 부족했으면 '우리'로 인정하지 않는다. 또 하나의 중요한 기준은 '정'의 기준이다. 몇 번 함께 먹고, 마시고, 놀았다고 해서 다 '우리'가 되는 것은 아니다. '우리' 안에 들려면 서로 통하는 정서가 있어야 한다. 중국인들은 가끔 한국인의 정서를 이해 못하는데 이런 부분이 바로 정서가 통하지 않았다는 증거이다. '우리'에 드는 사람들은 같은 역사, 같은 문화를 가졌을 뿐만 아니라 현실에서도 끊임없이 정을 서로 주고받는다. 그 정이 두터워서 때론 내 거 니 거 구분이 안 될 때 우리가 된다. 한국인은 중국인을 포함한 외국인을 친구로 받아들일 수는 있지만 '우리'로 받아들이려면 서로 공유된 경험과 '정'의 역사가 있어야 한다.

내외를 차별하는 한국적인 정서는 가끔 외국인의 방어와 불쾌감을 자아내기도 한다. 왕단의 이야기를 통하여 일부 중국유학생들이 한국에서 경험하고 있는 정서적인 불편을 엿볼 수 있다(왕단, 남, 정치학전공, 박사과정, 한국 온 지 5년).

"……저는 무조건 한국이 다 좋다고 생각하지 않습니다. 저는 건설적인 공격과 투쟁으로 저의 목소리를 냅니다. 예를 들어 한국인들은 중국의 환경오염문제를 자꾸 지적하잖아요. 그럼, 저는 이렇게 반박하거든요. '당신들 한국은 왜 공장들을 다 중국에 옮겼어요? 당신들의 공장도 중국의 환경오염에 한몫을 책임져야 하지 않습니까?'라고 합니다. 그러면 한국 사람들은 저의 앞에서 더 이상 중국 잘못만 꼬집지 않거든요. 한국인의 논리를 따지고 보면 결국 그들의 이상도 인류의 보편적인 이상과 거리가 멀거든요. 가만히 보면 자기네들만 잘 살려는 논리들이 수도 없이 많거든요. 저는 공부하는 지식인으로서 이제부터는 문장으로 한국인들의 잘못된 생각이나 잘못한 것을 사정없이 비판할 거예요.

왕단은 아주 흥분된 목소리로 자기의 투쟁전략을 설명하였다. 그의 생각의 핵심은 투쟁을 시작해야 적군과 아군이 구분이 되고 적군과 아군이 구분이 돼야 어떤 생활이 바람직한 생활인지 분명하게 알 수 있다는 것이다. 왕단은 자기뿐만 아니라 다른 유학생들도 단합해서 자기처럼 한국인과 투쟁하면서 살아야 중국인으로서의 긍지를 느낄 수 있다고 강조하였다. 그는 자기의 비판정신에 아주 만족해하고 있다. 심지어 그는 자기의 비판에 대한 한국인의 반응을 자기에 대한 관심으로 받아들이고 자기의 존재의 의미로 해석하였다.

왕단처럼 철저한 투쟁철학을 가지고 있지는 않았지만 다른 중국 유학생들도 '우리' 정서에 불쾌한 경험을 했다고 하였다. 그들은 불쾌함이 일어날 때 왜 이런 불쾌함이 생기고 이런 감정의 이면에는 어떤 문화적인 배경이 깔려 있으며 같은 상황에서 상대방은 어떤 느낌, 어떤 생각을 가지고 있는지에 대해서는 많이 생각하지 않았다. 대부분의 유학생들은 자기의 불쾌한 기분을 유학생들끼리 만나서 욕설로 털어 버리려 했는데 이런 부정적인 정서가 중국인 사이에 확산되는 경우가 있다. 결과적으로 불쾌한 감정 때문에 한국인과 접근하는 것을 꺼려하거나 만나면 투쟁의 준비부터 하는 현상도 나타났다.

한국인들은 도대체 '우리'를 어떻게 생각하는지 한국인의 설명을 직접 들어볼 수 있다.

김해규 : "한국, 일본, 중국은 각각 집단주의적인 성향이 강한 나라들입니다. 그런데 한국인은 형식적 집단보다는 심리적 집단 즉 마음이 소통하는 집단에 유달리 애착을 많이 느끼는 사회성을 가지고 있습니다.

'우리'라는 말은 단순한 외현적 집단을 의미하는 것이 아니라 심정적으로 소통이 되며 정이 통하는 사람을 의미합니다.

그래서 한가지로 생각하고 말 안 해도 알고, 눈치로 소통하고, 반어법으로 말해도 알아듣고, '엠병할눔〈염병할 놈〉'이라고 욕을 해도 그것을 칭찬으로 듣는 사이가 '우리'입니다.

내 속마음만 알아주면 뭐든지 수용할 수 있고, 반대로 마음이 소통하지 않으면 옳은 일이라 할지라도 거절하거나 반대할 수 있는 속성을 가지고 있습니다."

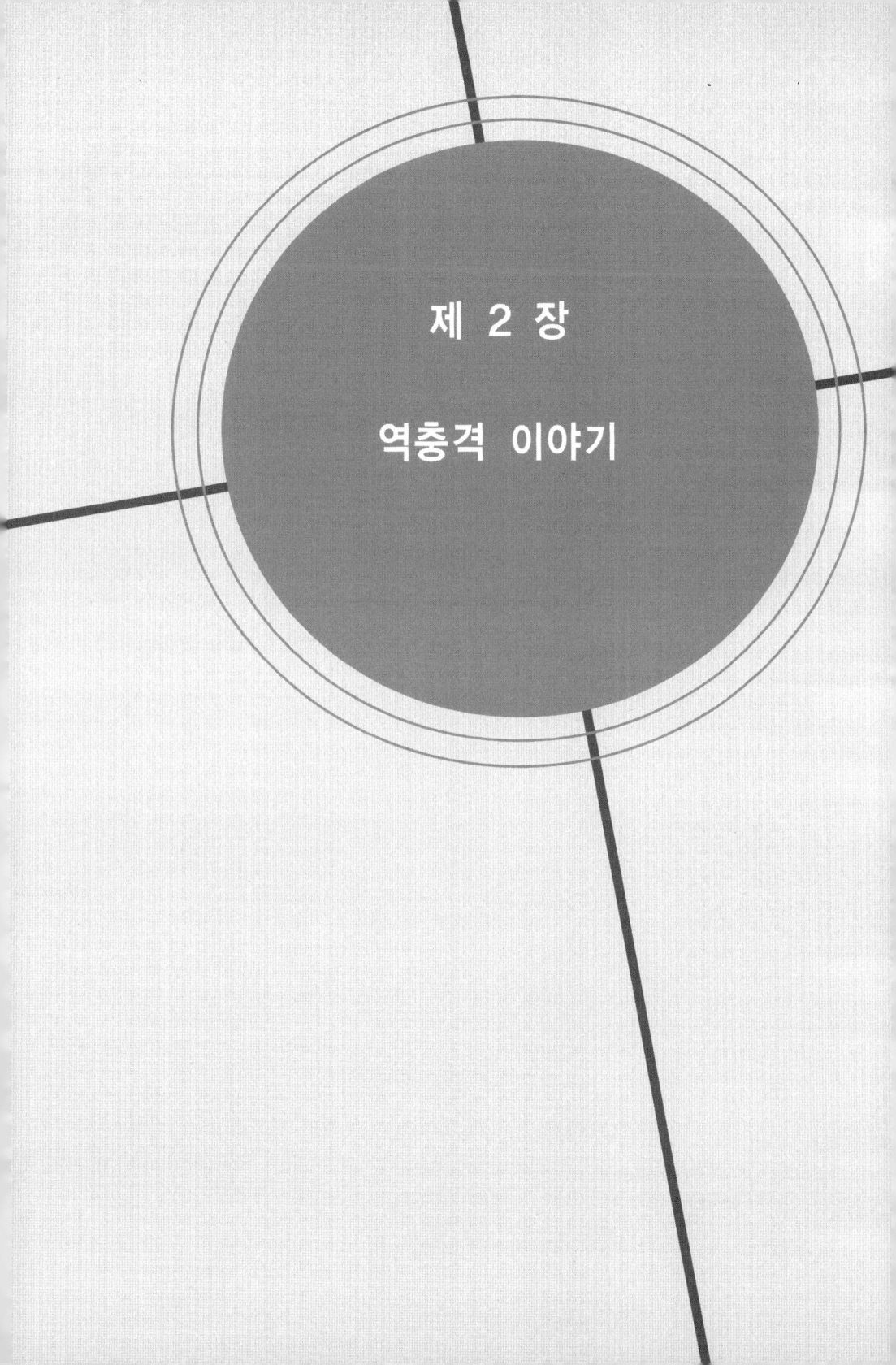

제 2 장

역충격 이야기

대부분의 중국유학생들은 본인이 문화충격경험으로 힘들었기 때문에 사람들로부터 더 많은 이해와 위로를 기대한다. 그들은 그들과 함께 했던 상대방도 역으로 문화충격을 받을 것이라곤 생각도 못하고 있다. 본 장에서는 중국유학생들과 늘 함께 있었던 한국교수, 한국학생, 그리고 한국문화를 먼저 접하고 어느 정도 이미 '한국화'된 중국유학생들이 역으로 받은 충격을 보여 줄 것이다.

교수의 마음: "저는 가끔 일부러 학생들을 좌절시켜요.
그래야 오기가 생겨서 더 잘할 수 있으니까요."

처음으로 한국에 온 대부분의 유학생들은 지도교수를 가장 중요한 사람으로 생각한다. 지도교수에 대하여 학문에서뿐만 아니라 부모의 역할까지 기대한다. 왜냐하면 그들의 부모님이 한국에서 꼭 선생님의 말씀을 잘 들어야 한다고 당부하기 때문이다. 중국유학생들은 유학 나라에서 지도교수와의 좋은 관계는 유학의 중요한 목적으로 간주하는 경향도 있다(진향명, 1996). 그러나 많은 중국유학생들은 한국에서 그들이 기대했던 것과 다른 '이해 할 수 없는' 교수들의 반응을 경험한 다음, 실망이 컸다고 보고하였다. 손익의 말에 의하면 자기는 한국에서 많은 친구를 사귀었지만 교수와의 관계는 철저히 '실패'했다고 하였다.

손 익: "말을 하면 창피한 일이지만 저의 지도교수를 처음 만났을 때 저의
지도교수는 뭐든지 모르면 사람들한테 물어보라고 했어요. 얼마나 친
절하게 조언해 주시는지 몰라요. 그런데 한국 사람들은 말과 행동이
달라요. 어느 한번, 수업 끝나고 강의 내용에 관하여 선생님한테 질

문을 했더니 저의 교수님은 의아한 표정으로 저를 한참 보시더니 '수업시간에 왜 말을 안했어? 다음에는 이 문제를 가지고 수업시간에 물어봐, 수업시간에 토론해 보자. 아니면 너가 친구한테 가서 먼저 물어봐도 좋으니까 그렇게 해.'라고 하시는 거예요. 이 말 듣고 정말 당황했어요. 수업시간에 질문하면 다른 사람에게 방해될까 봐 수업 끝날 때까지 기다리고 참았거든요. 우리 중국학생들의 수준이 좀 낮잖아요. 너무 간단한 문제를 질문한다고 할까 봐 정말 참았거든요. 그런데 선생님의 이런 반응은 꿈에도 생각하지 못했어요. 그 순간 정말 난감했어요. 선생님을 원망할 수도 없고 가볍게 넘겨 갈 수도 없었어요. 정말 바보 같은 느낌이 들었어요. 제가 정말 한심한 학생이 아니면 선생님은 그런 태도와 그런 표정으로 저를 대하지 않았을 거예요. 정말 부끄러워서 아무한테도 말하지 못했어요."

연구자: 당황했겠네요. 그런데 선생님한테 질문을 할 때 선생님의 어떤 반응을 기대했어요?

손 익: 적어도 질문을 잘했다고 인정해 주시거나 그때 시간이 안 되면 다른 시간에 찾아오라고 하실 것 같았는데 선생님께서 그렇게 말씀하실 거라고는 상상도 못했어요. 제가 너무 유치한 질문을 해서 저보고 학생한테 가서 물어보라고 하셨을까요? 학생들한테 가서 물어볼 일이면 제가 알아서 판단할 건데 생각 밖으로 그런 식으로 쌀쌀하게 거절하니까 정말 창피하고 난감하더라고요. 그 후로 저의 다른 행동도 부적절하지 않은지 갑자기 기준을 잃어버린 것 같았어요. 그 후로 다시 질문을 시도하지 않았어요. 선생님을 보기만 해도 무섭거든요. 부모는 국제전화에서 늘 어려움이 있으면 선생님을 찾아가라고 하지만 저는 다시 편한 마음으로 선생님을 찾아갈 수 없었어요. 되도록이면 선생님을 피하면서 다니지요. 국제전화에서 부모님이 선생님에 대해 물어보시면 저는 늘 화제를 바꾸려 해요.

연구자: 충격을 받았군요.

손 익: 모르겠어요. 선생님을 만나기만 하면 또 뭐가 잘못될까 봐 속이 두근거리거든요. 그 후 선생님이 친절하게 잘 해 줘도 처음처럼 반갑고 마음이 편하지 않았어요. 한때는 밥맛도 없고 잠도 잘 안 오고 사람도 싫었어요. 너무 갑갑해서 전공을 바꾸고 싶기까지 하였어요.

연구자: 많이 힘들었겠네요.

손 익: 네 정말 힘들었어요. 그런데 교수를 싫어서 전공을 바꾼다고 할 수 없잖아요. 그래서 저는 적성도 맞지 않고 이 전공을 별로 좋아하지도 않는다는 소문을 내면서 다른 전공의 선배까지 만나 봤어요. 실은 지금의 전공이 저의 적성에 가장 맞거든요.

연구자: 교수와의 불쾌한 감정 때문에 전공을 바꾸려고 했다고요. 그래도 전
공을 바꾸지 않아서 다행이네요.

손익 씨는 아직도 선생님이 왜 자기의 질문을 쉽게 풀어 주지
않았는지 이해하지 못했다. 그는 나름대로 교실 분위기에 대한 고
려도 있었고, 나름대로 가장 적절한 시기에 가장 겸손한 태도로
질문을 했다고 생각했는데 자기의 생각과 달리 전혀 예상하지 못
한 교수님의 반응을 받고 충격을 받았다. 손익 씨의 말에 의하면
그 후로 지도교수와 친밀한 관계를 맺으려는 노력을 다시 하지 않
았다고 하였다. 그 당시 교수의 입장과 마음을 이해하기 위하여
본 연구자는 다른 한국교수의 자문을 구했는데 사실 대부분의 한
국교수의 마음은 학생에 대한 더 깊은 배려가 담고 있었다.

교 수: 공부를 잘하고 싶은 학생을 싫어하는 선생 어디 있겠어요. 특히 어렵
게 유학을 선택한 중국유학생들을 보면 옛날에 저희들의 유학생활이
생각나는데 많이 돕고 싶지요. 그러나 그렇게 쉽게 도와주면 학생들
이 스스로 공부하는 습관을 기르지 못하기 때문에 가끔은 일부러 학
생들을 좌절시키지요. 그것도 교육의 효과가 있다니까요. 그리고 무섭
게 해야 공부를 열심히 하지 아니면 학생들을 봐주기 시작하면 정말
학생들의 인생을 망치는 거지요. 저희들도 유학시절에 선생이 봐주는
것을 제일 싫었어요. 정말 자기 실력으로 인정을 받고 싶었지요. 어렵
다고 해서 봐주거나 후진국에서 왔다고 무시하면 그것보다 서러운 게
없겠지요. 중국유학생들도 비슷한 마음일 거예요. 그리고 학생들은 선
생의 마음을 잘 모를 수 있는데 선생은 학생들끼리 서로 친해지도록
도와줘야 하거든요. 한국사회에서는 유학생들이 특히 친구들과 잘 어
울려야 되거든요. 선생하고만 친해지면 학생들한테 따돌림 당하기 쉽
기 때문에 특별히 아끼고 싶은 학생은 다른 학생들 앞에서 일부러 까
다로운 척할 때도 있어요. 학생들은 자기네들끼리 도움을 주고받을
때 정이 생기잖아요. 선생이 좀 무섭게 하면 학생들이 똘똘 뭉치게
되지요. 이런 선생의 마음을 못 보면 어쩔 수 없지요.

연구자: 그럼, 학생들이 선생하고 친해지고 싶을 때는 어떤 방식으로 찾아가
　　　　야 되나요?

교　　수: 선생과 학생 사이는 원래 어려운 관계라는 것을 인정해야지요. 그리
　　　　고 교수가 아무리 자신을 낮춘다 해도 학생은 선생님하고 학문적인
　　　　거리가 있기 마련이에요. 사실, 선생과 학생 사이에 이러한 거리는
　　　　필요한 거리라고 보거든요. 학생들이 공부와 실력으로 꾸준히 노력하
　　　　면 학생을 싫어하는 교수가 없어요. 중국에서 온 유학생이라고 낮게
　　　　보거나 무시하는 교수는 없을 거예요. 공부할 때는 열심히 공부하는
　　　　학생이 좋은 학생이지요. 교수와 친해지려면 공부만 잘하면 된다고
　　　　저는 생각해요. 그 외에 쓸데없는 데 정신을 팔면 좋은 학생도 못되
　　　　고 좋은 관계도 기대할 수 없죠.

　손익 씨는 교수의 이런 깊은 배려를 직접 들어 보지 못했기 때문에 이해하지 못하고 있다. 아마 여기에서 문화차이 현상이 일어나는 것 같다. 손익 씨의 지도교수는 한국의 문화와 한국식 사고로 손익 씨를 배려하려 하였고 손익 씨는 중국의 문화와 중국식 사고로 교수님을 접근했던 것 같다. 손익 씨는 중국의 '산아제한정책' 실시 후 태어난 외동아이이다. 중국의 외동아이 특징은 어른들을 두렵지 않고 어른들한테 자연스럽게 접근하고 의존하는 경향이 있다. 그들이 형제자매가 많은 가정배경이 없기 때문에 또래들한테서 도움을 받아야 한다는 생각조차도 못할 때 있다. 그들은 어른들에게 자신들의 욕구를 솔직히 표현하고 당당하게 도움을 구하는 데 어려움을 느끼지 않는다. 때문에 그들은 한국인들이 익숙한 교차적이고 다양한 관계에 취약하다(고홍월, 2003). 이런 문화적인 배경에서 성장해 온 중국 유학생들은 당연히 한국교수의 깊은 마음을 이해할 수 없다. 일반적으로 그들은 다른 사람의 표현을 액면 그대로 받아들이는 경향이 강하다. 그들이 외동아이로 컸기 때

문에 가정에서나 사회에서 특별히 누구의 눈치를 볼 필요가 없었고 부모들도 그들을 좌절시키면서 그들의 사회성을 키워야 할 필요성을 느끼지 않는다. 한국사회는 다르다. 한국사회는 보다 복잡하고 교차적인 관계가 발달했기 때문에 이런 관계사회에서 적응하려면 사람의 말 뒤의 숨은 뜻을 알아차려야 된다. 필요에 따라 한국사회는 은어적인 의사소통이 통행되는데 즉 말 뒤에 숨은 뜻과 숨은 기분을 파악하는 것이 중요하다(유동수, 1996). 이런 의사소통에 익숙하지 않는 손익 씨는 교수의 태도와 말씀 뒤에 그렇게 많은 배려가 있다는 것을 당연히 알 수 없었을 것이다. 결과적으로 손익 씨는 문화충격의 원인도 모르는 채 거부당한 불쾌한 감정에 압도되어 교수를 회피하는 소극적인 행동을 선택하게 되었다.

물론 교수님들 중에 중국유학생들에 대한 부담감과 불편함을 느낀 분들도 있었다. 예를 들어, 중국유학생들 중에 가정형편이 좋지 않아서 등록금도 해결하지 못하는 상황이 벌어지면 교수님으로서는 정말 난감해진다고 실정을 토로하였다. 교수님도 모든 학생의 사정을 다 봐줄 수 있는 형편이 못되기 때문이다. 다음은 한국교수님이 중국유학생을 지도하면서 느꼈던 불편한 점이다.

- 여러 가지로 여건이 좋지 않아서 확실히 부담감을 느낀다.
- 일상에서 언어장벽이 있어서 확실히 교류에서 장애가 있다.
- 학문적인 언어가 취약해서 정말 답답할 때 있다.
- 확실히 문화장벽이 있다. 특히 학문적인 문화에 적응하기 어려워하는 모습이 보인다.
- 사소한 개인습관이 좋지 않아 보인다. 특히 지저분한 면이 관

계에 부정적인 영향을 끼친다.

- 학업능력이 현저하게 낮기 때문에 친구 사이에 인정받기 어렵다.
- 유학생들끼리만 놀고 적응하려고 노력하지 않는 모습이 좋지 않다.
- 약간 강요 식으로 표현해서 때로는 당황하고 불편하다.
- 규칙을 잘 지키지 않는 면이 있어서 화날 때가 있다.
- 도움을 줄 때 지나치게 반응하거나 전혀 감사할 줄 모를 때 관계에 부정적인 영향을 끼친다.

교수의 충격: "과제지도를 하는데 갑자기 울어 버리는 중국유학생을 보면 의아하고 난감하더군요."

중국유학생들이 한국교수들의 눈에 어떻게 비치는지 알아보기 위하여 중국유학생을 지도하는 경험이 있는 몇 분 교수님을 인터뷰하였다. 그들은 주로 재한 중국유학생들이 당당하지 못하고 자연스럽지 못하는 표현을 지적하였고, 정서표현의 부적절함을 지적하였으며, 자기중심적인 사고, 지나치게 낮은 학문적인 의사소통 수준 등의 부분을 지적하였다. 그리고 생활측면에서 유학생의 신분과 맞지 않는 지나친 사치함을 지적하였고 개인성품적인 측면에서 사람을 잘 믿지 않거나, 때로는 다른 사람을 강요하는 태도가 불쾌했다고 하였다. 마지막으로 중국유학생이 한국학생들과 어울리려는 노력을 하지 않는 것도 지적하였다.

연구자: 중국유학생을 지도하시면서 특별하게 불편하게 느꼈던 부분이 있었나요?
교　수: 저는 바빠서 수업시간 외에 아이들과 개별적으로 만나는 일이 많지 않아요. 딱히 불편하게 느낀 일은 별로 없는데 좀 당황하고 의아했던 일은 있었어요. 기말 과제를 제출하려고 연구실까지 찾아온 중국유학

생인데 평상시에 열심히 노력하는 모습이 참 좋아 보였어요. 마침 제가 시간이 좀 있는 것 같아서 그 자리에서 지도를 좀 했어요. 그런데 과제물 중에 몇 군데 논리가 맞지 않는 부분을 지적했을 뿐인데 갑자기 학생이 울기 시작한 거예요. 너무 놀라서 더 이상 지도를 못 하겠더라구요. 왜 우냐고 물어봐도 설명이 없고, 정말 당황했어요. 중국학생들이 가끔 상황에 맞지 않는 감정을 표현해서 저를 당황하게 만들더라구요.

연구자: 그 상황에서 정말 당혹하셨겠네요.

교 수: 굉장히 당혹했어요. 보통 한국학생들은 그런 반응이 없거든요. 교수님의 지도를 받으면서 자기의 논리적인 오류를 발견해서 기쁘고 고맙게 생각하는 학생이 대부분이지요. 그 학생이 왜 울었을까요? 제가 야단친 것도 아니고, 학생이 잘못했다고 말한 것도 아닌 데 말입니다. 지금도 이해할 수 없어요.

교수님이 말씀하셨던 그 중국유학생이 왜 울었는지 본인의 설명을 직접 들어 보지 못했기 때문에 우리는 추측할 수밖에 없다. 대부분 열심히 하려는 중국유학생들은 자존심이 강한 학생들이다. 그들이 한국에서 가장 듣기 싫은 소리는 '중국학생들이 공부 안한다.'라든가, '중국학생들이 학문수준이 낮다.'라는 말이다. 이 학생이 울어 버리는 이유는 두 가지로 추측할 수 있다. 하나는 감동의 눈물이고, 다른 하나는 자기를 미워하는 눈물일 가능성이 크다. 중국의 학문체계는 한국과 상이한 부분이 많다. 중국에서 훈련받았던 방식도 한국과 많은 차이가 있다. 한국교수님들은 이런 중국학생의 사정을 잘 알지 못할 것이다. 중국유학생들이 학업에서 적응하고 한국교수님의 인정을 받으려면 언어적인 장벽뿐만 아니라 사고방식으로부터 표현까지 바꿔야 할 부분이 한두 가지가 아니다. 오랜 교육과 훈련으로 이미 다듬어진 익숙한 사고방식을 한순간에 무너뜨리고 새로운 사고방식으로 사고하고 문제를 해결한다는 것은 쉽운 일이 아니다. 더구나 중국에서 인정을 받았던 학생이라면 그 충격이 더욱 크다. 중국유학생들은 이런 힘든 과정을 견뎌야만 한국에서 학업의 성공을 거둘 수 있다. 그들은 깨지는 충격, 다시 구축할 때 필요한 어마어마한 노력, 새로운 지식을 습득한 후에 다시 원래의 환경에 돌아갔을 때 그 지식과 방식의 유용성 등등의 고민을 심각하게 고민하게 된다. 힘든 갈등과 어려운 도전을 하는 그들은 이해를 받고 싶고 위로와 지지를 받고 싶지만 대부분의 한국교수님들은 중국유학생들의 그러한 사정을 구체적으로 알지도 못하거니와 그러한 넉넉한 시간과 여유로움도 없다. 이런 상황에서 교수님의 진심 어린 지도를 받으면 감동을 먹을 수 있다. 마치 자기의 도전을 지지받은 듯한 느낌과 이러한 노력을 누군가에 의하여 인정받고 있는 느낌을 받을 수 있다. 그 상황에서 교수님은 단순한 지도지만 중국유학생의 내면세계에서는 엄청난 감정의 변화가 일어난다. 그동안 혼자서 애썼던 외로움, 갈등을 했던 불면의 밤, 드디어 교수님의 지도를 받게 돼서 더 잘 발전할 수 있을 거라는 희망감을 눈물로 표현할 수 있다. 그렇지 않고, 자기의 능력부족을 교수님께 노출하게 되어서 자기를 미워서 눈물을 흘릴 수도 있다. 중국유학생들은 어려운 상태에 처하면 조국과 동일시하는 경향이 있는데 자기의 실력부족으로 창피를 당하는 일도 괴롭지만 자기 때문에 나라와 민족의 존엄까지 자기 때문에 먹칠한 것 같아서 회한의 눈물을 흘릴 수도 있다. 이렇게 복잡한 감정과 생각을 가지고 있는 중국유학생의 심리를 한국교수님들은 다 알 수 없을 것이다. 한국교수님들이 자기의 단순한 마음과 한국적인 기준으로 중국유학생들을 바라봤을 때 당황하고 어이없다고 생각할 수도 있

다. 다음은 비슷한 상황을 경험했던 유학생을 인터뷰했던 내용이다.

연구자: 한국에서 유학할 때 가장 힘들었던 시기는 언제였어요?

남춘자: 저는 적응력이 굉장히 좋은 편이거든요. 중국에서 오기 전에는 기대에 가득 차서 남들이 못해 낸 일도 할 수 있다고 생각했죠. 그리고 처음에는 정말 신났지요. 좀 서운한 일이 있어도 쉽게 이해하고, 안 좋은 일이 있어도 금방 잊고 잘 적응했는데 한국에 대한 신선한 느낌이 줄어들면서 점점 심각해진 것 같아요. 처음에는 주변에서도 저를 굉장히 너그럽게 해 준 것 같아요. 예를 들어 제가 실수를 했으면 주변 사람들이 늘 '이럴 수 있지요.'라고 하면서 오히려 저를 위로했는데 어느 시점부터는 저를 같은 한국 사람처럼 대한 것 같아요. 그러면서 저에게 짜증도 내고 화도 내지 않겠습니까? 그게 시점인 것 같아요. 공부에 있어서도 잘해 보려니 잘 안 되더라고요. 정말 웃기는 건 제가 도움을 요청하지 않았을 때는 그래도 여기저기서 도움을 줄 수 있다고 하는데 제가 잘해 보려고 도움을 요청할 때는 이상하게 사람들이 거절을 하더라고요. 그때는 정말 한국 사람들이 야비하지요. 뭘 물어봐도 대답 잘 안 해 주는 사람이 있더라고요. '나도 바빠' 이런 말을 정말 많이 들었어요. 어려워서 죽겠는데 도움을 받지 못할 때는 정말 미칠 것 같았어요. 하기 어렵거나 하기 싫을 때 사람이 핑계를 찾기 시작하는 것 같아요. 저도 이렇게 공부해서 나중에 중국에 가서 써먹을 수 있는지도 의심하기 시작하고, 지금까지 이런 방식으로 배우지 않았는데 갑자기 하려니 누구를 원망해야 할지 모르겠어요. 마음에 여유가 없으면 사람도 다 싫더라고요. 정말 한국 사람들이 이기적으로 보이고, 위선적으로 느껴지더라고요.

연구자: 상당히 복잡했겠네요.

남춘자: 그렇지요. 복잡해요. 머리가 아프게 복잡했어요.

연구자: 감정통제가 잘 안 될 때도 있었나요?

남춘자: 가끔 제가 정신이 이상해지지 않았나 생각할 때도 있어요. 눈물 날 상황이 아닌데도 눈물이 나고, 중얼중얼 혼잣말도 하고 그래요. 때론 저 답지 않게 화를 팍 낼 때도 있어요. 이렇게 힘들 수도 있구나 싶었지요.

연구자: 힘든 이유는 뭐라고 생각해요?

남춘자: 동시에 여러 가지 문제들이 한꺼번에 일어나잖아요. 그게 힘든 이유인 것 같습니다. 경제적으로 어렵지요. 언어장벽이 있지요. 체제에 대해서 익숙하지 못하지요. 훈련받은 능력이 다르지요. 인맥이 없지요. 거기에 문화적으로 다르니까 완전 바보 되는 느낌이에요. 바꿔야 할

부분이 한두 가지 아니니까 심란하지요.

중국유학생들이 한국에서 한국인과 같은 외부환경에서 살고 있는 것 같지만 주관적으로 경험하는 세계는 엄청 다를 수 있다. 한국 사람에게는 아무런 감도 없는 대상을 접했을 때도 신기하고, 재미를 느끼고, 한국 사람들이 아주 쉽게 생각하는 것들도 그들은 굉장한 스트레스를 받는 경우가 있다. 한마디로 중국유학생들이 현실에서 자극받는 정도는 한국 사람과 질적으로 차이가 있다. 예를 들어, 지극히 평범한 지명을 외우는 것도 중국인에게는 어려운 일이 될 수 있다. 왜냐면 들어 본 적도 없고 아래위로 참조할 만한 곳도 없기 때문에 지명 자체를 외우는 것이 처음 한국에 온 중국인에게 어려운 일이 될 수 있다는 것이다. 버스를 탈 때 한국인은 지명방송을 자연스럽고 편안하게 들리겠지만 중국인은 모든 정신을 집중해도 잘 안 들리는 경우가 더 많다. 어떤 일을 한국 사람들에게는 한 번만 이야기하면 그대로 명확하게 전달이 되지만 중국인에게는 여러 번 이야기하고 또 확인해야 전달이 된다. 한국인의 입장에서는 그 상황 자체를 언어적인 장벽이라고 생각하지 못하기 때문에 중국인의 만만디라는 성격부터 중국인의 낮은 일처리 수준까지 중국인에게 직간접적으로 불평과 불쾌감을 드러낸다. 다음은 한국교수님의 눈에 비친 중국유학생들의 모습이다. 한국교수님들이 중국유학생을 더 깊게 이해해서 중국유학생들에 대한 인상을 바꿀 수도 있고 중국유학생들의 태도를 바꿀 수도 있다. 중요한 것은 인상을 바꿔야 좋은 감정으로 관계를 발전할 수 있다는 것이다.

- 큰 것은 아니지만 자질구레한 불편들이 늘 있었다.
- 감정과 행동이 이탈한 것 같다. 예를 들어 지적을 받을 때 웃는 행동을 한다.
- 감정조절이 잘 안 된 것 같다. 예를 들어, 상황과 맞지 않게 울 때 있다.
- 표현을 하지 않아서 속마음을 잘 모르겠다.
- 행동과 언어가 잘 다듬어지지 않는 것 같다. 툭툭 튀는 행동과 말을 한다.
- 대화가 융통성과 유연성이 없다. 말을 하다가 할 말이 없어진다.
- 학교문화를 잘 이해하지 못한 것 같다.
- 행동이 어색하고 자연스럽지 못할 때 있다.
- 자신감이 없어 보일 때 있다.
- 지적을 받으면 주눅이 들고 미워한다고 오해한다.
- 자기 상황을 제대로 말하지 않아서 솔직하지 못하다는 느낌이 든다.
- 일관성이 없어 보일 때 있다.
- 지나치게 단순해 보일 때 있다.
- 사고방식이 좀 다른 것 같다. 코드가 다르다는 느낌이 들 때 있다.
- 차별대우를 받는다고 오해할 때 섭섭하다.
- 유학생활에 맞지 않는 사치함이 있어 보인다.
- 사람을 시험하는 것 같다.
- 한국학생들한테서 있을 수 없는 표현들을 할 때 있다. 예를 들어 교수와 술상에 마주 앉을 때 술을 강요하는 표현을 한다. 알고 보니 중국문화에서 흔히 볼 수 있는 일이라고 한다.

교수의 곤혹: "수업시간에 토론에 잘 참여하지 않아요. 수업기여도가 낮아요."

한국에 온 중국유학생들은 한국교수님과 좋은 관계를 맺고 싶은 욕구가 많았는데 많은 좌절을 겪었다고 하였다. 대부분의 유학생들은 한국교수들이 중국유학생에 대해 별로 호감이 없다고 하였다. 그래서 한국교수들이 실제로 중국유학생들을 어떻게 생각하고 느끼는지를 확인할 필요가 있었다. 먼저 한국교수들이 재한 중국유학생들에 대한 불만사항을 알아보기 위하여 중국 학생들을 지도하면서 느꼈던 불만사항을 질문하였다. 인터뷰에 참여했던 한국교수들은 중국유학생들의 낮은 학업능력에 가장 불만스러웠고 그리고 뚜렷한 목표의식이 없고 자기의 진로를 현실적으로 설계하지 못하는 면에서 약간 실망하고 불만을 느꼈다고 하였다. 인간관계 측면에서는 학생들한테 많은 기대를 하지 않기 때문에 특별한 불만은 없지만 가끔 중국에서 오는 유학생들이 교수보다 학교의 일반 행정직에서 일하는 사람과 좋은 관계를 맺으려고 노력하는 모습에서 문화적인 차이를 느꼈다고 하였다. 평상시의 표현에서는 중국유학생들이 교수를 잘 믿지 않거나 자기중심적인 생각을 고집하는 면에서 불만이 있었고 학교문화와 맞지 않는 사회문화를 남용하는 면에서도 약간의 불편이 있었다고 하였다.

연구자: 교수님은 중국유학생들을 지도하시면서 혹시 이 부분은 좀 고쳤으면 하는 바람이 있었나요? 이 부분만 고치면 더 호감을 가질 수 있는 몇 가지를 이야기해 주시기 바랍니다.

교   수: 중국유학생들이 장점이 굉장히 많아요. 대국적인 기질이 있어서 시원시원 하는 면도 보기 좋고, 어려움을 잘 극복하는 인내력도 있는 것 같아서 저는 중국유학생들을 좋아해요. 앞으로 큰일 할 학생들이라고 믿거든요. 근데, 고쳤으면 더 좋을 것 같은 부분도 있어요. 예를 들어, 수업시간에 저는 아이들과 토론 수업을 많이 해요. 그리고 학생들의 수업기여도를 평가하거든요. 얼마나 질 높은 질문을 했으며, 얼마나 적극적으로 토론에 참여했는지를 평가하는데 중국유학생들에게는 높은 점수를 주지 못하겠어요. 똑똑해 보이는 아이들인데 수업시간에는 벙어리처럼 아무 말도 안 해요. 우리는 자발적인 참여를 강조했기 때문에 교수가 자꾸 시킬 수는 없잖아요. 그럴 때 좀 답답하고 걱정이 되더라구요. 수업시간에 발표를 통하여 자기의 주장도 펼쳐보고, 사람들에게 자기를 알리는 데도 많이 도움이 될 텐데 말입니다. 그리고 솔직히 우리는 중국학생들의 관점을 알고 싶거든요. 어떤 관점을 가지고 있는지를 말하면 굉장히 재밌을 텐데 말을 통 안 해요.

연구자: 토론에 참여하지 않아서 많이 아쉬웠겠네요.

교   수: 그럼요. 아쉽지요. 공부할 때 연습을 많이 하지 않으면 앞으로 사회에 나가서 언제 또 자기를 훈련하겠어요? 토론을 통하여 많은 능력을 키울 수 있는데 중국학생들이 이런 기회를 그냥 놓치고 있는 것 같아서 안타깝죠. 어렵게 유학 왔는데 성공해야 헛고생하지 않잖아요. 저 같은 경우에는 외국에서 유학할 때 수업시간에 토론을 잘해 보려고 전날에 미국인 친구에게 돈을 주면서 미리 봐 달라고 연습까지 했어요. 그게 정말 도움이 되더라구요. 중국학생들은 무슨 생각을 하고 있는지 알 수 없어요. 또 그런 학생들이 있어요. 수업시간에 토론할 때 아무 말도 안 하다가 수업 끝나고 저한테 와서 질문하는 학생이 있어요. 그럴 때는 절대 답변을 안 해주거든요. 수업시간에 적극적으로 참여하고 수업시간에 문제를 해결해 보는 경험을 해봐야 학생들이 수업 준비를 더 잘 할 것 같아요.

한국교수의 기대는 이렇지만 중국유학생의 입장은 달랐다.

중국유학생들은 자기의 부족한 표현력과 맞지 않는 생각들이 수업진도에 방해될까 봐 입을 다물었다고 하는 학생들이 많았다.

연구자: 많은 한국교수님과 한국학생들은 중국유학생들이 수업에 잘 참여하지 않는다고 생각하는데 어떻게 생각하세요?

반 유: 우리는 아직도 언어장벽이 많잖아요. 한국에서는 영어로 발표하는 수업도 있어요. 그럴 때는 더 힘들지요. 중국에서는 언제 영어로 발표한 적이 있었습니까? 그리고 솔직히 아이들이 자꾸 코드가 맞지 않다고 해서 겁이 나서 발표를 못 하겠더라구요. 차라리 입을 다무는 것이 수업진도에 더 도움이 될 것 같아요. 제가 발표를 하면 꼭 모든 진도가 멈추는 것 같아요. 토론의 핵심을 이해하지 못했거나 핀트에 맞지 않다거나 그런 반응이 나오니까 저도 민망하고, 한국학생들의 토론에도 방해가 될 것 같아서 숨어 버리게 되요.

연구자: 뭐가 토론의 핵심인지 잘 잡히지도 않고, 표현력은 딸리고, 하고 나면 좋은 반응이 없어서 더 괴롭지요?

반 유: 네, 정말 괴로워요.

연구자: 이런 어려움을 교수님 혹은 한국학생에게 말한 적 있었나요?

반 유: 그런 말을 해야 됩니까? 그런 이야기를 어떻게 해야죠?

중국유학생들의 수업시간의 표현이 대인관계와 직접적인 관계가 없는 것 같지만 교수와 한국학생들은 수업시간을 통하여 중국유학생들의 특성을 파악하고 중국유학생들에 대한 호감과 비호감이 형성된다. 교실에서 교수님과 한국학생들이 중국유학생들에 대한 관심이 집중했을 때 중국유학생들이 침묵 혹은 토론에 불참하는 태도로 수업에 임하면 한국교수님의 실망은 물론이고 한국학생들도 중국유학생들의 학업능력에 대한 신뢰가 떨어진다. 이러한 실망감을 직접적으로는 표현하지 못하지만 관계에 영향을 미치는 것만은 사실이다. 한국학생들은 심지어 중국유학생들이 공부에 흥미 없고,

쉽게 쉽게 졸업하려는 불성실성에 대한 거부감까지 가지고 있다. 이런 부정적인 감정으로 서로 깊게 이해하고 받아들이기란 쉽지 않을 것이다. 다음은 한국교수와 학생들이 중국유학생들에 대한 인상을 표현한 말들이다.

- 학업능력이 한국학생들보다 현저하게 낮다.
- 수업시간에 토론에 잘 참여하지 못한 것 같다. 지적인 기여가 적다.
- 유학을 왔는데 분명한 목표의식이 없는 것 같다.
- 자기의 생각을 잘 표현하지 않는다.
- 수업에 지적인 기여가 거의 없다. 수업시간에 아무 말도 하지 않는다.
- 자기주장이 분명하지 않아서 균형이 없어 보인다.
- 타인의 입장을 생각해 주지 않는다.
- 오해가 있으면 솔직히 터놓고 이야기하지 않고 뒤에서 의논한다.
- 잘 살고 있는 티를 내서 별로 도와줄 필요를 느끼지 못한다.
- 진지하지 못하고 심각한 이야기를 할 때도 실실 웃는다.
- 학교문화와 맞지 않는 사회문화를 적용하려 한다.
- 도전정신이 부족한 것 같다.
- 한국학생처럼 죽도록 하지 않으려 한다.
- 좀 쉽게 넘어가려는 경향이 있다.
- 정말 열심히 노력하지 않는다.
- 한국학생과 어울리지 않고 중국학생끼리만 다니는 것 같다.
- 교수의 파워를 믿지 않고 행정직의 선생님과 친한 관계를 맺으려 한다.

4

한국학생들의 고민: "중국학생들의 속을 정말 모르겠어요."

중국유학생들이 한국에 와서 가장 많이 접하게 되고 가장 많은 상호작용을 하게 되는 집단이 바로 또래친구 집단이다. 그들은 친구와의 관계가 중요하지 않다고 하는 학생이 거의 없었다. 하지만 어디에서 문제가 발생했는지 친구관계가 원만하게 발전하지 못하는 경우가 종종 있었다. 중국유학생들은 한국친구와 어느 선까지는 가능하지만 더 이상 발전하기는 어렵다고 하고, 한국학생들은 중국학생들의 속을 몰라서 관계를 발전하기 어렵다고 한다. 무엇이 문제였을까?

신선혜: "대인관계, 당연히 중요하지요. 중국에서는 '집에서는 부모를 의지하고 밖에서는 친구들을 의지 한다'라는 속담도 있잖아요. 우리는 아무리 적응을 잘한다 하더라도 외국인이잖아요. 아르바이트 일자리를 소개받아도 아는 사람 필요하고, 학교에서 리포트를 하나해도 친구들의 도움이 필요하잖아요. 좋은 친구 있으면 당연히 좋지요."

김순화: "대인관계 문제는 한국에서뿐만 아니라 어디에 가서도 가장 중요한 문제라고 생각합니다. 저는 개인적인 특성상 사람을 좋아하는 사람입니다. 사람에 대한 관심도 많은 편입니다. 사람을 알고 싶고 제가 어떻게 해야 사람들과 잘 어울릴 수 있는지도 알고 싶습니다. 어떤 일을 해도 사람을 떠날 수 없다고 생각합니다. 특히 공동체에서 혼자서

되는 일은 아무것도 없다고 생각합니다. 인간관계가 좋고 나쁨이 일에서도 반영됩니다. 협력하고 있는 사람의 마음을 아는 것이 일처리에서도 매우 중요하다고 생각합니다. 일을 쉽게 교대할 수 있고 자기가 원하는 중요한 정보도 얻어 낼 수 있습니다. 그리고 더욱 중요한 것은 인간관계가 좋으면 마음이 유쾌해지고 상대한테서 배우고 싶은 마음이 생기고 일상이 즐겁습니다. 힘들 때 속마음을 시원하게 털어놓을 수 있는 친구가 있으면 정말 복된 일이라고 생각합니다. 그런데 아직은 그런 친구가 없습니다."

이처럼 중국유학생들은 대인관계를 중요시하고 한국친구와 좋은 관계를 발전하고 싶은 욕구가 강하다. 하지만 김순화를 대표로 하는 많은 중국유학생들은 실제로 만족스러운 관계를 발전하지 못했다고 하였다. 특히 깊은 관계에 들어갈 때는 더 이상 서로 넘어설 수 없는 장벽이 있는 것 같다고 하였는데 그것이 과연 무엇인지 분명하게 설명할 수 있는 사람은 많지 않았다.

중국유학생들의 불만이 큰 반면 한국학생들도 불만이 있었다.

이해영: "중국학생들의 속을 정말 모르겠어요. 마음을 주지 않는 것 같아요. 얼굴 표정을 보면 분명히 그런 것 같은데 물어보면 아니라고 할 때 많거든요. 그럴 때는 정말 당황하지요. 자기감정을 숨기려고 하는 것 같아요. 친구면 자기의 어려움을 털어놓고 서로 돕는 관계가 되어야 아니겠어요? 중국친구들은 잘해 줄 때는 정말 잘해 주지요. 서로 밥도 사 주고 선물도 주고받지만 친하다는 느낌은 안 들어요. 중국학생들이 참 의리 있고 정직해서 좋은데 마음으로 통하지 않아서 답답할 때 있거든요. 말로 표현하기 어려워요. 중국친구들하고 같이 있으면 마음을 주고받는다는 느낌이 없어서 답답할 때 참 많더라구요. 그러니까 어느 정도 가면 더 이상 가까워질 수 없지요. 솔직히 중국친구가 있는 자리는 좀 불편해요."

최인경: "저의 과에 중국유학생이 있는데 정말 저를 깜짝깜짝 놀라게 했어요. 자꾸 도전하려 하는 것 같아요. 한국에서는 선후배라는 문화가 있잖아요. 그 친구가 나중에 왔는데도 불구하고 선배 앞에서 공손하게 행동하

는 것은 바라지도 않았구요. 왠지 못마땅한 눈빛으로 이것저것 따지려
하니까 정말 불편하더라구요. 저는 그 친구가 없었으면 더 좋을 것 같
았어요. 교수님이 늘 그 친구를 잘 돌보라고 하지만 우리를 믿지도 않
는데 뭘 돌보겠어요! 나중에는 정말 싫더라구요. 저뿐만 아니에요. 제
주변 몇 사람이 저와 비슷한 느낌을 갖고 있더라구요. 한번은 제가 스
승의 날 행사를 준비하는데 교수님께 드릴 선물을 사려고 회비를 다 같
이 내기로 했거든요. 그랬더니 그 친구가 자기는 개별적으로 준비하겠
다는 거예요. 어찌 당황했는지요. 중국친구들의 속을 정말 모르겠어요."

김예경: "중국친구들을 어떻게 상대해야 하는지 정말 어렵더라구요. 무서워요.
속을 모르겠어요. 우리가 잘 모르는 지역에서 와서 이것저것 다 알고
싶잖아요. 호기심으로 뭐 중국에 대해서 물어보면 '이것도 몰랐어?'
라는 식으로 그렇게 못마땅하게 생각해요. 어떤 때는 저는 그런 마음
이 전혀 없었는데 마치 제가 중국을 얕잡아 본 것처럼 기분 나빠하는
친구가 있는데 미안하기도 하고 당황하기도 하고 그렇죠."

그들은 분명히 문화적인 장벽을 느끼고 있지만 그 장벽이 문화
적인 차이 때문에 파생된 문제라는 것은 잘 모르고 있다.

한국인들의 인간관계에 있어 가까운 사람이 된다는 것은 특별한
의미를 갖는다. 예를 들어, 가족관계나 친한 친구관계, 직장에서의
긴밀한 동료관계와 같은 인간관계가 전제될 때 우리 성 구성원들
간의 인간관계 형태는 우리 성이 전제되지 않는 사람들 간의 인간
관계형태와 질적인 차이를 갖는다(최상진, 1997, 1993: 최상진, 김
기범, 1999c: 최상진, 김정운, 1998: 최상진, 박수현, 1990). 후자의
인간관계에서 '사회적 합리성의 논리', '이성의 논리', '사회공공규
범의 논리', '이해 관계적 타산의 논리', '사회적 정의 및 형평의 논
리'가 현실적으로 작용하는 관계맺음의 양식이라면 전자의 인간관
계에서는 '우리 편 의식논리', '감정논리', '사적인 정·의리 논리',
'이해관계 비타산의 논리', '우리 편 정의 및 우리 편 호혜의 논리'
가 묵시적으로 통용되고 조장되는 관계맺음의 양식이다(최상진, 1997:

최상진, 김기범, 1999c: 최상진, 유승엽, 1996). 따라서 한국인들은 대인 관계적 상호작용을 할 때 상대가 우리 편 사람인가 아니면 우리 편 밖에 위치하는 다른 사람, 즉 '남'인가를 분별하여 대인 관계적 상호작용 행동을 차별화한다.

중국사회는 권력문화 중심의 사회로 특징지을 수 있다(이명, 2003). 수천 년이래 중국사회의 중심무대는 정치무대였고 중국역사는 권력다툼의 역사로 이어져 왔다. 사상통일을 강조하는 중국정치는 개인의 '사상자유'와 '사적인 감정' 공간을 많이 남겨 두지 않았다. 때문에 중국인은 개인의 관점이나 개인적인 욕망과 가장 가까운 감정에 접근하는 것에 익숙하지 않는다. 심지어 중국인은 자신의 감정의 타당성도 인정하지 않는다. 남과 다른 입장을 밝히거나 중요한 결정을 할 때 감정개입은 큰 과오와 실수로 보는 경향도 있다. 중국사회에서는 공적인 일을 의논하는 것은 수용하지만 사적인 감정표현은 권장하지 않는다. 중국인은 감정을 억압하는 일에 능숙하여 감정을 억압하고 있다는 자체도 의식하지 않는다. 일본인 학자 센고쿠 다모쓰(1992)는 중국인과 일본인의 인간관계 경향성에 관한 연구를 한 바 있었는데 그가 얻은 결론은 중국인의 인간에 대한 불신이 매우 강하다는 것이다. 중학교 1학년에서 3학년으로 성장함에 따라 상대방과의 깊은 교류를 싫어하고 상대방을 위하여 희생을 하는 것도 싫어한다고 하였다. 15세에서 18세까지의 청년이 고민이 있을 때 누구와 상의하는가의 질문에서 20%의 사람이 아무하고도 상담하지 않는 응답이 나왔다. 이는 그가 조사한 11개국과 비교할 때 현저하게 높은 편이다. 이에 그는 중국인은 일반적으로 개인에 관한 신상 문제는 누구에게도 이야기하지 않는 인간관을 가지고 있다고 생각하였다.

5

중국유학생: "저는 중국친구보다 한국친구를 더 좋아해요."

한국문화에 먼저 적응하고 한국문화를 받아들이는 중국유학생들이 있다. 그들이 노골적으로 한국문화를 좋아하고 중국문화에 대해서 비판적인 태도를 가졌기에 중국사람 사이에도 적지 않은 갈등이 있었다.

이　홍: 저는 한국 사람을 좋아해요. 중국 사람보다 솔직하고 친절해서 좋거든요. 저는 한국에서 좋은 친구를 많이 만났어요. 기본적으로 한국 사람하고 잘 통하거든요. 그래서 저는 한국 사람들이 조직하는 다양한 모임에 참가하고 다양한 사람을 접하면서 많이 배우고 있어요. 그런데 같은 중국친구들은 이해하지 못해요. 저의 중국인 친구들은 저를 웃긴다고 해요.

연구자: 같은 중국친구의 이해를 받지 못해서 답답하시겠네요.

이　홍: 답답하지도 않아요. 대부분의 시간에 저는 한국친구들과 어울리거든요. 중국친구들을 별로 만날 일도 없어요. 가끔 걔네들이 뭐라고 할 때 듣기 싫은 것뿐이죠. 그리고 중국친구들이 아쉽잖아요. 유학 왔으면 빨리 적응하고 많이 배워야 되잖아요. 그렇게 자기네들끼리 놀다가 귀국하면 아무것도 못 배울 거잖아요. 그게 좀 안타깝죠.

이홍 씨는 중국문화와 한국문화를 비교하여 한국인이 중국 사람보다 솔직하고 친절하다는 결론을 내렸다. 그리고 이홍 씨는 솔직하고 친절한 태도를 가진 한국인의 문화에 동화하려고 한국인이 조직하는 모임도 적극적으로 참가하고 한국인과 더 많은 시간을 가지려 일상을 보내고 있다. 그는 심지어 중국친구들과 갈등이 있는데도 그 갈등을 해결하려 노력하지 않게 되었다. 한국문화를 받아들인 이홍 씨의 눈에는 한국인들이 친절하고 솔직해 보였지만 아직까지 한국문화를 받아들이지 못한 중국 유학생들의 눈에는 한국인들의 '친절함'이 가식적으로 보이고 있고, 이홍 씨가 높게 평가하고 있는 한국인의 '솔직함'도 중국유학생들이 보기에 사회성이 부족하고, 무모한 행동이어서 이런 면은 절대로 배우면 안 된다고 생각한다. 이홍 씨는 중국친구들이 한국문화에 동화하지 않는 모습이 아주 안타깝고 아쉽지만 중국문화를 잘 아는 중국인의 눈에서는 이홍 씨가 잘못 배워서 나중에 중국 가서 큰 낭패를 보겠다는 우려를 가지고 있었다.

연구자: 중국친구들과 만날 때 어떤 점이 가장 불편해요?
이 홍: 제가 어떤 경험을 했는지를 알지도 못하면서 '한국 온 지 며칠 됐다고 한국 사람티를 내느냐?', '한국 사람을 제대로 알기나 하고 한국 사람과 친하냐고', '한국 사람들이 중국 사람을 얼마나 우습게 보는데 그 사람들과 친하냐? 바보 아니냐?' 주로 이런 말을 들을 때 마음이 안 좋아요. 듣고 싶지 않지만 저의 친구들은 한국인이 가식적이고 변덕스럽다고 해요. 한국인의 친절은 진심이 아니고 어떤 목적을 위하여 친절한 척한다고 해요. 이런 말을 들을 때 한국인의 대변인이 될 수도 없고, 저는 친구와 다른 생각을 가지고 있으니까 말이 안 통하지요.
연구자: 같은 중국인이지만 생각이 달라서 서로 이해하기가 좀 어려웠겠네요.

한국문화를 받아들인 이홍 씨도 중국친구들의 이해를 받지 못했고 아직도 적응단계에 있는 중국유학생들의 심정과 처지를 이홍 씨도 공감해 주지 못하고 있다. 이홍 씨는 자기의 경험을 근거로 한국문화에 대한 좋은 느낌을 가지고 한국문화에 적응하려고 노력하고 있다. 아쉬운 것은 중국문화에 대한 안 좋은 감정을 그대로 갖고 있는 채 중국문화를 외면해 버렸는데 중국친구들까지 외면해 버렸다. 물론 중국인 친구들이 이홍 씨를 제대로 이해하지 못해서 이홍 씨의 마음을 잡지 못한 면도 있지만 이홍 씨도 자기를 이해시키고 친구들의 심정을 공감하려는 노력을 하지 않았다.

이 홍: 제가 제일 싫어하는 것이 바로 중국 사람들이 아무렇게나 하는 습관이에요. 남이 어떻게 생각하든 상관없이, 남이 어떻게 느껴지든 관계없이, 자기 좋아하는 대로 막하는 사람이 중국 사람이잖아요. 이런 교양없는 행동보다 언제나 자기를 잘 가꾸고 남의 사정을 이해하려 하고 남의 형편을 살피는 한국 사람이 훨씬 좋아 보여요. 중국친구들 모임에 가면 남학생들이 물어보지도 않고 담배를 피워요. 저는 정말 그게 싫거든요. 한국친구들은 제가 뭘 좋아하는지 알아요. 그리고 그것을 배려해 줘요. 제가 누구를 더 좋아할 것 같아요?

연구자: 많이 비교가 되겠네요.

이 홍: 비교를 할 수밖에 없지요. 그냥 보이거든요. 솔직히 저는 한국문화를 더 좋아해요.

연구자: 중국에서 섭섭한 일이 있었나 봐요.

이 홍: 많았지요. 중국에서 그렇게 원해도 안 되던 일들이 한국친구를 만나면서 제가 요구하지도 않았지만 좋은 모습을 보여 주니까 너무 대조가 돼요.

연구자: 그렇군요.

이 홍: 중국친구들이 말하는 한국 사람들이 변덕스럽다는 것을 저도 인정해요. 그러나 아무런 변화도 없는 그런 무감각보다 났다고 생각해요. 한국인은 경쟁사회를 선택했잖아요. 그들의 변화는 단지 현실에 적응하기 위한 변화라고 보거든요. 그들은 급변하는 환경에 적응하지 못하면 살아남을 수 없잖아요. 저는 그런 변화가 매력적이고 활기 있어

보이거든요. 경직보다 융통성이 있어 보여요. 가식적인 사람도 있겠지만 제가 접했던 사람들은 대부분 자기의 감정에 충실한 한국인이 많아요. 정말 멋있어 보여요. 같이 있으면 재밌어요.

이홍 씨는 한국에 와서 한국문화와 신속히 동화하면서 오히려 중국문화와 충돌하고 있다. 이홍 씨와 비슷한 경험을 하는 중국유학생들이 많다. 특히 한국문화의 좋은 점을 경험해 본 유학생이면 더 그렇다.

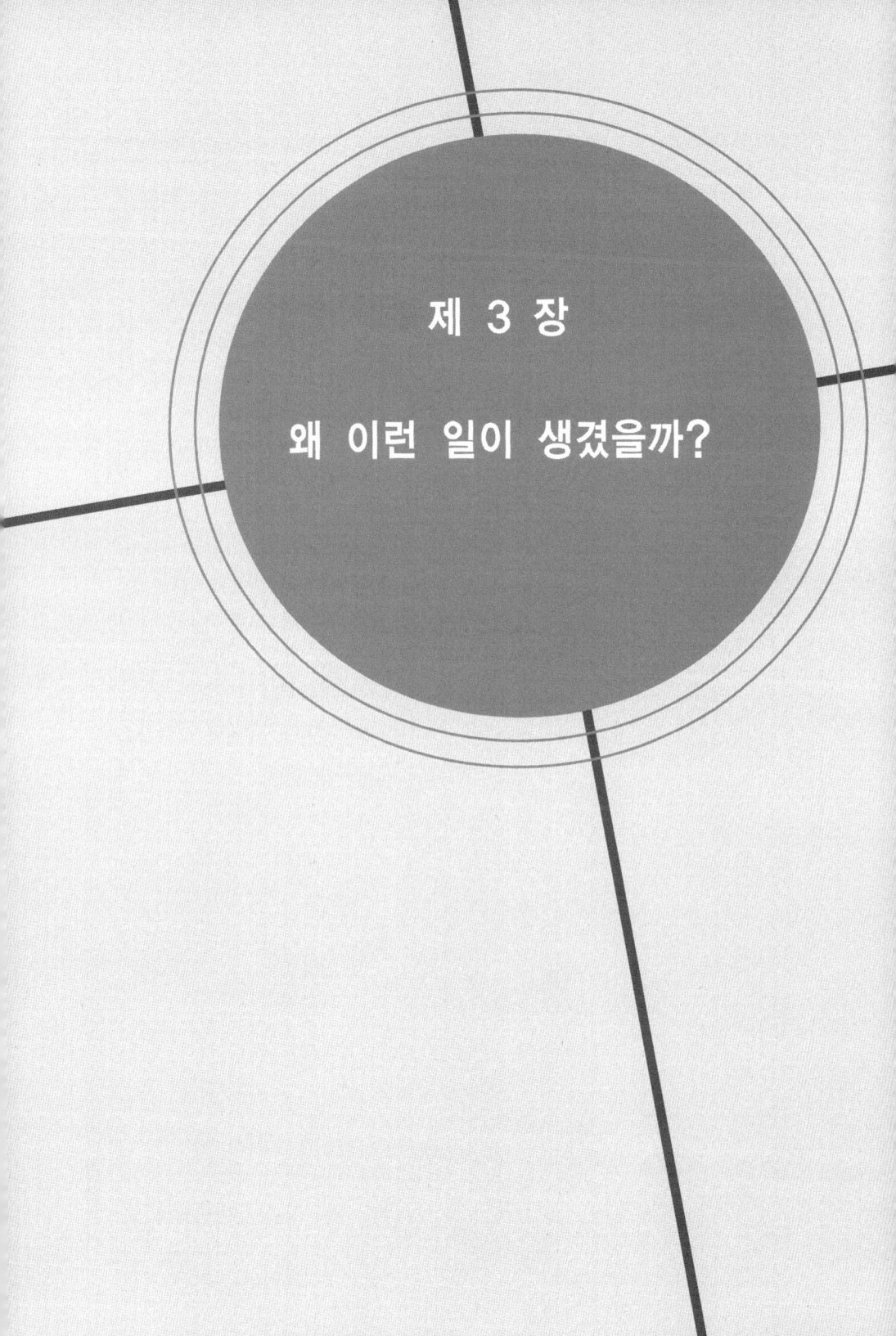

제 3 장

왜 이런 일이 생겼을까?

중국유학생들은 한국의 선진적인 기술과 과학을 배우기 위하여 한국으로 유학 왔다. 그들은 한국의 발전을 만들어 낸 한국인에 대해서 존경심을 가졌을 것이다. 그리고 마음으로부터 인정한 스승과 좋은 관계를 맺으면서 개인의 발전을 도모하고자 했을 것이다. 그런데 왜 짧은 시간에 처음에 가졌던 기대와 환상이 깨지고 짐을 싸서 다시 집으로 갈 정도로 관계가 순조롭지 않았을까? 중국유학생들이 미숙해서 그런 건가? 아니면 한국인들이 나빠서 그런 건가? 이런 현상은 한국에서만 있는 현상인가? 답은 당연히 아니다. 그렇다면 왜 이런 일이 있었을까? 본 장에서는 이론적으로 문화충격의 현상을 재조망할 것이다.

문화충격이란?

최초로 문화충격이라는 현상을 체계적으로 연구하는 사람이 Oberg 이다. Oberg(1960)는 문화충격을 문화적 환경을 체험하는 심리적 반응으로서 사회적인 관계에 익숙해 있던 습관, 몸짓, 표정, 언어 등과 같은 여러 가지 기호와 상징 등을 상실함으로써 야기되는 불안으로 정의하였다. 인류학자인 에드워드 홀은 문화충격을 어떤 사람이 외국에 나가면 자신의 국내 일상생활에서 접하게 되는 친숙한 여러 가지 큐가 제거되거나 왜곡되고 전혀 생소한 큐로 바뀌는 것으로 정의하였다(Edward Hall, 1959). 미래학자인 앨빈 토플러는 문화충격을 여행자가 외래문화에 대한 적절한 준비 없이 겪게 되는 심각한 혼돈상태로 정의하였다. 즉 문화충격은 한마디로 정서적이고 지적인 기능상실로 오는 스트레스에 대한 반응일 수도 있다고 하였다. 이같은 반응에서 오는 결과로 사람들은 걱정도 하고 혼란을 겪기도 하고 경우에 따라서는 냉담해지기도 한다고 하였다(Alvin Toffler, 1971).

문화충격의 일반적인 증상

그 후로 많은 학자들이 문화충격의 심리적인 원인, 문화충격의 증상, 역문화충격 현상과 문화적응 현상을 연구하였는데 연구결과는 다음과 같이 정리할 수 있다.

Oberg(1960)에 의하면 문화충격의 증상으로 1) 심리적 적응을 위한 노력에 인한 과도한 긴장: 2) 친구, 지위, 직업, 소유물에 관한 상실감과 박탈감: 3) 새로운 문화의 성원으로 거부당하거나 거부하는 것: 4) 역할, 역할기대, 가치, 감정, 자아정체성의 혼란: 5) 문화차이를 깨달은 후의 놀라움, 불안, 혐오, 분노: 6) 새로운 환경에 대처할수 없는 무능함을 제시하였다.

대서(1992)는 이 문화 스트레스 증후군의 유형을 다음과 같이 분류하였다. 첫째, 외국에서의 적응문제: 둘째, 모국에서의 재적응 문제: 셋째, 이 문화를 받아들이는 당사자의 어려움: 넷째, 일상적인 이문화 스트레스: 다섯째, 새로운 이 문화 스트레스의 탄생 등이다.

일입(1999)은 문화충격은 긴장감, 불안감, 불완전감, 거절감, 고독감, 초조함에 수반되는 심신증상을 수반한다고 지적하였다.

그리고 일입(1999)과 대교(2000)는 적응 증상의 다른 측면을 다음과 같이 기술하고 있다. 문화충격 증상의 많은 부분은 일시적인 것이지만 부적응이 장기화될 때도 있다. 중증의 경우, 정서 장애와 인격 장애 등 임상심리학적 정신의학적 접근이 필요하다. 또한 이문화에 적응한 후에도 다시 부적응감이 생길 수가 있다. 이것은 언어, 직장과 학교에서의 인간관계 등 외부환경의 변화에 대해 표면적인 수준에서의 적응은 하였지만, 가치관에 관련한 깊은 수준의 적응과제에 직면하게 되면 여전히 문제가 나타나기 때문이다.

비교 문화학에서는 '문화충격'의 메커니즘에 대하여 다음과 같이 설명하고 있다. 즉 자신의 문화가 가진 생활양식, 행동규범, 인간관, 가치관 면에서 서로 다른 문화와 접촉할 때 받는 충격, 인지적 불일치로 해석되는 경우가 많다.

이상의 연구를 종합하여 표로 다시 설명하면 <표 2>와 같다.

〈표 2〉

문화충격의 성격	일종의 심리적인 반응
문화충격의 원인	새로운 문화 환경에 접할 때 적절한 준비 없이 기존 사회적인 관계에 익숙해 있던 습관, 몸짓, 표정, 언어 등과 같은 여러 가지 기호와 상징 등이 상실로 인한 인지적인 불일치
문화충격의 상황	외국인이 외국에서: 외국에 있다가 모국에 돌아올 때: 모국에서 외국인을 접할 때:
문화충격의 증상	정서적으로 불안: 냉담해지기 친구, 지위, 직업, 소유물에 관한 상실감과 박탈감: 문화차이를 깨달은 후의 놀라움, 불안, 혐오, 분노: 인지적으로 심각한 혼돈상태: 역할, 역할기대, 가치, 감정, 자아정체성의 혼란: 행동적으로 과도한 긴장과 걱정: 새로운 문화의 성원으로 거부당하거나 거부하는 것: 새로운 환경에 대처할 수 없는 무능함:

문화충격의 위험	증상의 많은 부분은 일시적인 것이지만 부적응이 장기화될 때도 있다.
	중증의 경우, 정서장애와 인격 장애 등 임상심리학적 정신의학적 접근이 필요하다.
	또한 이 문화에 적응한 후에도 다시 부적응감이 생길 수가 있다. 이것은 언어, 직장과 학교에서의 인간관계 등 외부환경의 변화에 대해 표면적인 수준에서의 적응은 하였지만, 가치관에 관련한 깊은 수준의 적응과제에 직면하게 되면 여전히 문제가 나타나기 때문이다.

문화적응의 일반적인 과정과 적응의 유형

 Furnham과 Bochner(1986)는 문화적응곡선으로 일반사람들이 이국문화를 접할 시 겪게 될 문화적응 과정을 설명한 바 있다. 즉 첫 번째 단계에서는 아주 짧은 밀월기가 있다고 하였다. 이 시기는 신혼기처럼 황홀감을 느끼게 되고 접하는 모든 것이 새롭고 과도하게 흥분하기도 한다고 하였다. 두 번째 단계는 문화적인 충격을 경험하는 혼란과 갈등 시기가 있다고 하였다. 실제생활을 시작하면서 가치관과 생활방식의 차이를 지각하게 되는데 양쪽 모두 타협하지 못하면 충돌이 일어나게 되고 이러한 충돌이 해결이 안 되면 상당히 괴롭고 고통스러운 시기를 겪게 된다고 하였다. 세 번째 단계는 문화적응의 단계로서 새로운 환경에서 현지의 문화규칙과 가치를 배워 가며 어느 정도 적응하여 그 사회의 일원으로 수용받기 시작한 시기이다. 이 시기는 상대적으로 침체되어 있어 보이지만 개인에게 있어서는 아주 중요한 새로운 문화를 학습하는 시기라고 볼 수 있다. 네 번째 단계는 적응을 완성한 안정기로서 개인은 새로운 문화를 내면화하여 그 사회의 일원으로서 정상적인 사회생활을 할 수 있는 시기라고 볼 수 있다. 그러나 개개인이 새로운 문화를 받아들이고 적응하는 정도에 따라 안정기에서 보이는 개개인의 특징은 차이가 아주 크다. 어떤 사람은 새로운 문화를 적응하는 데 실패하여 모국문화를 고수하는 방법으로 상대적으로 폐쇄적인 상태로 안정을 유지하고, 어떤 사람은 새로운 문화를 전반적으로 받아들여서 로마인보다 더 로마인다운 사람이 되어 안정을 찾고, 또 어떤 사람은 양 문화를 통합한 자신만의 독특한 문화를 창출하여 안정기를 시작한다고 하였다. 문화적응과정의 심리상태는 급격하고 압도적으로 전경에 놓여 있기 때문에 대부분의 사람들은 문화적응의 영향을 받게 된다.

문화적응 과정에서 시간과 관련한 변화는 Atkinson, Morton, 그리고 Sue(1998)가 제안한 소수 집단의 정체감 발달 모델로도 적응 과정의 특성을 설명할 수 있다. 이를 표로 제시하면 다음과 같다.

〈표 3〉 소수 집단 정체감 발달 모델

단 계	자신에 대한 태도	같은 소수 민족에 대한 태도	다른 소수 민족에 대한 태도	주류 집단에 대한 태도
1단계: 순응	자기 비하	집단 비하	차별적	높이 평가
2단계: 불일치	자기 비하	집단 내 갈등: 집단 비하와 높이 평가	주류문화의 소수문화 위계에 대한 관점과 공유된 경험의 감정 사이의 갈등	집단 비하와 높이 평가 사이의 갈등
3단계: 저항과 흡수	자기를 높이 평가	집단을 높이 평가	다른 소수집단 경험에 대한 공감과 자문화 중심주의 감정의 갈등	집단 비하
4단계: 자기반성	자기를 높이 평가하는 근거에 관한 관심	불평등한 평가의 본질에 대해 관심	다른 사람을 평가하기 위한 인종 중심적인 관심	집단 비하의 근거에 대한 관심
5단계: 통합적인 명료화와 인식	자기를 높이 평가	집단을 높이 평가	집단을 높이 평가	선택적인 높이 평가

출처. Atkinson & Morton(1988). Counseling American Minorties. p.35.

<표 3>에서 보는 것처럼 자기에 대한 태도는 자기 비하에서 높은 평가로 바뀌어 가고, 주류집단에 대한 태도는 U형으로, 높은 평가－비하－선택적 높은 평가로 변한다.

또 Berry와 Poortinga, Segall, 그리고 Dasen(2002)은 두 개의 문화가 접촉되면 개인이 겪는 문화적응 과정에서 네 가지 책략이 발생한다고 지적하였다. 이 네 가지 책략은 동화, 통합, 분리, 주변화이다. 이러한 책략을 구분하는 조건은 두 가지로 첫 번째 조건은 개인이 가진 상속된 문화와 정체감을 유지하려는 상대적 선호이고, 둘째는 다른 인종 문화적 집단들과 함께 더 큰 사회에 접촉하고 참여하는 상대적 선호이다. '동화' 책략은 자신의 고유 전통이나 정체성을 버리고 새로운 사회에 완전히 흡수되는 것을 말하는 것으로 서로 다른 집단들이 모두 하나의 융합 도가니에서 합쳐지고 섞여져서 새로운 하나의 존재가 되는 것을 의미한다. '통합' 책략은 자신의 고유성도 유지하여 문화적 주체성을 가지면서 동시에 새로운 정착 사회와도 접촉을 충분히 하는 것을 의미한다. '분리' 책략은 외부세계와 정착사회 문화에 연결되는 것이 없는 상태에서 자기 고유 집단의 주체성만을 유지하면서 분리되는 것을 말한다. 마지막으로 '주변화' 책략은 자신의 고유 집단 그리고 새로운 정착 세계 양쪽과의 관례를 모두 끊은 상태를 말한다.

문화충격의 성격과 적응의 형태

이 문화를 접할 때는 정도의 차이뿐 누구나 문화충격을 체험하게 된다고 볼 수 있다. 김삼화(2004)는 문화충격에 관한 한 질적 연구에서 충격의 성격과 적응의 형태에 관하여 다음과 같이 연구한 바 있다.

첫째, 유학생들의 민감 정도에 따라 그들이 받은 문화충격의 빈도와 강도는 같지 않았다. 즉 타인의 태도와 언행에 민감한 학생일수록 받은 자극의 빈도는 높았지만 충격의 강도는 심하지 않았고 덜 민감한 학생은 갑작스러운 충격을 받고 어찌할 바를 모르는 경우가 많았다. 다음은 이려려와 장만순 학생의 자기 보고인데 이러한 차이점을 잘 반영하고 있다. 이려려라는 학생은 상대적으로 민감한 학생이다. 그는 자신의 느낌도 예민하게 감지하고 타인의 반응도 예민하게 평가하는 스타일이다. 반대로 장만순 학생은 자신의 느낌에도 예민하지 않고 타인의 느낌에 대해서는 관심도 없었다. 그들의 말을 먼저 들어 보기로 하자.

이려려: "저는 좀 예민해요. 다른 사람의 표정만 봐도 어떤 말을 할 것 같은 지 짐작할 수 있거든요. 대충 맞을 때가 많지요. 그래서 저는 미리 준 비를 하거든요. 한국에서는 '눈치'라는 말을 쓰는데 제가 눈치 좀 빠른 편인 것 같아요. 저는 다른 사람의 기분에 맞게 말을 하고 행동하니까 충격 같은 경험은 별로 없었던 것 같아요."

장 만: "저는 대인관계에 대하여 평상시에 신경을 많이 쓰지 않거든요. 그런데 어떨 때는 정말 충격을 받더라구요. 예를 들어 제가 남을 잘 지적하지 않거든요. 다 큰 사람인데 서로 알아서 잘할 거라고 믿는데 어떤 사람이 제가 한 일에 대해서 사정없이 화를 내면서 뭐라고 하면 정말 놀라지요. 그럴 때 저는 아무 대꾸도 못하지요. 속은 화가 엄청나도 말을 할 줄 몰라서 정말 속이 터지지요. 저도 이런 저가 싫거든요. 성격인데 어쩔 수 없지요."

둘째, 충격을 주는 사람의 중요성에 따라 충격의 성격이 달랐다. 즉 가치관 수준에서 충격을 주는 사람이 있었고, 관점 수준에서 충격을 준 사람도 있었으며, 형식 수준에서 충격을 준 사람도 있었다. 일반적으로 중요한 사람으로 인지하는 정도에 따라 충격의 강도와 수준이 달랐는데 중요한 사람으로 지각하는 사람일수록 더 깊은 수준에서 강한 충격을 주는 경우가 많았다. 중요한 사람으로 지각하는 사람들은 대개 그들의 지도교수, 그들의 감정을 자극했던 친구, 연인, 그들의 중요한 개인가치에 영향을 미쳤던 사람으로 분류할 수 있다. 다음은 충격을 받고 스스로 내면의 변화가 있었다고 하는 유학생들의 이야기인데 들어 보기로 하자.

왕원원: "저는 공부나 일에 대해서 진지하게 생각하지 않았거든요. 잘못해도 별로 창피하거나 죄책감을 느끼지 않았어요. 더구나 우리는 유학생이 잖아요. 어차피 체제가 다르기 때문에 여기서 배워도 쓸모없잖아요. 그래서 저는 대충 시간만 때우려고 마음먹었어요. 그런데 저의 지도 교수님은 이런 저의 태도를 용납하지 않았어요. 어느 한번 아주 정색으로 저를 앉혀 놓고 이런 저런 이야기를 해 줬는데 정말 낯이 뜨거

웠어요. 제가 정말 인생을 낭비하고 있다는 느낌이 들었지요. 그때는 난생처음으로 저를 위하여 울고 마음도 아팠지요. 저를 위해서 그렇게 진지하게 이야기를 해 준 사람은 지도교수님이 처음이었던 것 같아요. 그래서 저는 지도교수님을 정말 존경하거든요. 교수님이 뭐라고 말씀하시면 듣지 않을 수 없었어요. 모두 저한테 도움이 되는 말씀이니까요. 저의 인생관과 가치관을 바꿨다고 해도 과언이 아닌 것 같아요."

장　만: "저는 여자 친구의 영향이 큽니다. 저의 여자 친구는 한국인이에요. 여자 친구한테 정말 잘해 줬어요. 그런데 어느 날, 저의 여자 친구가 저보고 자기 입장에서만 생각한다고 하잖아요. 처음 이 말 들을 때는 정말 황당했어요. 누구는 자기 입장에서 생각하지 않습니까? 자기 입장에서 생각하는 것은 너무나 당연한 일이 아니겠습니까? 그랬더니 여자 친구가 저보고 여자 친구를 위해서 하는 일들도 모두 저 자신을 위해서 하는 일이지, 정말 여자 친구가 원하는 것이 무엇인지도 모른대요. 처음에 그런 말을 듣고 저는 정말 억울하기도 하고 화도 났지만 곰곰이 생각해 보면 정말 그런 것 같았습니다. 약속을 할 때나 선물을 할 때나 모두 저의 기준에만 맞췄지 여자 친구의 사정은 생각지도 못했거든요. 상대를 기쁘게 하려면 상대의 입장과 상대가 원하는 방식도 생각해야지요. 지금은 저의 여자 친구가 저보고 참 많이 변했다고 해요. 저의 친구들도 제가 많이 변했다고 하거든요. 아마 이게 중국 사람하고 한국 사람의 차이 아닌가 싶어요. 한국 사람은 자연스럽게 타인을 배려하잖아요. 중국 사람들은 아직도 매너 있게 타인을 배려하는 일에 어색해 하고 있는 것 같아요."

왕　단: "저의 옆방에 한국친구가 살고 있거든요. 가끔 친구들 모이면 좀 시끄럽잖아요. 그러면 옆방 친구가 막 벽을 두드려요. 저는 못들은 척하거든요. 왜냐면 자기도 똑같이 시끄럽게 떠들 때 있었거든요. 정말 수준 없이 일을 처리하지요. 우리는 복도에서 만나도 서로 모르는 척 지내요. 그런데 이번 학기는 다른 친구가 이사 왔거든요. 참 괜찮은 사람이에요. 같은 과도 아닌데 가끔은 건너와 말도 하고 같이 맥주도 마시고 재밌게 지냈어요. 그 친구는 조용한 걸 좋아하거든요. 상대가 우리를 존중하면 우리도 당연히 상대를 존중하게 되잖아요. 그 친구가 말하지 않아도 저의 방에 친구가 오면 제가 조용하라고 말을 하거든요."

셋째, 문화충격의 방향에 따라 한국문화에서 충격을 주고받는 경우가 있었고 역으로 모국문화에서도 충격을 주고받는 경우가 있었다. 유학생들의 입장에서 볼 때는 그들이 주로 한국문화에서 충격을 받는 경우가 많았지만 그들이 한국인에게 충격을 주는 경우도 있었다. 또 새로운 문화를 익히고 난 후에 자신도 모르는 사이에 다시 모국문화의 충격을 받거나 모국문화에 충격을 주는 경우가 있었다. 다음은 최길자와 박해연의 경험인데 이런 역충격을 잘 설명하고 있다.

> 최길자: "우리만 충격을 받는 것이 아니라 우리도 한국인에게 충격을 주고 있는 것 같습니다. 예를 들어, 어느 한번 제가 방에서 담배를 피우는데 담배를 피우지 않는 사람들이 있음에도 불구하고 사전에 허락도 받지 않고 그냥 피웠거든요. 그랬더니 어느 친구가 저보고 정말 충격적이라고 하더라구요. 중국에서는 자연스러운 일이었는데 여기서는 아니지요. 그리고 연구실에서 라면을 끓여 먹는 깃도 라면냄새를 싫어하는 사람이 있는지 살펴봐야 하잖아요. 중국에서는 자기가 하고 싶은 일을 할 때 타인의 느낌에 신경을 쓰지 않는 것이 특징인 것 같아요. 한국에서는 자기가 무엇을 할 때 언제나 타인의 반응을 살펴보는 것이 특징인 것 같아요. 사소한 일들이지만 서로에게 충격을 주는 것 같습니다."

> 박해연: "옛날에 중국친구들과 만날 때 생각을 많이 하지 않았거든요. 싫을 때 싫다는 소리도 못 하고 친구들한테 끌려다녀도 별 생각을 하지 않았어요. 한국에 와서 저도 중국친구들이 저한테 하는 것처럼 했더니 충격을 몇 번 받았어요. 그래서 저도 한국친구처럼 거절할 때는 거절하고 싫을 때는 싫다고 하고 싶었어요. 그랬더니 옛날 친구들이 무척 기분이 나빠하더라구요. 제가 저의 주장을 했을 뿐인데 마치 죄지은 사람처럼 친구들한테 따돌림을 당하고 있잖아요. 참 괴롭더라구요. 그래도 옛날처럼 무조건 휩쓸리고는 싶지 않고요. 이미 변한 저를 받아주지 않는 친구들을 어떻게 대해야지 정말 모르겠어요. 물론 친구들도 충격을 받았겠지요. 옛날에는 무조건 서로 잘 어울렸으니까요."

넷째, 문화충격의 방식에 따라 직접적인 정면충격이 있었고 간접충격이 있었다. 다음은 이해란과 김순화의 경험인데 이들은 모두

충격을 받은 후 어떻게 해야 할지 모르겠다고 하였다.

> 이해란: "처음엔 한국에서 여성의 의견을 무시하는 것을 몰랐어요. 그래서 저
> 는 연구실에서 남자선배하고 대판 싸웠거든요. 중요한 의사결정에 저
> 의 의견을 말했더니 어떤 선배가 비웃으면서 "어디서 여자가 나서
> 서……"라고 하잖아요. 중국에서는 여자들의 의견을 무시하는 일이
> 없잖아요. 그래서 저는 여자들이 어떻게 나서는지를 보여 주었어요.
> 어째든 저의 의견을 무시하지 못하도록 따졌지요. 그런데 "여자 같지
> 않다"라는 말이 정말 싫더라구요. 그 후로 남자들만 있으면 신경이
> 쓰이게 되고 어떻게 해야 잘하는 건지 잘 모르겠어요."
> 김순화: "평상시에 저에게 잘해 주는 선배가 있어요. 누구보다도 저를 잘 이
> 해하는 것 같고 저를 잘 챙겨 줘서 참 고마웠거든요. 그런데 그 선배
> 하고 같이 있을 때는 왠지 마음이 불편했어요. 제가 원하지 않았는데
> 도 계속 저한테 선물도 주고 자료들도 자주 챙겨 주거든요. 그런데
> 어느 날 그 선배한테 제가 정말 필요한 자료들이 있는 것을 보고 빌
> 려 달라고 했더니 나중에 보자고 하고서는 더 이상 말이 없더라구요.
> 결국은 뒤에서 저보고 친구의 선을 지키지 않았다고 불만을 늘여 놓
> 는 거예요. 황당하지요. 어디까지 선인지 저도 모르겠어요. 그 선배가
> 저한테 직접 불만을 하지 않았기 때문에 뭐라고 따지지도 못 하잖아
> 요. 그 선배와 관계를 끊자니 아깝고 더 이상 깊은 관계를 발전하려
> 니 어떻게 해야 하는지 정말 모르겠어요."

다섯째, 문화충격의 증후군으로 정서적인 불안, 인지적인 혼란,
행동능력저하 등 증상이 있었고 지속시간과 심각 정도는 개인의
적응능력과 사회적 인지도 자원에 따라 각각 달랐다. 흥미로운 것
은 개인의 적응능력이 강하고 사회적인 자원이 풍부한 사람일수록
충격증상이 심각하였고 지속시간도 상대적으로 길었다. 단 그들은
충격 후 증상에서 회복하는 능력이 강했고 부정적인 상황에서 긍
정적인 경험을 도출해 내는 능력이 강했다. 적응능력이 약하고 사
회적인 자원도 결핍된 사람들은 충격경험도 많지 않았다고 보고하

였다. 손익 씨와 이기지 씨는 대조적인 한 예이다. 손익 씨는 한국에서 많은 친구를 사귀었다. 그리고 일단 불쾌한 경험이 있으면 다른 데 가서 하소연하거나 조언을 구할 수 있는 친구도 많았다. 때문에 그는 격렬한 문화적인 충격을 받아도 무리 없이 위기를 잘 극복하였다. 반대로 이기지 씨는 큰 충격을 받지 않았지만 친구도 많지 않았다. 그들의 이야기를 먼저 들어 보자.

> 손 익: "저는 한국에서 참 많이 부딪쳤어요. 어차피 서로 다르잖아요. 이빨이 혀와 부딪치지 않을 수 없는 것처럼 사람도 마찬가지잖아요. 친해지려면 당연히 서로의 다른 점도 알아야 되고 불쾌할 때도 있겠지요? 저는 한국친구와 한바탕 싸우고 나서 친해지는 경우가 참 많거든요. 처음에는 죽이고 싶을 정도로 화가 나도 나중에 알고 보면 정말 좋은 친구들이에요. 지금도 의견이 맞지 않으면 저는 참지 않거든요. 말을 할 때는 속 시원하게 말을 하고 나중에 술이나 차를 마시면서 풀면 되잖아요. 저는 한국친구들의 이런 방식이 참 좋아요."
>
> 이기지: "저는 한국에 아는 사람이 별로 없습니다. 문화충격이라는 경험도 별로 없습니다. 저는 학위만 받고 빨리 중국으로 들어가고 싶기 때문에 친구들과 부딪치고 싶지 않거든요. 기분이 나쁘면 참으면 되잖아요. 그런데 저도 모르게 갑갑하고 재미없을 때 참 많아요."

여섯째, 충격 후 대처방법으로서 다양한 적응유형이 있었는데 대개 Berry(1988)가 주장한 4유형에서 그 특징을 찾을 수 있다. 즉 문화동화형, 문화통합형, 문화 분리형, 문화 주변형 바로 그것이다. 한 사람이 한 가지 유형에만 속하는 것이 아니라 적응 시기와 적응 환경에 따라 각각 다른 유형의 적응형태를 보이는 것이 흥미로운 사실이다. 즉 처음에 문화 주변형으로 보이는 사람이 어느 특정한 사람이나 특정한 사건의 영향으로 문화동화형으로 변하는 상황이 있었고 문화통합형으로 보이는 사람이 어떤 좌절경험으로 갑자기 문

화 분리형으로 전락하는 사람도 있었다. 하진의 경우는 문화동화형
으로 보이다가 문화 주변형으로 변했고, 왕단의 경우도 문화통합형
으로 완성한 것 같았는데 실제는 문화 분리형의 특징을 가지고 있
었다.

하 진: "로마에 가면 로마법을 따르라는 말이 있잖아요. 저는 처음부터 한국
　　　 문화를 받아들이고 싶었어요. 그런데 한국 사람들이 저를 그들의 문화
　　　 에 편입시키지 않더라구요. 예를 들어 그들은 한국선배를 보면 인사도
　　　 잘하고 잘 따르잖아요. 저한테는 그렇게 해 주지 않거든요. 저를 보면
　　　 못 본 것처럼 지나가 버리는데 저라고 기분이 좋겠어요. 그래서 저는
　　　 아직도 그들의 울타리 밖에서 빙빙 돌고 있잖아요. 이럴 때는 한국 사
　　　 람들이 참 싫더라구요. 우리를 배척한다는 느낌이 들거든요."
왕 단: "중국에서 가치롭게 생각했던 기준들이 한국에선 별로 의미 없고 한국
　　　 에서 중요시하는 기준들이 중국에서는 인정하지 않는 부분들이 있잖아
　　　 요. 이럴 때는 '내가 왜 이러지?' 하고 혼란에 빠질 때 있더라구요. 예
　　　 를 들어, 한국에서는 상사의 권위를 절대적으로 유지해야 되잖아요. 상
　　　 사가 잘못해도 잘못했다고 따지지 못하고 그 책임을 부하가 스스로 맡
　　　 아야 되는 경우가 있는데 저도 그렇게 하고 있어요. 그리고 속은 싫어
　　　 도 얼굴은 웃는 것을 배웠거든요. 겉으로 보기에는 잘 적응한 것 같아
　　　 도 속으로는 정말 모르겠어요. 잠시는 이렇게 할 수 있어도 나중에도
　　　 이렇게 할 거라고는 장담하지 못하겠어요. 사람들은 저를 보고 잘 적
　　　 응한다고 하지만 저 스스로는 그렇게 생각하지 않아요. 잠시는 어떻게
　　　 해도 되잖아요. 나중에 어떻게 될지 저도 잘 모르겠어요."

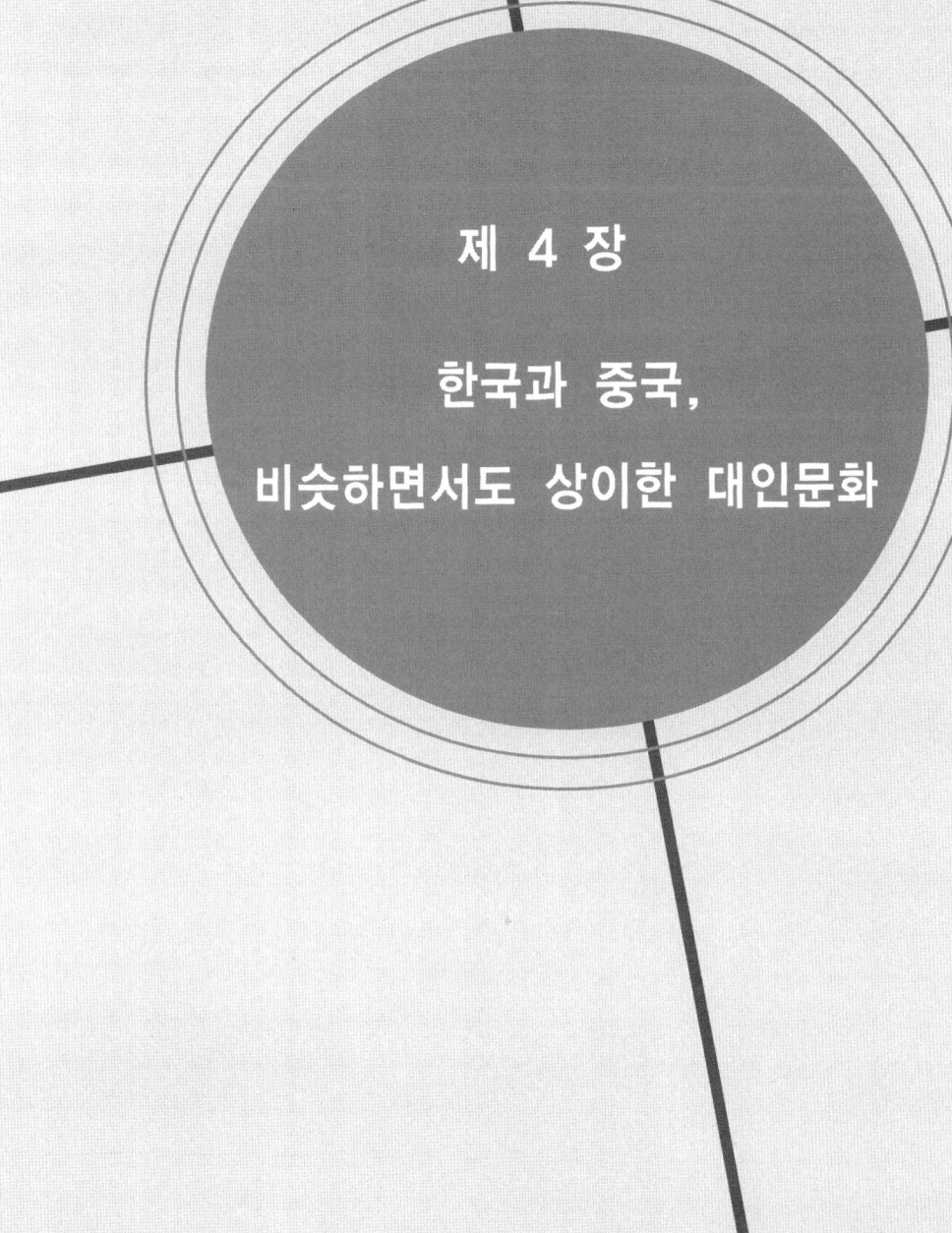

제 4 장

한국과 중국,

비슷하면서도 상이한 대인문화

문화충격은 다름에서 오는 현상이다. 한국과 중국의 문화는 비슷하면서도 상이한 부분이 많은 두 나라이다. 그렇다면 중국과 한국의 대인관계문화가 도대체 어떤 점에서 다른가? 이 짧은 지면을 통하여 한국과 중국 수천 년의 역사를 통 털어서 일일이 열거하고 비교할 수는 없다. 또 중국인과 한국인의 의식구조를 낱낱이 분석하면서 체계적으로 비교할 수도 없다. 본 장에서는 선행연구문헌을 고찰하면서 대표적인 연구결과를 바탕으로 한 – 중 두 나라의 대인문화차이를 짚어 볼 것이다.

중국의 대인문화

중국인의 대인관계양식을 사회심리학적으로 연구하는 것은 최근의 일에 불과하다. 중국인의 대인관계에 대한 체계적인 연구는 몇몇 서구에서 공부했던 중국인 학자들이 처음부터 시작했는데 대표적으로 陳向明(1996)과 楊中芳(2000)의 연구가 개척자의 역할을 하고 있다.

陳向明(1996)은 재미 중국유학생들의 문화적인 맥락에서의 대인관계에 관한 연구를 통하여 중국인의 대인관계특성을 제시하였는데 그의 연구에 의하면 중국인의 대인관계방식은 다음과 같은 특징이 있다고 하였다.

첫째, 중국인은 '관심'과 '흥미'가 있어야 인간관계를 시작한다. 즉 처음 만나서 쌍방이 모두 상대방에 대해 '흥미'와 '관심'의 의도를 표현해야 관계를 비로소 시작할 수 있다는 것이다. 만약 한쪽에서 일방적으로 관심을 표현하고 상대편에서 반응이 명백하지 않으면 관계는 시작되지 않는 것이다. 중국인은 사람을 좋아하고 친구를 사귀는 것을 좋아한다. 중국인의 가장 큰 취미활동은 사람과 대화하는 것이다. 때문에 그들은 사람을 만나면 구면이든 초면이든 이야기를 먼저 나누려 한다. 중국인들은 관계에서 상대방의 태도, 비언어적인 메시지, 가치관, 정서표현, 인지방식도 아주 예민하게 감지하는데 상대방의 태도에서 불쾌를 느끼면 상대편이 자신에 대해 '흥미'와 '관심'이 없는 것으로 판단하기 때문에 더 이상 접근하지 않으려 한다.

둘째, 중국인들은 대인관계에서 서로 주고받는 것이 있어야 되고 계획적으로 준비된 모임을 만들면서 인간관계를 유지 발전시킨다. 즉 중국인들은 만나서 대화를 나누는 것도 목적 없는 행위가 아니라 관계를 발전하는 하나의 중요한 과정이 된다. 관계발전의 전제 조건은 준비가 있는 활동을 함께하는 경험이 있어야 되는데 일반적으로 임시적인 모임이나 목적 없는 활동은 인간관계의 형식으로 취급하지 않는다. 조금만 친해지면 중국인들은 함께 요리를 만들고 밥을 같이 먹는데 중국인들은 친한 사람들끼리 가족처럼 지내기를 원한다.

셋째, 관계를 발전하기 위하여 중국인들은 깊은 교류와 빈도가 높은 교류를 필요로 한다. 그들은 돈독한 관계는 긴 시간의 검증과 어려움을 함께 극복하는 사건의 검증이 필요하다고 생각한다. 중국인들이 생각하는 대인관계에서의 교류는 평상시에 일로 교류하는 것은 아니다. 깊은 교류가 있으려면 생활범위를 초월한 영역에서 교류가 이루어져야 하는데 이런 관계는 일의 관계나 일상의 관계와 구분이 된다. 그리고 이런 특별한 교류는 반드시 지속성이 있어야 하고 자주 있어야 한다고 생각한다.

넷째, 중국인이 지키는 대인관계의 기본원칙은 서로 이해하고 서로 상대방의 입장에서 상대방을 배려하는 원칙이다. 즉 '인간미'가 있는 사람이 진정한 인간관계를 발전할 수 있다는 뜻이다. 중국인의 '인간미'는 일상생활에서 지켜야 하는 행위규범이기도 하고 도덕수준을 재는 하나의 중요한 척도이기도 하다. '인간미'가 없는 사람은 사회에서 근본적으로 환영을 받을 수 없다. 중국인의 '인간미'는 이타심과 자율성, 체면 등의 내용이 포함되어 있다.

다섯째, 중국인이 생각하는 이상적인 인간관계는 '通情達礼', '情理合一'의 관계양식이다. 즉 중국인의 대인관계는 감정도 헤아리고 도리에도 어긋나지 말아야 한다. 관계에서 상대편의 입장을 배려하고 상대편의 감정이 상하지 않도록 배려하며 도리에 어긋나는 일을 하지 못하게끔 배려해 줄 수 있는 사람이 좋은 친구라는 평가를 받는다. 중국에서는 사람을 평가할 때 그 사람과 '감정'이 없다고 말하면 기본적으로 그 사람을 친구로 보지 않는다는 뜻이고, 그 사람과 사적인 감정을 나누는 경험이 없고 인간적인 교류가 없었다는 뜻이다.

楊中芳(2000)은 중국의 전통문화로부터 현대 중국인의 대인관계 양식에 영향을 미쳤던 세 가지 요인을 도출해 냈다. 그의 관점에 따르면 중국인의 대인관계 신념과 태도에 영향을 미친 전통문화로서는 '天人合一'사상, '小我를 희생하고 大我를 성취'하는 사회가치관, '君子'의 인격기준이다.

'天人合一'사상은 중국문화의 기본가치관으로서 이 사상은 많은 뜻을 담고 있다. 대인관계와 관련한 내용은 첫째, 사람은 기본적으로 주변의 환경과 조화를 이루어야 하고 특히 사람과 잘 어울려야 한다는 것이다. 둘째, 사람의 윤리와 '天道'는 서로 통하기 때문에 사람한테도 천부적으로 다른 사람과 통하고 서로 화목하게 지낼 수 있다는 뜻이다. 셋째, 인간은 대인관계를 통하여 자기를 수양하고 자기의 천부적인 본성을 개발할 수 있다는 뜻이다. 천부적인 본성이란 '仁', '義', '禮', '智', '信'이다.

'小我를 희생하고 大我를 성취'하는 사회가치관은 중국 대인문화의 핵심가치이다. 이를 위하여 '성인'의 기준을 제시하였는데 성인은 전 생애의 노력을 통하여 인간으로서의 최고성취인 '성인'의 경지에 이른다. '小我'란 다른 사람을 배제한 '자기만'을 말하는 것이다. 인간은 마음속에 있는 '작은 나'를 버려야 타인을 자기를 대하듯이 대할 수 있고 이 범위는 점차적으로 '가족', '친척', '동족', '동네', '동료', '같은 나라', 나아가서 온 천하를 포용할 수 있다고 본다. 그렇게 함으로써 모든 사람을 자기의 범위에 끌어들일 수 있고 '천하가 모두 나의 친구'라는 느낌을 가질 수 있으며 사람들을 모두 '一視同仁'할 수 있다는 것이다.

'君子'의 인격기준은 '聖人' 기준의 중간 수준이다. 중국의 전통사회에서는 인간을 군자와 소인으로 나누는 경향이 강했다. 그리고 군자에게 많은 사회적인 보상의 기회를 제공했기 때문에 사람들은 누구나 군자가 되려 한다. 군자의 인격 기준은 예의 바르고 '大公無私'해야 한다. 그러나 현실사회에서 이런 사람들이 많지 않은 원인은 사람은 인격을 수양하는 과정에 있기 때문이라고 본다.

이렇게 전통문화를 바탕으로 楊中芳(2000)은 현대 중국인의 인간관계양식을 해석할 수 있는 이론체계를 정립하려고 노력하였는데 그는 중국인의 대인관계방식을 해석할 수 있는 이론체계를 다음과 같이 정립하였다.

중국인의 인간관계는 관계를 맺고 있는 쌍방의 도덕수양을 통하여 유지되고 조화를 이룬다. 도덕적이라 함은 관계에서 자기만 생각하는 것이 아니라 다른 사람도 관심할 수 있어야 하고 다른 사람을 자기처럼 대한다는 뜻이다. 개인의 도덕수양은 사회관계에서 완성되며 자기를 둘러싼 집단을 자기의 확장인 '大我'로 볼 수 있을 때 비로소 시작이 된다고 본다. 중국인은 '大我'의 입장에서 자기의 역할을 찾고 행동방식을 결정하며 자기의 행위를 판단하게끔 사회문화적으로 요구를 받는다. 만약 한 개인이 '大我'의 원칙으로 행동하지 않고 '小我'의 뜻대로 임의적으로 행동하면 이기적이고 도덕적이지 않는 사람으로 지적을 받게 된다.

'小我'와 '大我'의 충돌을 해결할 수 있는 방법으로서 중국인은 '礼' 제도를 발전하였는데, 현대사회에서는 '人人爲我, 我爲人人'의 관계체계를 구축하였다(Yang, 2000). 이 체계에서 사람들은 정정당당하게 서로 협동하고 서로 도우며 서로 의지할 수 있다. 그리고 이 체계에서 상대방의 '小我'적인 욕구를 만족하는 행동을 취하는 대신에 암묵적으로는 상대방이 자기의 '小我' 욕구를 만족시키기를 기대한다.

이런 체계에서 중국인의 대인관계는 다음과 같은 특징들이 있다고 본다(楊中芳, 1991).

첫째, 자아표현이 이중성이 있다. 중국인들의 표면적인 표현은 그들의 실제적인 생각이나 감정과 다를 수 있다. 중국인의 표면적인 표현은 '大我'의 입장에서 하는 표현이지만 서양인들이 생각하는 솔직하지 않은 표현은 아니다. 중국인들은 공적인 석상에서 당연하게 '大我'의 입장을 취해야 되고 '大我'적인 표현을 한다고 해서 '小我'의 사적인 욕구를 전혀 기대하지 않는 것은 아니다. 솔직하다는 이유로 사적인 욕구를 제멋대로 표현하면 이기적인 사람으로 취급되고, 상대방의 '小我'적인 욕구를 전혀 고려하지 않으면 '성숙'하지 못한 사람으로 취급한다.

둘째, 중국인의 의사소통 방식이 간접적이다. 중국 사람들은 자기의 사적인 욕구를 직접적으로 표현하지 못하기 때문에 사람들의 의사소통방식은 아주 복잡하다. 왜냐하면 말하는 사람도 상대방이 알아들을 수 있도록 자기의 '小我'적인 욕구를 간접적으로 전해야 되고 듣는 사람도 상대편의 진실한 의도를 정확하게 알아맞히려고 노력한다. 대부분의 사람들은 사람들의 표면적인 말을 있는 그대로 믿지 않는다. 상대방의 속마음을 알아듣고 상대방이 간접적으로 전하는 메시지를 정확하게 파악하는 사람들이 사회생활에서 성숙한 사람으로 평가받는다.

셋째, 중국인의 관계방식이 상호의존성이 크다. 중국인은 스스로 자기의 '小我'적인 욕구를 충족하면 이기적인 사람으로 지적을 당하기 때문에 다른 사람을 통하여 자기의 사적인 욕구를 충족하게 된다. 때문에 중국인의 대인문화는 타인을 필요로 하게끔 만들어졌다. 사람들은 관계를 유지하기 위하여 상대편을 배려하고 상대편의 '小我'적인 욕구를 충족시키는 데 표면상에는 모두 다른 사람을 위하여 노력하고 집단을 위하여 노력하는 것처럼 보이지만 실제로는 집단과 타인을 통하여 자기의 욕구를 충족하는 것도 정당한 요구로 본다. 이런 면에서 중국인은 집단적이고 상호 의존적이다.

넷째, 관계에서의 역할은 대등하지 않다. 중국인은 관계에서 각자가 받는 사회기대와 맡아야 할 역할이 다르기 때문에 대등한 역할을 하는 것은 아니다. 부모, 부부, 형제, 상·하급은 물론이고 평상시 도움을 주고받는 일도 대등한 위치와 대등한 요구를 하지 못한다. 일반적으로 도움을 원하는 사람은 도움을 주는 사람의 주도적인 행동을 기다리는데 도움을 줄 수 있는 사람은 문화적으로 어려운 사람을 돕도록 유도한다. 상대편의 입장을 고려해서 도움을 직접적으로 요청하지 않기 때문에 중국인은 다른 사람의 도움 요청을 쉽게 거절하지 않는다.

다섯째, 상호신뢰가 인간관계의 기초가 된다. 중국인의 인간관계는 타인을 통하여 자기의 욕구를 충족하는 문화이기 때문에 타인이 자기를 위하여 보상할 수 있는지가 중요한 문제가 된다. 때문에 신뢰는 관계의 기초가 된다. 중국인은 관계를 시작할 때나 관계를 발전하는 과정에서 가장 중요하게 알고 싶은 것은 상대방이 자기의 필요를 충족할 수 있는지, 자기와 호혜적인 교환을 원하는지, 상대방을 위하여 자기의 이익을 희생하는 위험부담이 있는가이다(楊中芳, 1999). 중국인은 자기의 '小我'적인 욕구를 인정하기 때문에 자기가 다른 사람의 필요를 충족할 수 없다고 생각할 때는 주도적으로 관계에서 떠난다. 이런 면에서 중국인은 현실적이고 냉담하다.

중국인과 접했던 경험이 있는 사람이라면 누구나 중국인의 깊은 속마음과 경계심을 인상적으로 경험했을 것이다. 중국인은 사람을 믿지 않는 것처럼 보이고 자신을 믿게끔 스스로를 개방하지 않는 특징을 갖는 것으로 전 세계에 알려져 있다. 중국인의 이런 특징은 역사적 맥락에서 중국인의 기질적인 부분도 있지만 중국의 정치·경제 체제와 중대한 역사·정치 사건들이 중국인의 대인문화와 가치관에 심각한 영향을 미쳤다고 할 수도 있다. 중국이 개혁개방 정책을 실시한 이후 중국인의 전반적인 가치관의 변화를 알아보기 위하여 센고쿠·다모쓰와 딩치앤(1992)은 중국인이 국가나 사회나 정치에 대한 의식, 성에 대한 의식 등 많은 분야를 광범위하게 조사한 연구를 한 바 있다. 그들은 중국인의 가치관을 대체로 7가지 항목으로 정리해 보았는데 구체적으로 설명하면 다음과 같다.

첫째, '양다리 걸치기'의 처세술이 중국인의 대인관계를 지배한다. 급변하고 있는 사회현실과 충격적인 정치사건 때문에 중국인의 신뢰능력은 아주 큰 손상을 입었다. 특히 1966 – 1976 사이에 발생했던 중국 문화대혁명을 겪은 세대들은 사람에 대한 신뢰가 철저히 부서져서 정직하게 살아가는 것에 대한 어려움을 통감하고 있다. 그 결과가 '양다리 걸치기'의 처세술의 발달이다. 문화대혁명만이 아니다. 1989년의 천안문 사건도 중국인의 신뢰능력에 큰 충격을 가했다. '양다리 걸치기'의 처세술은 보신적인 가치관의 표출이라고 이해할 수 있다.

둘째, 가정이라는 이름의 안전한 안식처로 돌아간다. 조사에 의하면 1989년 6월의 천안문 사건 이후 중국인의 명백한 가치관의 변화가 발견되었다고 한다. 그것은 가정이라는 안식처 속에 들어가서 사회나 정치에 대해서 일체 발언도 행동도 하지 않는 태도이다. 천안문 사건 후에 중국 인민은 살아남기 위해서 유일하게 신뢰하는 곳으로서 가정을 택했다. 가정 이외에는 강한 불신감을 가지고 있고, 극단적으로 자기 자신을 드러내 보이지 않게 되었던 것이다.

셋째, 전형적인 혼돈 증상이 일어났다. 천안문 사건 후에 중국 사회의 모토는 경제발전과 사회적인 안정추구였다. 반혁명 동란 당시에 비난을 받았던 반체제파는 물론 체제파조차도 지금 중국에서 누구나 납득할 수 있는 것은 '경제 발전'과 '사회 안정'이라는 것이다. 경제와 안정 이외에 이데올로기 등이 무대의 전면에 나타날 수 없는 것은 바로 정치적인 '혼돈' 현상 때문이다. 혼돈 증상은 인생관 등에 특히 현저하게 나타나고 있다. 어떤 것에 대해서도 관심을 나타내지 않고, 더구나 혁명이나 이데올로기 따위에 극단적인 경계심을 나타내고 강한 불신감을 가지고 있다.

넷째, 불신으로 일관된 인간관계가 만연됐다. 타인을 덮어놓고 신용만 할 수는 없다는 것이 현재 중국인의 숨길 수 없는 솔직한 심정이다. 문혁 시대는 언제 누구에게 밀고 당할지 모르기 때문에 친구의 앞에서도 체제 비판을 입에 담아 말해서는 안 되는 것이다. 그렇다고 타인과 관계를 가지지 않고 살아갈 수는 없는 것이다. 그런 이유로 중국인은 독특한 처세방식을 택하였다. 그중의 하나는 연고를 이용하여 돈벌이를 하거나 외국 유학을 하는 등 다른 사람을 이용하는 경우이다. 중국인은 이것을 '관계학'이라고 부른다. 두 번째 타입은 비밀형이다. 결코 타인에 대해서 자기의 정보를 공개하지 않는다. 자립형이라고 말할 수도 있지만 미국인처럼 솔직하지가 않아서 서로 도와주는 관계로까지 발전하지는 않는다. 일반적으로 중국인에게 가장 많이 나타나는 것은 자조정신이 없고 자기의 책임을 생각하지 않고 국가나 조직에 무책임하게 의존하려는 타입이다.

다섯째, 강한 배금주의가 순수한 대인관계를 오염했다. 중국은 정치나 사회에 대한 무력감에 기인한 혼돈 증상 속에서 배금주의를 수용하고 돈 이외에는 어느 것도 신용하지 않는 형태로 발전했다. 중국인은 돈에 대한 올바른 교육을 받지 못했다. 국가나 사회를 위하여 일해야 하고 돈을 벌기 위해 일하는 것을 잘못이라고 가르쳤던 중국이 돈에 대하여 의논하는 것을 꺼려했다가 지금은 극단적으로 돈만 강조하고 돈이 유일한 기준인 것처럼 사회생활에 만연되어가고 있다.

여섯째, 복잡한 잣대로 생활한다. 중국인의 가치관에는 몇 가지 잣대가 있다. 천안문 사건 전의 사고방식과 천안문 사건 후의 사고방식이라는 잣대, 청년, 중년, 노년 저마다 다른 복잡한 가치관의 잣대, 이들 복잡한 잣대 중에서도 중년의 문혁 세대는 약간 굴절된 잣대를 가지고 있다. 친구관을 예로 든다면, 친구라 할지라도 신용해선 안 된다고 생각하면서도 깊이 있는 친구 관계를 유지하려고 생각한다. 노년의 혁명 세대가 친구보다도 우선 공산주의와 당과 국가에 전폭적인 지지를 보내는 것과는 매우 대조적이다.

일곱째, 국제 비교에 의한 중국인 상은 아주 독특하다. 국제 비교의 방법으로 얻어진 중국인 상은 아시아권의 다른 나라와도 전혀 다른 종류의 사람들이라고 말할 수 있다. 집단주의 측면에서는 일본과 다르고 개인주의 측면에서 중국인은 미국인과 가깝기는 하지만 미국인과도 다르다.

중국의 사회는 급변하는 시기에 처하고 있다. 오늘의 중국은 구미의 영향을 받은 대인관계문화도 어떤 집단에서 잘 적용되고 있고, 유교문화의 전통을 그대로 이어받아 아직도 위계질서와 예의범절을 지키는 데도 있으며, 더 나아가서 신인류들은 아주 새로운 문화를 창조하고 있다. 때문에 한국인의 대인문화를 어느 한 지역의 특징으로 개괄하기도 어렵고 어느 누구의 관점으로도 다 포괄할 수 없는 영역이다.

한국인의 대인문화

한국인의 대인문화에 대한 연구는 토착심리에 대한 연구에 관심을 모으면서 시작하였다. 1980년대 중반 이후, 한국문화와 서구문화의 차이를 인식하고 한국적인 이론의 개발 필요성에 대한 논의가 지속되면서 김창대(1994), 이동식(1997), 윤효균(1997) 등 학자들은 상담학적인 관점에서 한국의 토착문화에 대하여 관심을 가지고 연구물을 발표하기 시작하였다. 1990년대에 들어와서는 최상진 등의 연구에 의하여 한국인의 시각으로 한국인의 대인문화를 이해할 수 있는 중요한 결과들을 산출해 냈다.

최상진(1999)의 연구에 의하면 한국 사회에서 사람들의 관계 맺음은 당사자들의 작위적인 노력이나 매력보다는 연줄과 인연에 의해 많은 영향을 받는다. 한국인들은 타인을 '우리' 또는 '그들'로 구분하는데 여기서 그들은 중립적인 존재라기보다는 경쟁적이거나 부정적 감정이 연루된 타인으로 간주되는 편이다. 따라서 사람들은 모르는 사이를 아는 사이로 전환시키려 한다. 아는 사이에서는 양방이 우리라는 호칭을 사용하며 정감을 느끼는 관계로의 진행이

가능하기 때문이라고 볼 수 있다. 사회에서 우리의 관계에 있는 사람들은 정의 형성을 부추기는 방향으로 만남을 끌어가고 성원 개개인의 독자적인 행위보다는 우리라는 느낌을 강화시키는 집단 적인 행위를 당연시한다. 또한 여럿이 어울려 노는 경우 두세 명 씩 짝을 지어 대화를 하기보다는 전체가 둘러앉아 노래하며 즐기 는 형태도 그 예이다(최상진, 1996).

최상진 등의 연구에서 한국인의 대인문화를 정리하면 다음 몇 가지 핵심적인 특징들이 있다고 볼 수 있다.

첫째, 한국인의 만남의 목적은 '정'의 관계에서 두 사람은 인간 으로서 정서적 친분을 쌓아 가는 것이다. 만남의 목적은 뚜렷하게 규정되어 있지 않지만 정의 교감에 의한 안락감의 유지 및 추구에 있는 것은 분명하다. 정의 관계가 깊어지면서 객관적 규범보다는 둘 사이에 성립하는 주관적 규범이 관계를 다스린다. 정의 관계에 서는 심정 담론이 큰 역할을 한다. 심정 담론은 서로에게 자신의 입장과 심정을 이해시키고자 하는 목적에서 초합리적 사고가 수용 되는 특성을 지니고 있다. 이는 주관적 관계 상황에서 상대방에 대한 사사로운 기대가 무너졌을 때 느끼는 섭섭함, 야박함, 실망감 같은 것이다(최상진, 박수현, 1990).

둘째, 정은 뚜렷한 목적 없이 함께하는 경험을 통해서 형성되며 정의 깊이는 상대방과 얼마나 한 가족 같은 행동을 했느냐에 달려 있다. 한 이불을 덮고 자고 한 그릇에 수저를 같이 담고 뚜렷한 목적 없이도 같이 빈둥거리는 시간을 많이 보내고 목욕을 같이하 고 네 것 내 것 가리지 않고 흉허물 없이 터놓고 지내는 사람과 정이 든다. 정은 들려고 노력해서라기보다는 장기간 함께하는 경험을 통해서 이슬비에 옷 젖듯 저절로 들게 된다. 그러나 아무리 오랫동안 관계를 맺어 가더라도 계산된 행위, 상대를 배려하지 않는 행위, 고마움과 미안한 마음이 들지 않게 상호 독립적인 행위가 많이 이루어진다면 정은 들기 어렵다. 정을 주는 사이에서는 서로 주고받는 정표가 다양하며 빈도도 잦고, 동기도 순수하게 여기고 부담도 덜 갖는다. 또한 도움을 받을 때 고마움을 크게 느끼며 못 받을 때 미안함도 크다. 아울러 도움을 베풀 때 보람도 크게 느끼고 못 베풀 때 미안함도 크다.

셋째, 한국 사회의 구성원들이 맺고 있는 정 주는 교분 관계는 매우 선별적이다. 한국인의 만남을 보면 대인 관계의 폭은 좁으나 관계의 정서적 깊이는 더욱 깊은 것으로 나타난다. 따라서 관계가 잘못되었을 때 겪는 심리적 고통이 더욱 크며 평생을 원수같이 지내게 되는 경우가 많은 것이다. 정의 관계를 바람직한 인간관계로 여기는 정서 때문에 한국인은 상호간의 의리를 중시하고 관계의 배신행위를 가장 금기시한다.

넷째, 한국인의 정 관계를 특징짓는 또 하나의 개념은 '마음'이다. 한국인의 인간관계는 '마음과 마음이 하나로 맺어지는 관계'를 뜻한다. 흔히 가까운 친구를 '배짱이 맞는 친구', '마음이 통하는 친구', '내 마음을 이해하는 친구', '마음으로 맺어진 친구' 등으로 표현한다. 따라서 한국인들은 인간관계에서 상대가 자신에 대해 행한 행동을 그 자체로 평가하는 차원을 넘어 그러한 행동에 실려 있는 마음 써 주기의 크기나 양으로 전환 해석하여 상대의 행동을 평가하는 경향이 크다. 이러한 맥락에서 한국인의 대인 관계는 행위교환이라기보다는 '마음 주고받기'라고 볼 수 있다.

다섯째, 한국인들은 마음과 심정이 인위적으로 만들어지는 것이 아니라 자연적으로 생긴다는 '자연적 발생관'을 가지고 있다. 이처럼 마음과 심정은 자연적으로 발생되는 것이므로 그 사람이 나쁜 마음으로 자신의 마음과 심정을 바꾸려 해도 바꿀 수 없다는 '마음-심정 순수관'을 한국인들은 갖고 있다. 따라서 한국인들은 당사자가 자신의 마음과 심정을 있는 그대로 진실하게 말한다고 믿는 한 그 마음과 심정의 내용이 듣는 사람에게 부정적인 내용을 담고 있는 것까지도 그러한 마음과 심정을 갖는 당사자의 책임이나 잘못으로 귀인하지 않는다(최상진, 유승엽, 1996). 따라서 한국인들은 인간관계에서 갈등이나 불화가 생겼을 때 심정토로나 심정담론의 양식을 빌려 자신이 속마음으로 느껴진 경험을 상대에게 표현하고 이러한 자신의 주관적 경험이 잘못 경험된 것인가를 상대로부터 검토 받음으로써 상대와의 관계를 개선하는 방식을 취하는 경우가 많다(최상진, 1997).

김창대(1994)는 상담학의 관점에서 한국의 문화적 요소를 분석한 바 있는데 그가 정리한 한국인의 특징은 다음과 같다. 첫째, 한국인은 예로부터 샤머니즘의 영향을 받아서 이성적이기보다 감정적이다. 때문에 한국인은 감정적이고 자기초월적인 경향에 익숙하다.

둘째, 한국인은 유교전통을 이어받아 웃어른에 대한 존경과 효도를 지키고 있고 세대 간의 협력, 계속성, 안정성을 보장해 주는 중요한 가치로 간주한다. 역할을 중요시하는 유교의 영향으로 가정의 각 사람에게 성과 나이 등을 기준으로 지위와 역할이 주어지고 그 지위에 따라서 기대되는 행동양식이 있으며 그러한 행동양식에 따라 생활하는 것이 이상적인 인간상의 중요한 부분이 되는 것이다.

셋째, 가족의 중요성이 강조되며 가족 간의 결속이 매우 강하다. 강한 가족의식과 우리라는 개념은 가족의 응집력과 소속감, 가족에 대한 충성심을 높이며, 가족 간에 강한 조력체계를 형성하여, 한 개인이 문제에 빠지면 온 가족이 협력해서 도우려고 한다. 가족 내에서 조화와 안정성이 강조된다.

넷째, 집단 중심의 사고를 주로 한다. 한국인은 다른 사람과의 관계 속에서 '역할'을 충실히 이행하려는 경향 및 '체면'을 유지하려는 경향과 관련이 깊다. 집단 중심의 사고는 자기부정과 자기통제와 관련되며 이러한 자기부정과 자기통제는 한국인에게 중요한 미덕으로 여겨진다.

이 외에도 한국인의 의식구조와 대인문화를 연구하는 내용들이 아주 많다. 한국인 및 한국인의 대인문화를 이해할 때 무엇보다도 중요한 것은 한국사회도 급격히 변화하고 있다는 것을 염두에 두어야 한다. 한국사회의 최근 세대들은 전통에서 벗어나 서구의 가치관을 많이 받아들여서 오히려 서구적인 가치관이 사람들에게 더 잘 적용될 수도 있다(김창대, 1994).

중국과 한국인의 대인문화 차이

문화차이는 여러 형태로 나타난다(Hofstede, 1996). 문화의 가장 피상적인 수준에 해당하는 것이 상징이며, 가장 깊은 수준에 해당하는 것이 가치이다. 그리고 그 중간에 영웅과 의식이 있다. 상징이란 어떤 문화를 공유하는 사람들에게만 통하는 특별한 의미를 지닌 말, 동작, 그림, 또는 대상을 가리킨다. 가치란 어떤 한 상태보다 다른 상태를 선호하는 포괄적인 경향성을 말한다. 영웅이란 어떤 문화 안에서 높이 받드는 특징을 지닌 그래서 행동의 귀감이 되는 사람들을 말한다. 의식이라고 하는 것은 엄밀한 의미에서 원하는 목표달성에는 불필요한 것이지만 한 문화 안에서는 사회적으로 없어서는 안 될 것으로 간주되는 집합적 활동들을 가리킨다. 인사하는 법과 존경을 표하는 법, 사회적·종교적인 의식들이 그 예이다. 문화의 형태적인 차이 외에도 소속된 집단에 따라 특정한 문화 특징이 있는데 예컨대 국가 수준의 차이, 지역, 인종, 종교, 언어 집단의 차이, 성별 수준의 차이, 세대 수준의 차이, 사회 계층의 차이, 조직 또는 기업 수준의 차이들이 그 예이다.

대인관계문화는 문화의 하위개념이면서 문화의 핵심 특징을 직·간접적으로 반영할 수 있는 특수한 영역이다. 왜냐하면 문화는 인간사회의 모든 사고 및 행동양식, 생활방식, 가치, 태도, 규범과 제도 및 물질성과, 정신성과를 포함하고 있기 때문이다.

그렇다면 한국과 중국의 대인문화는 어떤 측면에서 비슷한 점들이 있고 어떤 측면에서는 전혀 다른 이질적인 문화라고 볼 수 있을까?

Geert Hofstede(1996)의 이론에 의하면 대인문화는 문화형태 중에서 가치범주에 속하는 내용이다. 가치범주는 워낙 문화의 가장 깊은 층에 있기 때문에 눈으로 직접 보고 확인할 수 있는 내용이 아니다. 한국과 중국인의 대인관계문화를 비교해 볼 때 형식의 차이도 밝혀야 되지만 더욱 중요한 것은 대인관계문화의 심층적인 가치를 이해할 수 있는 구조를 제시하는 것이다.

한국과 중국은 이웃나라이자 모두 유교문화전통의 영향을 많이 받은 나라이기 때문에 유사점이 많다. 예컨대 모두 집단주의 경향이 강하고, 의리를 중요시하며 체면의식이 강하고 눈치가 빠르고, 예의범절이 바른 민족이다. 이런 유사점 때문에 대부분의 중국유학생들은 한국을 아주 친근하게 느낀다. 마찬가지 한국인들도 중국유학생들을 쉽게 외국인으로 보지 않는다(王小玲, 2002). 그러나 한국과 중국은 분명한 체제 차이와 미묘한 문화차이 때문에 두 나라의 문화를 깊게 접하면 접할수록 상이한 점을 발견하게 된다(김창대, 김삼화, 2004).

위에 소개한 중국과 한국의 대인문화를 비교하더라도 차이점은 쉽게 찾을 수 있다. 우선, 중국인은 지연과 학연을 떠나 낯선 사람과도 친구로 사귈 준비를 하는 반면 한국인은 아는 사람의 기초에서 낯선 사람을 아는 사람으로 만들려 한다(陳向明, 1996: 최상진, 이장주, 1999). 한국인은 아주 분명한 '우리'라는 울타리를 만들어 놓고 여기에 들어가야만 보호받는다. 한국인은 공개적으로 '우리' 편이 아니면 경쟁대상자로 보기 때문에 마음을 써 주지 않는다. 한국인의 이런 특성을 중국유학생들은 '한국인의 배타성'으로 지각 하는 데 어떤 사람은 한국인과 궁극적으로 친해질 수 없다는 절망 적인 생각까지 가지게 됨으로 한국인과 처음부터 친해지려고 노력 하지 않는다.

둘째, 중국인은 관계에서 지나치게 합리성과 통제를 강조하는 반 면 한국인은 즉흥적인 정의 관계를 바람직한 관계로 본다(陳向明, 1996: 楊中芳, 2000: 최상진, 이장주, 1999). 이런 차이 때문에 중국 인은 한국인을 이해하기 어렵다고 하고 한국인은 또한 중국인을 딱 딱하게 지각한다. 한국인은 즉흥적인 특성을 삶의 멋으로 생각하고 갑자기 떠오르는 생각과 마음에 따라 행하는 습관이 있다. 한국인 은 그때그때의 기분에 따라 임시적으로 결정하기를 좋아하는데 이 런 특성을 보고 중국인은 한국인이 약속을 잘 지키지 않은 사람으 로 인식한다. 반대로, 한국인이 중국인을 초대하여 아주 신나는 일 을 함께하자고 제안할 때 대부분의 중국인은 먼저 이유를 따지고 합리성을 따진다. 이런 중국인의 특성 때문에 한국인도 늘 중국인 이 분위기를 깬다고 불평한다.

셋째, 한국과 중국은 모두 가정을 중요시하는 유교문화의 영향 을 받았지만 중국인은 '四海之內皆兄弟'의 관념으로 어디에 가서 든 친형제처럼 친할 수 있는 친구를 만날 수 있다고 생각하는 반 면 한국인은 남을 '그들'과 '우리'로 구분하면서 배타적인 가족 관념이 강하다(楊中芳, 2000: 최상진, 이장주, 1999). 이런 차이 때문에 한국인은 아직도 '준가족' 성원으로 받아 주지 않는 중국인이 다가오면 아주 불편해 한다. 반면에 중국인은 처음에는 주도적으로 다가가다가 상대편이 방어하고 별로 반갑게 받아 주지 않으면 자기의 신세를 탓하거나 한국인의 성품에서 문제를 찾을 가능성이 있는데, 이는 이런 미묘한 문화차이를 잘 모르고 있기 때문이다.

넷째, 중국과 한국은 모두 집단주의 경향이 강한 나라지만 중국인은 인간의 '이기적인 측면'을 이미 문화적으로 다루어서 많은 사람들은 개인의 욕구를 일부러 강조하지 않는다. 한국은 자본주의 체제 때문인지 문화인지는 모르지만 본인이 자기의 욕구를 표현하는 것을 정당하게 보는 것 같다. 중국인은 관계에서 자기욕구를 합리적으로 충족할 수 있기 때문에 이타적인 행동의 이면에는 이기적인 보장이 있다. 때문에 중국인은 공개석상에서 자기의 욕구를 말할 필요가 없는데 한국인은 인간관계에서 정을 아주 크게 강조하기 때문에 정 관계에서 무조건적인 주는 것과 자기의 유익을 따지지 않는 것이 바람직한 행동으로 평가한다. 때문에 한국에서는 정 관계와 어긋난 타산적인 관계를 문화적으로 권장하지 않는다. 때로는 사람들이 정 때문에 사회적으로 더 중요한 것을 미루거나 포기할 수도 있는데 중국 사람의 관점에서 볼 때는 도리에 어긋난 미숙한 행동으로 판단한다(楊中芳, 2000: 최상진, 이장주, 1999).

중국인과 한국인의 대인문화를 직접 비교하는 연구는 아직 찾기 드물다. 대인문화에 영향을 미치는 개인의 가치관과 교육신념에 대한 비교연구를 통하여 한국과 중국인의 대인문화차이를 가늠할 수 있는데 이 연구에서 제시한 결과는 다음과 같다(서울대학교 교육연구소, 1998).

첫째, 학교교육의 목적에 대해서 한국의 응답자가 개인주의적인 반응경향을 나타내는 반면에 중국 응답자들은 사회주의적인 반응경향을 보이고 있다고 보고하였다. 한국 응답자 76%는 학교교육의 목적을 '학생 개개인의 자아실현'에 두고 있는 반면 중국 응답자의 대다수(71%)는 '국가발전을 위한 인재양성'을 더 중시하고 있다. 즉 한국과 같은 자유자본주의 경제체제를 선택했던 나라의 청소년들은 자아실현을 개인의 목표로 받아들이고 있지만 중국과 같은 사회주의 체제의 나라에서는 일차적으로 국가발전을 위한 목표를 받아들인다. 이런 차이 때문에 한국인은 중국인을 이상하게 지각하고 중국인은 한국인을 이기적인 사람으로 생각하기 쉽다.

둘째, 학교교육의 사회적 역할에 대해서 중국 응답자의 대다수(74%)는 '사회 개혁과 신질서 구축'이라고 답하였다. 그에 비해서 한국 응답자는 양자에 거의 같은 비율(개혁 51%, 유지 49%)로 답하였다. 이는 중국의 청소년들은 기존의 신념과 가치에 의문을 던지고 격렬한 가치관 변동 시기를 겪고 있다는 것을 알 수 있다. 이런 차이는 중국인의 보편적인 불안정서와 변화의 욕구를 설명할 수 있고 반면에 한국인의 느긋함과 상대적인 만족을 설명할 수 있는데 많은 한국인은 중국인을 '만만디'의 성격을 갖고 있는 사람으로 선입견을 가지기 쉽다. 이런 선입견은 중국유학생에게 불쾌를 초래하고 갈등을 만들기도 한다.

셋째, 장학금을 누구에게 우선적으로 주어야 하는가를 묻는 질문에 대해서도 서로 다른 반응이 나타나고 있다. 한국 응답자는 (84%)가 '집안 형편이 어려운 학생'에게 우선을 두어야 한다고 답한 반면에 중국 응답자는 '공부 잘하는 학생'과 '집안 형편이 어려운 학생' 양자에 대해 거의 같은 비율(각각 49%와 51%)로 응답하였다. 특히 중국의 학부모 60%와 교사 62%가 장학금을 '공부 잘하는 학생'에게 우선적으로 배분해야 한다고 답했다고 보고하였다. 이는 중국의 평균주의적인 사회현상을 반영하는 응답인 동시에 중국인의 가치관의 큰 변동을 예시하고 있다. 즉 개인능력이 높게 평가받기 시작했다고 해석할 수 있다는 뜻이다. 한국인은 중국인의 사회주의 배경에 지나치게 초점을 두기 때문에 중국인이 자기와 개인을 강조하면 아주 의아해 한다. 마찬가지 중국인도 한국인의 자본주의 성격만 강조했기 때문에 한국인이 이타심을 표현할 때는 아주 의아해 한다.

넷째, 학교시설을 지역 주민에게 개방하는 문제에 대해서 한국 응답자의 78%가 찬성을 표한 반면에 중국 응답자는 67%가 반대하고 있다. 이것도 중국인의 개인개념의 발달을 설명할 수 있으며 차별화를 수용하기 시작했다는 것을 설명할 수 있다.

다섯째, 학생과 청소년의 문제행동 가운데 무엇이 가장 심각한가를 묻는 질문에 대해서도 세 나라의 교사와 학부모가 다소 다른 반응을 보이고 있다. 한국에서는 '집단폭력/금품갈취/집단따돌림'과 '무분별한 이성교제'가 가장 심각한 문제로 지적되고 있다. 그와 달리 중국의 성인들은 '음주/흡연', '성인오락실 출입' 그리고 '집단폭력'을 가장 심각한 청소년 문제로 들고 있다. 이 항목은 중국인의 문제의식을 설명할 수 있는데 '집단따돌림'과 '무분별한 이성교제'와 같은 심리적인 문제를 아직도 문제시하지 않고 있다는 것을 설명할 수 있다. 이러한 차이는 대인관계에도 반영될 것이다.

재한 중국유학생들의 적응과정을 연구한 허춘영(1998)의 연구에 의하면 중국유학생들이 대인관계영역에서 어려움을 경험하는 이유를 다음 세 가지 측면에서 설명할 수 있다고 하였다. 첫째는, 사회주의 국가에서 성장해 온 중국유학생들이 위계질서, 상하관계, 남존여비, 예의존중 등 가치들이 예상 이상으로 중요시되는 한국문화에 적응하기가 어렵고 둘째, 한국인들과 다른 생활태도 때문에 한국인과의 교제가 힘든 이유가 될 수 있으며, 매사에 조심하고 타인과 친밀하게 사귀지 못하는 중국유학생 특유의 상황 때문에 어려울 수 있다고 하였다.

이밖에 문화적인 차이 때문에 예상할 수 있는 문화충격과 충돌이 많다. 나열식으로 말한다면 첫째, 합리적인 사고방식과 비합리적인 사고방식 간의 차이 둘째, 통제된 정서와 즉흥적인 감정표현 간의 차이 셋째, 情과 理의 조화를 추구하는 인간관계양식과 정을 지나치게 방종 하는 대인관계 간의 차이 넷째, 폭넓은 인간관계를 취하는 방식과 가까운 사람들이 깊은 관계를 취하려는 차이 다섯째, 약속을 잘 지키는 대인태도와 그때그때 흥에 따라 멋으로 사는 대인태도 간의 차이를 들 수 있다. 이를 그림으로 나타내면 다음과 같다.

한국인의 문화특징	중국인의 문화특징
• 즉흥적인 활동 • 비합리적인 사고방식 인정 • 친구 사이에 감정을 털어놓음 • 상대적으로 좁은 범위. • 속마음을 털어놓음. • 언어적인 감정표현을 많이 함. • 정의 관계에서 따지지 못함.	• 계획적이고 준비 있는 행동 • 합리적인 사고방식 • 감정을 철저히 통제 • 폭넓은 친구관계 • 속마음을 보이지 않음 • 언어적인 감정표현이 어색함 • 관계에서 따지는 일이 정상임

〈그림 1〉 중국인과 한국인의 문화특징

여기에서 볼 수 있듯이 중국인의 계획적이고 준비된 행동을 한국인의 문화에서는 타산적이고, 상대하기 어려운 사람으로 지각할 수도 있다. 반대로 즉흥적이고 기분 내키는 대로 일을 하는 한국인을 중국인의 문화에서는 성숙하지 못하고 듬직하지 못한 유치한 행동으로 판단할 수도 있다. 즉 한마디로 중국과 한국인의 대인문화가 다르기 때문에 상대의 행동을 보고 서로 다르게 해석하고 다르게 평가할 수도 있다. 대부분의 사람들은 문화의 차이를 의식하지 못하기 때문에 처음에는 자기의 문화기준과 경험으로 상대를 바라보고 상대의 행동을 해석할 것이다. 이런 만남에서 사람들이 오해도 하고 불쾌한 감정도 경험하지만 점차적으로 상대의 문화를 배워 가고 또한 서로 동화하는 과정을 거쳐 문화통합의 단계에 도달하는데 이런 과정을 지나치게 어렵게 경험하거나 문화적인 맥락이 없는 상황에서도 대인관계 문제를 경험하는 사람들은 개인의 특성에서 문제점을 찾아봐야 한다.

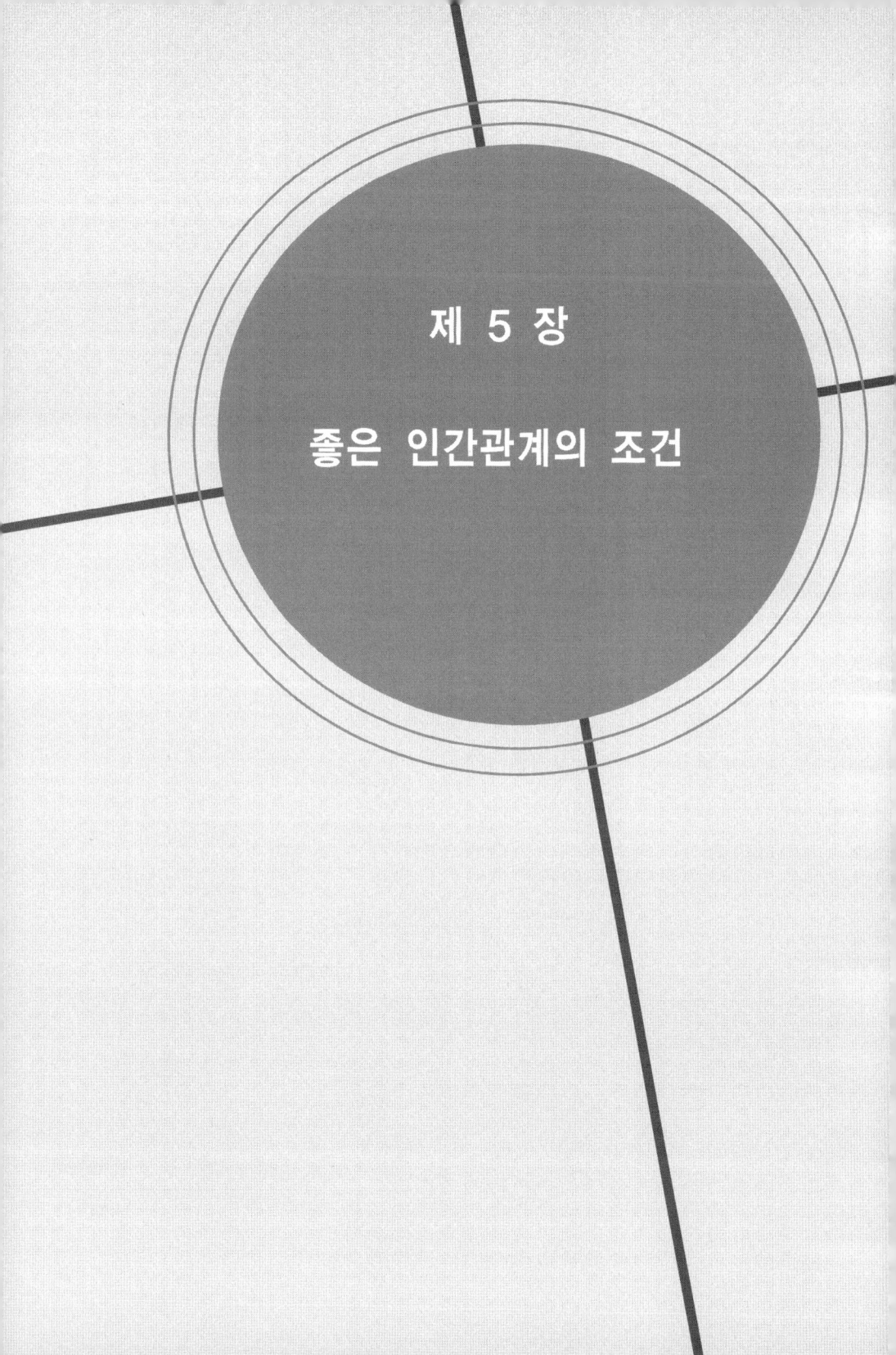

제 5 장

좋은 인간관계의 조건

앞에서 우리는 사례를 통하여 문화적인 맥락에서의 대인관계의 어려움을 살펴보았다. 그렇다면 어떻게 해야 좋은 관계를 맺을 수 있고 또한 깊고 돈독한 관계를 유지할 수 있는가? 본 장에서는 문화적인 맥락에서의 좋은 인간관계의 조건을 문화차이에 대한 인정, 자기발전, 타인관점조만수용능력의 함양, 대인기술의 연마 등 측면에서 한번 생각해 볼 것이다.

문화차이를 인정하기

문화적인 차이를 인정한다는 것은 상대방이 자기와 다른 사고방식, 다른 삶의 양식을 가질 수 있다는 것을 알고 그것을 존중하고 상대방의 방식대로 자기를 조절할 수 있다는 뜻이다. 차이를 인정하지 않으면 사람들은 기존에 익숙했던 방식대로 행동하고 또 자기기준으로 상대방을 추측하고 상대방에게 기대를 건다. 기대하는 결과를 얻을 수 없으면 실망하고 상대방을 원망하거나 비난하기도 한다. 문화적인 차이를 인정하면 약간의 불편을 겪을 수 있지만 사람에 대한 불만은 없다. 상대방이 우리를 의도적으로 좌절시키거나 불쾌하게 만들려는 목적이 없다는 것을 알기 때문이다.

문화적인 차이를 인정한 다음에는 사람들이 흔히 문화를 비교하게 되는데 서로 다른 문화를 평가하고 수용하는 태도가 다를 수 있다. 이러한 현상을 심리학자 윌리엄 페리는 사고 과정의 진화로 설명한 적 있다. 윌리엄 페리는 문화적인 맥락에서의 사고의 과정을 다음 세 가지 차원으로 설명한 바 있다. 첫 번째 차원은 세상을 흑과 백으로 보는 이원주의 방식인데 '우리방식' 대 '그들의 방식'이 그 예가 될 수 있다. 이러한 양상에서는 열등하다고 생각되는 쪽의 방식으로 행동을 바꾸려 하지 않는다. 그 다음에는 다양한 견해가 존재한다는 것을 인식하고 받아들이는 다중성이 있는 차원인데, 세계와 삶을 보는 방식이 여러 가지라는 사실을 받아들인다. 이 차원에서는 다른 문화와 그에 따른 결과를 받아들이고 이해한다. 다양한 관점도 가능하다는 사실을 이해하고, 신중한 생각을 거치지 않은 상태에서는 문화적 특질을 부정적으로 평가하지 않으려 한다. 이 단계에서 원래의 견해를 쉽게 버리고 금방 새로운 견해를 받아들이거나 너무 이상화하게 되면, 다시 이원주의처럼 보일 수 있다. 쉽게 말해서 사람들이 해외여행을 가서 '원주민처럼 행동'하는 경우를 말한다. 이 단계에서는 여전히 한쪽 방식이 다른 쪽보다 낫다는 관점은 사라지지 않는다. 마지막으로 최고 단계에 이르면 무수하게 많은 생활방식과 사고방식이 존재한다는 사실을 알 뿐 아니라 자신에게 어떤 방식이 가장 적절한지에 대한 정확한 판단을 할 수 있다. 다른 사람에게는 다른 방식이 맞을 수 있다는 것을 인식하며, 사실상 특정 문화 환경 안에서 나와 다른 방식이 더 낫다는 사실을 이해하면서 동시에 자신의 인생과 문화 환경 안에서는 어떤 방식이 적절하고 좋은지도 확실하게 알 수 있게 된다.

모든 사람들에게 윌리엄 페리가 제시한 높은 단계의 사고수준으로 요구할 수는 없다. 그러나 적어도 세상에는 무수히 많은 다른 생활방식과 다른 사고방식이 존재할 수 있고, 나한테는 적절하지 않지만 '죽어도 못할' 그런 내용이 아니라, 적절성의 문제로 생각할 수 있으며, 타인의 방식을 '절대로 용납 못한다'기보다 그 방식이 그 사람에게는 더 낫을 수 있다는 것을 융통성 있게 이해하게 할 수는 있을 것이다. 지금까지 우리가 조사해 왔던 중국유학생들과 한국인들 중에 첫 번째 단계와 두 번째 단계의 사고방식을 취하는 사람들이 많았다. 즉 자기와 다른 방식이 있을 수 있다는 것을 알지 못하거나, 한쪽 방식이 다른 쪽보다 낫다는 관점으로 한쪽을 취하면 다른 한쪽을 포기하는 방식을 취하는 사람들이 많았다.

익숙한 문화에서 새로운 문화를 접했을 때 새로운 문화를 비판 없이 받아들인다는 것은 쉬운 일이 아니다. 우선 먼저 낯선 문화를 접했을 때 경험하게 될 불확실성을 감수해야 하고, 자기가 익숙한 문화와 점점 멀어질 것 같은 불안감도 견뎌야 한다. 그 다음에는 긴 혼란기가 찾아올 것이다. 이것도 아니고, 저것도 아닌 불편함이 있을 것이고, 여기서도 온전히 받아 주지 않고, 저기서도 온전히 받아 주지 않는 중간상태에 홀로 남게 되는 외로움도 있을 것이다. 하지만 두 가지 이상의 문화에 접하고 적응해서 익숙해지면 다른 사람들이 경험해 보지 못한 자유로움도 경험하게 될 것이다. 특히 이해의 폭이 넓어지고, 활동의 영역이 넓어지며, 친구가 배로 많아지는 행복감을 느껴질 것이다.

새로운 문화에 접했을 때 가장 효과적이고 환영받는 태도는 겸손의 태도이다. 겸손은 무조건 순종하거나, 온유한 성격만은 아니다. 겸손은 자기의 한계를 알고, 타인의 지혜를 기꺼이 받아들일 수 있는 힘이다. 자기문화가 선진문화이고, 합리적인 요소가 더 많고, 훨씬 생산적인 문화라고 생각하는 사람들은 타인의 문화를 열등문화로 보기 쉽고, 그 문화를 뜯어 고치려는 노력을 할 것이다. 어떤 문화든 가치관의 문제이고 기준의 문제일 뿐이다. 한 가지 기준으로 문화를 평가했을 때는 우열을 구분할 수 있을지도 모르지만 그

기준으로 잴 수 없는 다른 중요한 가치가 있다면 그 가치에 대해서 우리는 겸손한 태도를 가져야 한다. 그래서 다른 문화에 대한 경외심과 존중의 태도가 요구된다.

②

새로운 문화에서 자기를 발견하고 자기를 발전하기

자기의 개념은 여러 심리학 영역에서 다뤘던 중요한 개념이다. '자기' 개념은 이것을 지칭하는 구체적인 개념이나 강조점이 약간씩 다를 뿐 인지심리학이나 대상관계이론, 자기심리학, 그밖에 실존적인 관점을 도입하고 있는 인간중심상담이론, 게슈탈트상담이론 등에서 중요한 핵심개념 중 하나이다. 예컨대, '자아개념(self concept)', '자기 효능감(self efficacy)', 자기심리학의 '자기(self)', 대상관계이론에서의 '자기표상(self representation)', 인간중심이론에서의 '자아실현(self actualization)', Winnnicott이나 Rogers의 '참자기(real self)' 등은 모두 자기(self)에 대한 통합된 이미지와 경험을 지칭하며 그러한 이미지의 형성과 경험을 건강한 사람의 중요한 조건이라고 본다(김창대, 2003b).

자아심리학의 이론 체계를 형성한 대표적인 대상관계 이론가인 코헛(Kohut)은 자신의 정신을 응집력 있는 전체의 자기로 조직하려는 개인의 욕구를 인간 심리의 가장 근본적인 동기로 보고 있다. 그리고 자기와 환경 사이의 관계를 잘 유지하고, 이 관계를 확립해

가는 것을 발달의 핵심으로 보았다. 이같이 인격의 핵심부분을 가리키는 개념으로서 자기는 주도성의 중심, 개인의 핵심적 야망, 이상, 재능, 기술의 저장고라고 지적한 바 있다.

또 제임스 F(2000)는 건강한 자기를 가지는 사람은 심각한 위기 상황에도 잘 대처해 나갈 수 있다고 하였다. 누구나 살아가면서 다양한 위기에 봉착하기 마련이다. 그러나 건강한 사람은 그 상황에 마비되거나 무너지지 않고 오히려 위기를 통해 성장하고 성숙하며, 위기를 거쳐 보다 넉넉하고 동정적이며 이해심이 많은 사람으로 된다고 하였다.

'자기'에게는 한 인간의 무한한 가능성을 현실로 실현할 수 있는 능력이 있다. 이러한 능력은 삶의 현장에서 다양한 경험을 통하여 드러나는데 특히 새로운 환경에서 더 활발하게 드러날 수 있다.

자기를 제대로 알려면 내면에서 자발적으로 올라온 다양한 감정을 회피하지 말아야 한다. 예를 들어, 중국유학생들이 한국에서 흔히 '외로움'을 느끼게 되는데 유학생활의 상황이 외로움을 만들기 때문에 별거 아닌 감정이라고 생각하고 어쩔 수 없는 상태라고 생각하고 이러한 감정이 올라올 때 무시하거나 떨쳐 버리려는 사람들이 많다. 자기의 감정을 차단해 버리면 자기의 마음 가장 깊숙한 곳에 자기의 모든 행동을 안내해 줄 수 있는 자기의 욕구가 가려지게 된다. 외로움이라는 감정은 현재의 상태를 누구와 나누지 못했다는 신호이고 증거이다. 내면은 친구를 필요로 하고 마음을 나누기를 촉구하고 있는데 '친구 사귀는 욕구'가 없다는 식으로 자기의 욕구를 무시해 버리면 친구와 활기 있고 기쁜 경험을 할 수 있는 기회를 스스로 포기하는 셈이다.

유학생들은 새로운 환경에서 분명히 전에 겪어 보지 못했던 일들을 많이 겪을 것이다. 이런 새로운 경험에 노출했을 때 자기를 용감하게 내려놓고 좀 더 용기 있게 다양한 방식을 시도해 볼 수 있다면 자기에 관한 무수히 많은 새로운 지식을 얻을 수 있을 것이다. 새로운 환경에서 새로운 관계를 맺어가면서 새롭게 표현하는 '자기'의 모습을 지켜보는 것은 아주 흥미진진한 일이 될 수 있다. 예컨대 낯선 환경에서 자기를 반갑게 받아 주는 사람을 만났을 때 기쁨과 감사함을 느꼈다. 그러면 우리는 기쁨과 감사함을 통하여 자기가 원하는 것이 무엇이고 무엇에 감사함을 느끼는지를 알 수 있다. 반대로 쌀쌀함을 받았을 때 서운함과 분노를 느꼈어도 우리는 그 서운함과 분노를 통하여 자기가 무엇을 원하고 무엇에 화를 내는지 알 수 있다. 우리는 모든 상황을 통제할 수 없지만 자기에 속한 다양한 감정을 깊이 있게 체험할 수 있는 능력만 가졌어도 희망을 포기하지 않을 것이다. 사람은 자기가 원하는 것을 쫓아가기 마련이기 때문이다. 아쉽게도 많은 사람들은 '자기'에게 집중하는 데 익숙하지 않다. 자기에게서 일어나는 일로 당황하고 자기 스스로 자기의 가능성을 차단하면서 환경의 탓을 하는 경우도 종종 볼 수 있다.

3

타인관점조망수용 능력을 함양하기

　인간은 생활하면서 타인을 배제하고 자기만 좋을 수 없다. 타인에 대한 관심은 하나의 중요한 능력으로서 성숙하고 건강한 인간만이 표현할 수 있는 능력이다. 좋은 친구의 조건으로 꼽히는 특성들을 보면 이해, 수용, 존중을 중요한 요소로 논의하게 되는데 이러한 요소를 함축하여 하나의 용어로 표현하면 '타인관점조망수용'이라고 한다.

　인간관계의 조망수용능력이란 자기 자신만의 관점에서 탈피하여 다른 사람의 입장을 이해하고 그 상황 및 느낌 등을 이해하며 수용하는 능력이라고 정의할 수 있다. 일반적으로 타인의 관점을 취할 수 있는 지각조망, 타인의 생각, 지식, 견해 등을 추론 평가하는 인지조망, 타인의 감정 상태를 평가하는 정서적 조망의 세 가지로 크게 나눌 수 있다(Kurdek & Rodgon, 1976).

　Piaget는 타인의 관점을 이해하지 못하고 사회적 상황에서 무능력한 어린 아동을 자아중심성과 관점수용능력의 결핍이라는 관점에서 설명한 바 있다. 여기서 자아중심성이란 주체와 객체가 분리

되지 못하고 주체자신의 주관적인 관점이나 생각, 감정의 연속선상에서 객체의 것을 확대하고 추리하는 경향을 말한다. 따라서 타인의 생각이나 감정을 수용하여 이해하는 관점수용이 되기 위해서는 필수적으로 자아중심성이 극복되고 탈중심화가 이루어져야 한다. 대인관계에서 타인에 대한 조망수용이 잘 되었을 경우, 타인에 대한 관점수용 및 관점의 변화가 일어날 수 있을 것이다. 이것은 결국 Piaget가 말했던 자아중심적 상태에서 탈중심화 과정을 거쳐 만남을 위해 관계 속으로 합류해 들어가는 능동적이고 적극적인 모습이라고 할 수 있겠다.

조망수용능력에 대한 연구는 Piaget와 Inhelder(1956)가 아동의 타인의 시각 경험에 대한 표상능력인 공간조망 능력을 측정한 '세산 실험'에서부터 시작되었다. 이 실험에서는 4세부터 11세까지의 아동을 대상으로 자신의 위치와 다른 사람의 위치에 대한 차이를 어떻게 인식하는지에 대하여 살펴보았다. 이 실험을 통해 Piaget는 전조작기의 유아는 사물의 역동성을 이해하지 못하고 한 측면에만 초점을 맞추는 지각적 특성인 자기중심성의 경향이 있음을 발견하였다. 이로 인해 공간개념, 보조개념, 관계개념 도덕 판단, 의사소통 등 아동사고의 다양한 측면에서 판단의 왜곡현상을 초래한다고 보았다. 이러한 왜곡현상은 아동의 성장에 따라 자기중심성이 극복되어야 소실된다고 하였다. 결국 아동의 자기중심성 극복인 조망수용능력은 아동의 인지발달에 있어 가장 중요한 역할을 한다고 보았다. 이러한 Piaget의 연구, 즉 아동이 타인의 시각적인 관점을 취할 수 있는 공간조망 연구를 시작으로 하여 후속 연구자들에 의해 타인의 생각과 지식과 견해를 추론하는 인지조망, 타인의 느낌이나 기분을 추리하는 감정조망에 대한 연구로까지 확대되었다(이경미, 1992, 정은주, 1987).

대상관계이론에서는 타인관점조망수용능력을 관심의 능력이라고 개념화하고 관심능력의 발달과 획득을 다음과 같이 설명하였다. 관심 능력은 성숙의 중요한 징표로서 관심능력의 획득은 어머니와의 관계에서 발달한다고 하였다. 즉 충분히 돌봄을 받은 어린이가 타인의 요구에 민감하고 타인을 관심하기 시작한다고 하였다.

타인관점조망수용능력이 없는 사람은 자기중심적인 사고에서 벗어나지 못하고 대인관계의 역동을 이해하지 못한다. 따라서 타인의 감정을 있는 그대로 수용하지 못하고 자기의 느낌을 기초로 타인의 감정을 추론하기 때문에 대인관계에서 오해와 착각을 초래하는 경우가 종종 있다.

재한 중국유학생들의 경우, 그들의 타인관점조망수용능력을 두 가지 기준으로 판단해야 한다. 하나는 기존의 문화에서 타인관점조망수용능력을 충분히 발달했는지의 문제이고, 다른 하나는 새로운 문화 환경에서 타인관점조망수용능력이 어떻게 발휘하고 있고 어떤 애로가 발생했는지의 문제로 구분해서 봐야 한다. 타인관점조망수용능력을 갖추었다면 새로운 환경에서 가령 문화차이가 있다 하더라도 쉽게 적응할 수 있다고 본다. 그들은 자기의 기준에서 탈피하여 다른 사람의 입장과 감정을 이해할 수 있기 때문이다. 그러나 타인관점조망수용능력이 개발되지 않았거나 손상이 됐다면 문제는 다르게 봐야 한다. 이들한테 아무리 문화차이를 강조해도 상황에 부딪치면 여전히 자기중심적인 사고를 하기 때문이다.

4

적응에 도움이 되는 대인관계기술을 습득하기

　많은 사람들은 대인관계를 유지하고 발전시켜 나가는 데 필수적인 기술을 알지 못하거나 서투르게 사용한다. Ellison, Ann(1982)에 의하면 친밀한 관계를 유지 발전시켜 나가기 위해서는 상대를 돌보는 태도, 신뢰하는 태도, 자아개방적인 자세, 동반자의식 등이 필요하다고 하였다. 이런 태도나 기술이 부족한 경우에 친밀한 관계가 어느 정도 형성되었다가도 친구들을 실망시킬 수 있어 친밀한 관계가 유지하지 못한다고 하였다. 그리고 대인갈등에 대한 이해와 대처기술이 현저한 결함이 있을 때도 대인관계를 악화시키게 된다. 두 사람 이상이 어느 정도 관계를 맺게 되면 갈등은 필연적이다. 대인관계 유지 및 발전에 어려움을 가지는 사람들은 이런 갈등상황에서 미숙하고 비효율적이고 일시적인 방법에 의지하기 때문에 갈등을 효과적으로 해결하지 못한다. 이들은 갈등으로 인한 긴장, 불안, 좌절에 압도되어 친구관계를 회피하거나 자신의 감정을 숨기거나 위장해서 갈등에서 오는 일시적인 공포나 긴장을 해소하는 경향이 있다.

중국유학생들의 경우, 그들이 중국에서 아주 뛰어난 대인관계능력과 기술을 가지고 있다 하더라도 새로운 환경에서는 새로운 기술들이 필요하다. 즉 한국문화에 맞는 한국인들이 자주 사용하는 대인기술들을 습득해야 한다. 예컨대 중국 사람들이 익숙하지 않는 속마음 털어놓기, 감사의 마음 전하기, 도움 요청하기, 거절하기, 함께 무엇을 할 것을 초청하기, 친구에게 힘 되어 주기, 친구의 고민을 경청하기, 친구를 위로하고 지지하기 등등의 기술들을 습득해야 한다. 많은 중국유학생들은 대인관계기술에 거부감을 느끼는데 인간관계에서 진심이 아닌 기술에 의미를 두는 것은 별로 바람직하지 않다고 생각하는 것이다. 물론 사람은 진정성을 떠난 기술만 훈련하는 것은 바람직하지 않다. 그러나 만족스러운 인간관계를 발전하기 위하여 필요한 기술은 배워야 한다.

먼저 '속마음 털어놓기'를 예를 들어 설명해 보고자 한다. 일반적으로 중국인은 속마음을 잘 숨기는 사람을 지혜로운 사람으로 본다. 왜 그럴까? 속마음에 상대에 대한 불신, 미움, 불만이 있기 때문에 털어놓지 못하는 것이다. 털어놓으면 상대의 미움을 받고, 보복을 받고 협조를 받지 못하기 때문에 절대로 털어놓아서는 안 되는 것이다. 중국인의 이런 밑 마음을 가만히 보면 재밌는 것을 발견할 수 있다. 여기에는 인간이 불신하고 불만을 품으면 비협조적인 행동을 취한다는 전제가 있다. 거꾸로 생각하면 사람들은 서로 신뢰하고 서로 협조하기를 바란다는 뜻도 있다. 그렇다면 만약 내가 상대에 대한 깊은 신뢰를 표현하고, 상대를 진정으로 사랑한다는 마음을 전하면 상황이 어떻게 변할까? 그래서 속마음을 절대로 털어놓지 못한다는 중국인의 생각은 바꿀 수도 있다고 봐야 한다. 마음속에 부정적인 감정이 생겼을 때 그 부정적인 감정을 억압한다고 없어지는 것은 아니다. 안 좋은 말을 하지 않는다고 상대에 대한 좋은 감정이 자연스럽게 생기는 것도 아니다. 안 좋은 감정이 생길 때 그 감정 밑에 자기의 밑 마음에 어떤 바람이 있는지 알아차리면 문제는 쉽게 풀 수 있다. 물론 바람직하지 않는 바람을 가져서는 안 된다.

다음은 상대의 입장에 서서 상대의 관점으로 조망하고, 상대의 감정을 공감하는 기술이다. 이 기술은 같은 문화권에서의 사람 간의 소통에도 꼭 필요한 기술이지만 특히 문화배경이 다른 사람들이 서로 소통하려면 이 기술은 필수이다. 상대의 입장에 서서 상대의 생각을 조망하고, 상대의 감정을 공감하려면 철저히 자기기준에서 벗어나야 한다. 자기생각으로 상대를 추측하거나 자기가 느낀 감정으로 상대의 감정을 추측해서는 안 된다. 이 기술의 전제이자 핵심은 상대에 대한 긍정적인 관심이다. 상대의 이야기를 끝까지 들어 보고, 상대가 자기의 감정을 편안하게 이야기할 수 있도록 수용, 존중의 분위기를 만들어 줘야 한다. 그런데 사람들은 자기 말에 대해서 상대가 관심이 있든 말든 간에 자기의 말을 하기에 급급하고, 상대에게 말하는 기회를 주지 않거나 몇 마디 듣고는 다 알았다는 듯이 함부로 평가하거나 자기만의 느낌을 이야기하는 경우가 있다. 이것은 바람직한 마음의 자세가 아니다. 이해받고 싶고, 표현하고 싶은 욕구는 누구나 다 가지고 있다. 다른 사람의 이야기를 기꺼이 들어주는 태도가 좋은 인간관계의 시작일 수 있다. 그런데 상대의 입장에 서서 듣는다 해서 듣는 데서만 그쳐서는 안 된다. 상대의 말을 들으면서 상대의 말속에 담겨 있는 뜻과 감정과 상대가 정말 전달하고자 하는 의도까지 정확하게 확인해 주면 정말 사람의 마음을 잘 이해해 주는 사람으로 기억된다.

이것 외에도 필요한 기술들이 또 있다. 대인관계는 마음에서 우러나오는 행동을 하는 것이지 기술로 하는 일이 아니라고 생각하는 중국유학생들이 많다. 그러나 인간관계를 잘하고, 사람들과 진정한 우정을 발전하기 위하여 효과적인 기술이 필요하다면 그 기술을 배우는 것도 나쁘지 않을 것이다.

제 6 장

완전히 다른 경험을

할 수 있다면?

우리는 중국유학생들이 문화충격 때문에 대인관계에서 어려움을 겪었다는 것을 알게 되었다. 문화충격은 분명히 예방과 적절한 교육을 통하여 완화할 수 있다. 만약, 중국유학생들이 문화적인 차이를 사전에 알고 있고 또 적절한 대응을 할 수 있다면 행동이 어떻게 다를 수 있을까? 본 장은 앞에서 예시로 제시했던 사례를 가지고 가상으로 유학생들의 반응을 재구성하고자 한다.

"한국에서 참 많이 배웠어요."

　김유경은 1년 전에 자비로 한국에 온 중국유학생이다. 현재 박사과정 재학 중이고 약학 전공이다. 단정한 외모에 연구자를 친절하게 반기는 모습에서 연구자는 고향사람을 만나는 친근감을 느꼈다. 그는 자기의 문화적응 경험을 흥미진진하게 이야기하였다.

연구자: 한국에 와서 대인관계 문제에서 어려움이 있었나요?
김유경: 당연히 있었지요. 초반에 지도교수님과 좀 불편했는데 그것이 저의
　　　　잘못도 아니고 교수님의 잘못도 아닌 것 같아요. 저는 중국에서 했던
　　　　대로 교수님을 접근했는데 교수님이 좋아할 줄 알았지만 꼭 그렇지 않
　　　　다는 것을 알게 되었어요. 한국교수님의 태도와 학생들에 대한 요구
　　　　는 중국교수님과 차이가 있는 것 같아요. 그 차이를 알아내는 데 꽤
　　　　오랜 시간이 걸렸지만 저는 많은 것을 배울 수 있어서 참 좋았어요.
연구자: 무엇을 배웠다고 생각하시죠?
김유경: 상대방의 생각과 감정을 임의로 추측해서는 안 된다는 것과, 진심은
　　　　언젠가는 통할 수 있다는 것과, 자기의 바람, 생각, 감정은 되도록 솔
　　　　직하게 표현해야 된다는 것을 배웠어요. 그리고 자기의 문화방식을 타
　　　　인에게 강요해서는 안 된다는 것과, 새로운 문화에 긍정적인 태도로
　　　　먼저 경험해 보는 것이 적응에 도움이 된다는 것도 알게 되었어요.
연구자: 한국에서 친구를 많이 사귀었어요?
김유경: 그럼요, 겸손하게 배우려는 태도를 가지고 친구의 장점을 진지하게 인

정하고, 친구가 어려움이 있을 때 도움을 줄 수 있으면 도움을 주고, 도움을 줄 수 없을 때 함께 있어 줘도 좋은 친구 될 수 있다는 것을 알게 되었어요. 그리고 무엇보다도 제가 당당하게 홀로 설 수 있어야 되고, 제가 긍정적으로 생활하면 친구가 찾아오는 경우도 많다는 것을 알게 되었어요.

"한국에서 형제 생겼어요!"

학빈이는 80년대 출생의 외동자식 세대이다. 대학교 3학년으로
편입한 교환학생인데 그를 만날 때 그의 패션 감각이나 활발하고
재치 있는 성격들이 아주 인상적이었다. 길에서 보면 아무도 그를
중국에서 온 청년이라고 딱지를 붙이지 않을 것 같다. 학빈이는
사람을 굉장히 좋아한다고 자기를 소개하였다. 워낙 집에서 외동아
이로 자랐기 때문에 친구를 그리워하고 밖에 나오면 또래들을 모
두 형제자매로 생각하고 싶다고 한다. 한국에 와서 정말 형제가
생겼다고 싱글벙글 이야기했다.

연구원: 한국에서 충격적인 경험이 있었나요? 그 경험이 학빈 씨에게 어떤 영
　　　향을 미쳤어요?
학　빈: 있었지요. 농구동아리에서 선배들이 저보고 무릎을 꿇으라고 해서 충
　　　격을 먹었지요. 옛날 같으면 절대로 용납할 수 없지요. 중국인은 무
　　　릎 꿇는 행동을 '비겁한 자', '인격 없는 자', '권세에 굴복한 자'의
　　　대명사로 생각하지만 한국인들은 다르더라고요. 많은 상황에서 한국
　　　인들이 무릎을 꿇은 행동을 봤거든요. 어른들에게 큰절을 올릴 때도
　　　무릎을 꿇고, 제사를 드릴 때도 무릎을 꿇고, 학교에서 학생들에게
　　　벌을 줄 때도 무릎을 꿇게 하더군요. 농구동아리 활동을 하면서 동아

리 기강을 잡느라고 선배들이 우리에게 벌을 주면 불쾌하지만 그냥 벌로 받아 왔어요. 큰일 난 것도 아니더라고요. 나중에 술을 마시면서 친구에게 중국에서 무릎을 꿇는 행동이 어떤 의미인지를 알려 줬더니 깜짝 놀라더라고요. 저에게 미안하다고 사과까지 했어요.

연구원: 한국에서 친구들을 많이 사귀었겠네요.

학　빈: 그럼요. 한국에서 형제가 많이 생겼어요. 어머님께 전화를 드렸더니 그 형제들을 다 집으로 데리고 오래요. 얼마든지 다 키워 줄 수 있대요. 이젠 맛있는 걸 준비하면 제 형제 몫까지 다 챙겨 주셔요.

③

"한국 사람이 대단해요."

해란 씨는 컴퓨터공학을 전공한 중국유학생이다. 논리적이고 문제해결력도 강한 편이어서 보통의 어려움은 혼자서 잘 극복하거나 합리적인 방법으로 잘 해결해 냈다고 한다. 교회를 다니는 친구와 룸메이트였는데 그 친구의 영향을 받아 인생관도 많이 변했다고 하였다.

연구자: 한국에 와서 불편한 인간관계가 있었습니까?
해　란: 있었죠. 바로 저의 룸메이트인데요. 처음에는 정말 불편했어요. 그 친구의 여러 면이 이해가 안 가고 싫기까지 했어요. 특히 그 친구가 교회를 다니는데 중국에서는 무신론교육을 확실히 하잖아요. 그 부분만 확실히 선을 그으려고 했는데 그 친구와 함께 생활하면서 제가 많이 변했어요. 사람을 피상적으로만 접근했던 제가 사람을 깊이 이해하기 시작했고요, 사람과 마음을 나눌 줄 몰랐던 제가 기쁨과 슬픔을 나누기 시작했더니 세상이 정말 달라 보이기 시작했어요. 요즘, 룸메이트와 교회도 같이 다니는데 제가 알지 못한 세상이 있다는 자체가 신기하고 한국 참 잘 왔다는 생각이 들어요.
연구자: 어떤 면에서 한국 잘 왔다는 생각이 들어요?
해　란: 한국 사람을 영화나 소설에서만 알고 있었는데 영화나 소설처럼 완벽하지는 않지만 이렇게 현실에서 생생하게 살아 숨 쉬는 한국 사람을

알게 돼서 너무 좋아요. 그들의 아픔과 어려움을 옆에서 보면서 함께 아프고 안타까워할 수 있는 제 스스로도 대견스럽고, 그들이 어려움을 극복해 내는 삶의 의지에서 정말 많이 배워요. 한국의 풍요로움은 그냥 온 것이 아니라, 이렇게 포기하지 않는 민족만이 기적을 만들 수 있다는 것을 알게 되었어요. 한국친구들과 함께 어울리면서 그들의 사는 지혜도 배우고 그들의 생활방식도 많이 적응하게 되었어요. 너무 힘들면 저도 노래방에 가서 기분전환을 할 줄 알게 되었거든요. 참 좋더라고요.

"필요한 충격을 받았어요."

왕원원는 자기의 이야기를 이렇게 했다. "……개학 초에 우리 학교 강사 한 분이 오셔서 우리랑 강의시간을 맞추는 데 저마다 자기의 가능한 시간을 말해서 30분이 지나가도 결정을 내리지 못하는 일이 있어요. 중국에서는 선생님이 한마디면 끝난 일이잖아요. 그래서 제가 한마디 했지요. '우리 그냥 선생님 말씀하신 시간에 수업합시다.' 그랬더니 한 여학생이 화를 팍 내면서 '그건 원원 씨의 생각이에요. 원원 씨는 자기의 생각으로 남을 강요하지 마세요. 여기는 민주국가랍니다.' 그 말 듣고 정말 많은 생각을 하게 되었어요."

연구자: 어떤 생각을 했어요?
왕원원: 한국의 민주주의가 어떻게 만들어졌는지 알 것 같아요. 저도 사실 민주주의에 대해서 상당히 많은 관심이 있거든요. 하지만 저의 습관적인 태도는 여전히 선생님이 한마디로 모든 것을 결정해야 된다는 식의 사고를 가지고 있잖아요. 물론 스승을 존경하고 학생의 도리를 다하는 것은 좋지만 어떤 상황에서도 모든 사람은 평등하고 각자가 자기의 의견과 주장을 말할 권리가 있다는 생각까지는 못했던 것 같아

요. 제가 저의 권리를 스스로 포기하면서 다른 사람까지 강요하는 저의 모습을 보면서 놀랐어요. 시간이 지연되는 문제만 중요한 문제는 아니잖아요. 한국학생 덕분에 제가 민주주의이념에 대해서 다시 한 번 생각해 보게 돼서 참 감사했어요.

연구자: 한국학생이 말했던 '그건 원원 씨의 생각이에요'라는 말이 귀에 거슬리지 않았어요.

왕원원: 처음에는 당황했지요. 그 말이 비판으로 들려서 불쾌한 감정이 올라와서 반발하고 싶은 충동이 있었지요. 그런데 그것보다도 그 말이 저에게 엄청 큰 충격이었어요. 제가 말하는 충격은 긍정적인 의미에서의 충격이거든요. 제가 말을 하는 순간만 해도 '다른 사람들도 모두 나와 비슷한 생각을 하고 있을 거야. 여기 한국은 더구나 스승을 높게 받들고. 스승의 말이면 무조건 복종하는 유교전통이 아직도 남아 있어서 내가 이렇게 말하면 선생님을 포함해서 모두 나의 의견에 박수를 보내 줄 거야!'라고 생각했거든요. 그런데 이 친구는 저의 생각이 저만의 생각이라는 것을 알려 준 셈이죠.

"사람이 이렇게 친해질 수 있다는 것을 몰랐어요."

송원은 한국과 중국의 많은 차이점을 발견하였다. 예를 들어, 한국에서 술잔을 돌리는 방식, 회식자리 배치, 회식메뉴, 그리고 회식 마치고 2차, 3차까지 가는 밤 문화 등등이 모두 중국과 다르다. 이런 다름에서 송원은 불편함보다 사람과 친밀해질 수 있는 경험을 하였다.

연구자: 한국과 중국이 많은 차이가 있는데 그런 차이를 경험하면서 어땠어요?
송 원: 처음에는 놀라고 불편했지요. 무슨 이런 문화가 다 있나 이런 생각도 했어요. 그런데 제가 한국에 오래 있다 보니 이런 문화의 의미에 대해서 좀 알 것 같아요. '정'이 많아서 그런 것 같아요. 한국 사람은 정말 '정'이 많은 민족인 것 같아요. 처음에는 '정'이 가식적으로 느껴지고 불편하고 피하고 싶었지만 지금은 저도 '정'을 추구하기 시작한 것 같아요. '정'이 있어야 사는 게 사는 거 같아요.
연구자: 정을 뭐라고 생각하세요?
송 원: 정이 마음이지요. 한국 사람들은 고운 정, 미운 정을 모두 정든 관계라고 하잖아요. 사람과 사람 사이에 진심이 없으면 정도 없겠지요. 제가 중국에서 배웠던 그럴듯한 마음도 없는 헛소리를 많이 해서 지금 생각해 보면 정말 부끄러워요. 이 말이 참 좋은 것 같아요. '고운 정, 미운 정', 사람은 완벽한 사람이 없잖아요. 잘되기를 바라는데 엉

뚱한 짓을 자꾸 하면 얼마나 밉겠어요. 그런데 그 미운 감정 뒤에 정말 잘되기를 바라는 깊은 '사랑'이 있다는 것을 믿으면 아무리 욕을 해도 다 이해할 수 있을 것 같아요. 한국 사람들이 누군가를 욕을 할 때 단순히 미워서 욕하는 게 아니라는 것을 알겠어요. 뒤에서 다른 사람을 씹는 것도 그 사람과 정말 좋은 관계를 맺고 싶어서 또 충분히 정든 관계가 될 수 있다는 것도 알겠어요.

"그들이 말하는 '우리'에 끼고 싶어요."

김영은 한국문화도 좋아하고 한국친구를 사귀기도 좋아하는 중국인 유학생이다. 김영은 한국문화에 동화해서 자기도 한국과 중국을 구분하지 않을 정도로 한국문화에 익숙해졌는데 가끔 한국친구들이 '우리'를 강조할 때 소외감을 느꼈다고 하였다. 하지만 지금은 '우리'를 이해할 수 있다고 하였다.

연구자: 한국에서 섭섭한 일이 있었나요?
김 영: 당연히 있었지요. 가장 섭섭할 때는 한국친구들이 자기들을 '우리'라고 말할 때였어요. 처음에는 그 말이 그렇게 섭섭하게 들리는 거예요. 그 말이 마치 우리를 의도적으로 배척하는 것처럼 들렸는데 지금은 '우리'라는 말에 익숙해졌어요. 저도 가끔 이 말을 써요. 제가 한국친구들이 말하는 그 '우리'에 정말 끼고 싶은 것을 알았어요. '우리'에 끼면 저도 한국 사람처럼 멋진 사람 될 것 같아서 그렇게 바랐던 것 같아요. 저는 한국인이 참 자랑스러워요. 일을 중요하게 생각하는 마음가짐, 일을 무서워하지 않은 일하는 태도, 일을 철저히 하는 능력들이 정말 존경스럽고 본받고 싶어요. 그리고 사람을 따뜻하게 대해 주는 친절함, 재미있고, 유머 있는 재치, 이런 것이 좋기 때문에 저는 정말 한국 사람처럼 살고 싶어요.
연구자: 한국 사람들이 김영 씨를 '우리'로 받아 주나요?

김　영: 당연히 안 받아 주지요. 저는 한국어도 잘하고, 한국문화를 많이 알고
　　　 있다고 생각하지만 한국친구들은 저의 서투른 한국어 표현에서 저의
　　　 정체성을 금방 간파할 수 있는 것 같아요. 제가 어떻게 한국을 한국
　　　 인처럼 알겠습니까? 한국인들은 한국을 역사적인 맥락에서 이해하고
　　　 발전의 과정까지 염두에 두면서 한국을 만들어 가고 있지만 저는 단
　　　 지 단편적인 지식과 한국에 몇 년 머물었던 경험으로 주제넘게 한국
　　　 을 판단하고 평가하는데 친구들이 어떻게 저를 '우리'로 받아 주겠어
　　　 요. 친구들이 이렇게 이야기할 때 오히려 제가 저의 정체성을 잃지
　　　 않는 데 도움을 줘서 고맙게 생각해요.
연구자: 한국친구들을 많이 사귀었어요?
김　영: 그럼요. 저는 한국친구들을 좋아하기 때문에 그들을 깊게 이해하려고
　　　 노력을 많이 해요. 저의 편견이 많이 깨지고 진정한 우정으로 발전하
　　　 기 시작한 것 같아요.

교수의 꿈: "그들의 큰 꿈을 잘 키워주고 싶어요."

김 교수는 중국유학생을 3명 지도한 경험이 있는 한국교수님이다. 그는 학교와 사회에서의 다양한 역할 때문에 아주 바쁘게 생활한다. 처음에는 중국유학생들을 한국학생처럼 똑같이 대해 줬는데 간혹 중국유학생들의 자질구레한 부분에서 불편을 느낄 때도 있었다고 하였다. 지금은 중국유학생교육에 대해서 그는 이렇게 생각하고 있다.

연구자: 중국유학생들을 지도하시면서 어떤 생각을 많이 하세요?
교　수: 요금 한국학생들은 교수의 역할에 대해서 중요하게 생각하지 않는 경향이 있는데 중국유학생들은 교수에게 많이 기대한 것 같아요. 처음에는 좀 부담스럽게 생각한 적도 있었지만 곰곰이 생각해 보면 그들도 잘되고 싶어서 교수에게 기대한 것 아니겠습니까? 제자들이 잘되는 것보다 더 보람된 일 또 뭐가 있겠습니까? 그들의 꿈이 무엇인지, 그 꿈을 어떻게 키우고 싶은지, 교수가 어떻게 도울 수 있는지를 좀 알아봐야 되걸 같습니다. 전에는 한국학생처럼 똑같이 대해 주면 잘해 준거라고 생각했는데 그게 다는 아닌 것 같습니다. 중국유학생들에게는 한국학생과 다른 무언가 있는 것 같습니다. 그들의 포부도 크지만 취약점도 많은 것 같습니다. 저한테 찾아온 중국유학생들의 꿈을 잘 키워 주고 싶어요.

연구자: 구체적으로 어떻게 키워 주실 수 있다고 생각하십니까?

교　수: 그들 스스로 어떤 꿈을 가지고 있는지를 먼저 알아봐야지요. 전에도 중국유학생들과 대화를 하면 전혀 현실감이 없는 계획을 이야기하더군요. 그래서 실망이 좀 있었는데, 아마 그들의 현실감이 우리의 현실감과 다를 수 있고, 또 그들이 정말 현실감이 없는 이야기를 하면 그것이 현실감 있게 잘 유도를 해야 교수로서의 책임을 다한 것 아니겠습니까? 그들의 꿈을 구체화시키고 그 꿈을 공유할 수 있도록 먼저 노력해 보고 싶습니다.

교　수: 부끄러운 일이지만 저는 아직까지 한 사람의 꿈에 도움이 되는 일을 못했습니다. 한국학생들은 물론이고, 중국유학생들의 꿈에 도움이 되는 일을 찾아보고 싶습니다. 그들의 학문적인 기초를 닦는 일부터 시작해서 유익한 경험을 많이 할 수도 있도록 기회도 알아봐 주고, 혼자의 힘으로 계속 도전할 수 없을 때 확실히 밀어주는 그런 좋은 교육자 되고 싶습니다.

8

교수의 마음: "그들의 이야기를 더 들어줘야겠네요."

중국유학생을 처음 지도해 본 장 교수님은 중국유학생의 당당하지 못하고 자연스럽지 못하는 표현을 회상하면서 유학생의 정서표현의 부적절성을 지적하였다. 처음에는 장 교수님도 당황했으나 지금은 다른 시각으로 이런 부분을 보게 되었다.

연구자: 중국유학생을 지도하시면서 특별하게 불편하게 느꼈던 부분이 있었나요?

교　수: 저는 바빠서 수업시간 외에 아이들과 개별적으로 만나는 일이 많지 않아요. 딱히 불편하게 느낀 일은 별로 없는데 좀 당황하고 의아했던 일은 있었어요. 기말 과제를 제출하려 연구실까지 찾아온 중국유학생인데 평상시에 열심히 노력하는 모습이 참 좋아 보였어요. 마침 제가 시간이 좀 있는 것 같아서 그 자리에서 지도를 좀 했어요. 그런데 과제물 중에 몇 군데 논리가 맞지 않는 부분을 지적했더니 학생이 갑자기 울기 시작한 거예요. 그때 제가 이 친구에 대해서 너무 무관심했다는 것을 깨달았고 그 친구의 이야기를 들어 보기로 했지요.

연구자: 당황하지는 않으셨어요?

교　수: 당황하지요. 당황했지만 이렇게 학업지도를 받으면서 울어 버리는 것도 그럴만한 이유가 있겠다는 생각이 들었어요. 그래서 유학생에게 저의 유학경험도 이야기해 주고, 어려움이 있을 수 있다는 것도 알려 주고, 어려움이 있을 때는 어떤 방법이 있을 수 있다는 것도 사전에 이야기해 주면서 유학생의 이야기를 들어줬지요.

연구자: 들어 보시니 어때요?

교 수: 많은 오해가 풀렸지요. 예를 들어 전에 과 회식할 때 유학생이 저에게 술을 강요식으로 권했어요. 저도 아주 불쾌했지요. 어디서 이렇게 버르장이 없는 학생이 왔냐 싶었지요. 그러나 그 자리에서는 아무 말도 안 했어요. 그런데 마음 한편에는 정말 불편하고 안 좋았어요. 나중에 기회가 되면 한번 혼내 줘야겠다는 생각도 해봤는데 학생과 이야기를 나누다 보니 그것은 중국의 술 문화라는 것을 알게 되었어요. 중국에서는 그렇게 술을 강요해야 더 친하다는 표시이고 술자리에서는 상대방이 술을 마시도록 잘 권하는 사람이 유능한 사람이라는 거예요. 문화를 모르면 정말 서로 많이 오해할 수 있겠어요. 사람은 알면 알수록 더 편해진 것 같아요. 이젠 그 친구의 다른 점이 오히려 매력적으로 느껴질 때도 있어요.

9

교수의 생각: "그들이 참여할 수 있는
수업방법을 개발해야겠어요."

박 교수님은 수업시간에 토론을 많이 시키는 교수로 유명하다. 그의 수업시간에서 입을 꾹 다물고 전혀 토론에 참여하지 않는 중국유학생을 보고 많이 아쉬웠는데 처음에는 그들의 학문적인 수준이 낮아서 그렇다고만 생각했는데 최근에는 다르게 생각하기 시작하였다.

연구자: 중국유학생들이 공부를 잘하던가요?
교　수: 수업에 잘 참여하지 않아요. 수업기여도에 빵점을 주려다가 마음 약해서 가장 낮은 점수를 줬는데 처음에는 좀 안타깝고 답답하기도 했지요. 얼마나 어렵게 얻은 유학 기회인데, 잘하지 못해도 무조건 참여해서 자기의 실력을 키워야지 이렇게 우물쭈물하다가는 유학생활이 금방 끝나잖아요. 몇 번 이야기해도 말을 잘 듣지 않더라고요. 알고 보니 저의 수업방식이 너무 어려워서 그들이 참여하기 싫은 것보다 참여할 수 없다는 것을 알게 되었어요. 지금까지 제가 수업시간에 사용했던 방법은 한국학생들에게는 맞는 방법일지 몰라도 중국유학생들에게는 맞지 않을 수도 있다는 것을 깨달았어요.
연구자: 제가 알기로도 유학생들이 많이 어려워하는 것 같아요. 그런데 방법

이 없잖아요. 유학생들이 죽도록 노력해야지요.

교　수: 우리는 늘 학생들에게 창의적인 사고를 요구하잖아요. 방법이 없다가 아니고, 더 좋은 방법이 있을 거라고 아이들에게 이렇게 이야기하잖아요. 저도 그렇게 생각해 봤어요. 지금까지 제가 고집했던 방법이 어떻게 그들에게 맞지 않는지 곰곰이 생각해 봤지요. 우선, 제가 영어발표 토론의 중요성을 학생들에게 강요했어요. 우리 학생들도 어려운데 중국유학생들에게는 한국어가 외국어잖아요. 제가 영어를 강조함으로써 유학생들이 한국어를 쓰는 것도 막았던 것 같아요. 그럼 그들에게는 불공평한 거지요. 그래서 유학생들은 한국어와 영어를 자유롭게 선택할 수 있도록 했어요. 만약 중국어로 발표해서 통역을 찾을 수 있으면 그것도 허락하기로 했어요. 학문에는 어떤 언어가 중요한 것이 아니라 소통이 중요하다는 것을 아이들에게 강조했지요. 수업시간에 토론하기 어려우면 수업 전에 자기의 생각을 글로 써서 적어도 세 명의 한국학생에게서 피드백을 받아 오도록 했어요. 이렇게 고민하니 정말 다양한 방법이 나오더군요.

10

한국학생들의 마음:
"중국친구의 마음을 이해하고 싶어요."

중국유학생들과 한국학생들이 모두 좋은 관계를 발전하고 싶다고 하였다. 그런데 문화 차이인지는 모르겠지만 깊은 관계에 들어갈 때는 더 이상 서로 넘어설 수 없는 장벽이 있는 것 같다고 하였다. 그 장벽을 깰 수 있는 방법에 대해서 자명 씨가 자기의 생각과 방법을 이야기했는데 그녀의 생각의 핵심은 삶의 방식은 차이가 있지만 삶에서 추구하고자 하는 기본적인 욕구는 비슷하다는 것이다.

연구자: 중국친구와 잘 통하지 않아서 답답했었죠?
이자명: 중국친구들이 마음을 잘 열지 않더군요. 처음에는 정말 답답하고 우리를 믿지 않는 것 같아서 철수하고 싶은 마음도 생겼지만 지금은 중국친구들의 마음을 알고 싶어요. 그들도 이해받고 싶고 관심 받고 싶어 할 거잖아요. 우리가 너무 우리식으로 그들을 요구한 것 같아요. 진심으로 그들을 관심하고 이해하려 노력하면 뭐가 달라질 것 같아요.
연구자: 어떻게 할 수 있다는 이야기인가요?
이자명: 중국친구들은 말로 마음을 전하기보다는 행동으로 하는 것을 더 좋아

하는 것 같아요. 잘 관찰하면 그들이 어떤 행동을 하는지 그 행동이 어떤 의미인지 알 수 있어요. 그 친구들이 하는 행동으로 그들을 대해 주면 되거든요. 꼭 우리식으로 할 필요는 없잖아요. 그리고 그들이 기꺼이 우리와 함께하고 싶을 때는 늘 오픈 마인드로 그들을 받아들이면 될 것 같아요. 아무리 방식이 달라도 사람의 마음은 다 비슷한 것 같아요.

연구자: 어떤 면에서 비슷하다고 생각해요?

이자명: 존중을 받고 싶은 마음은 다 같잖아요. 그러기 위해서는 우리의 문화가 어떤지를 알려 줘서 우리도 우리 문화로 존중받고, 그들의 문화가 어떤지 물어봐서 그들의 문화로 그들을 존중하는 거죠. 그리고 관심받고, 사랑받고 싶은 마음도 비슷하잖아요. 중국유학생들이 무엇에 특별한 관심을 가지고 있는지, 어떤 도움을 필요로 하는지, 다 해 줄 수는 없지만 적어도 관심을 가지고 있다는 것을 전달해야죠. 그리고 우리가 무엇에 관심을 가지고 있는지도 알려 주고요. 서로를 필요로 하는 존재라는 마음을 자꾸 전달해야 될 것 같아요.

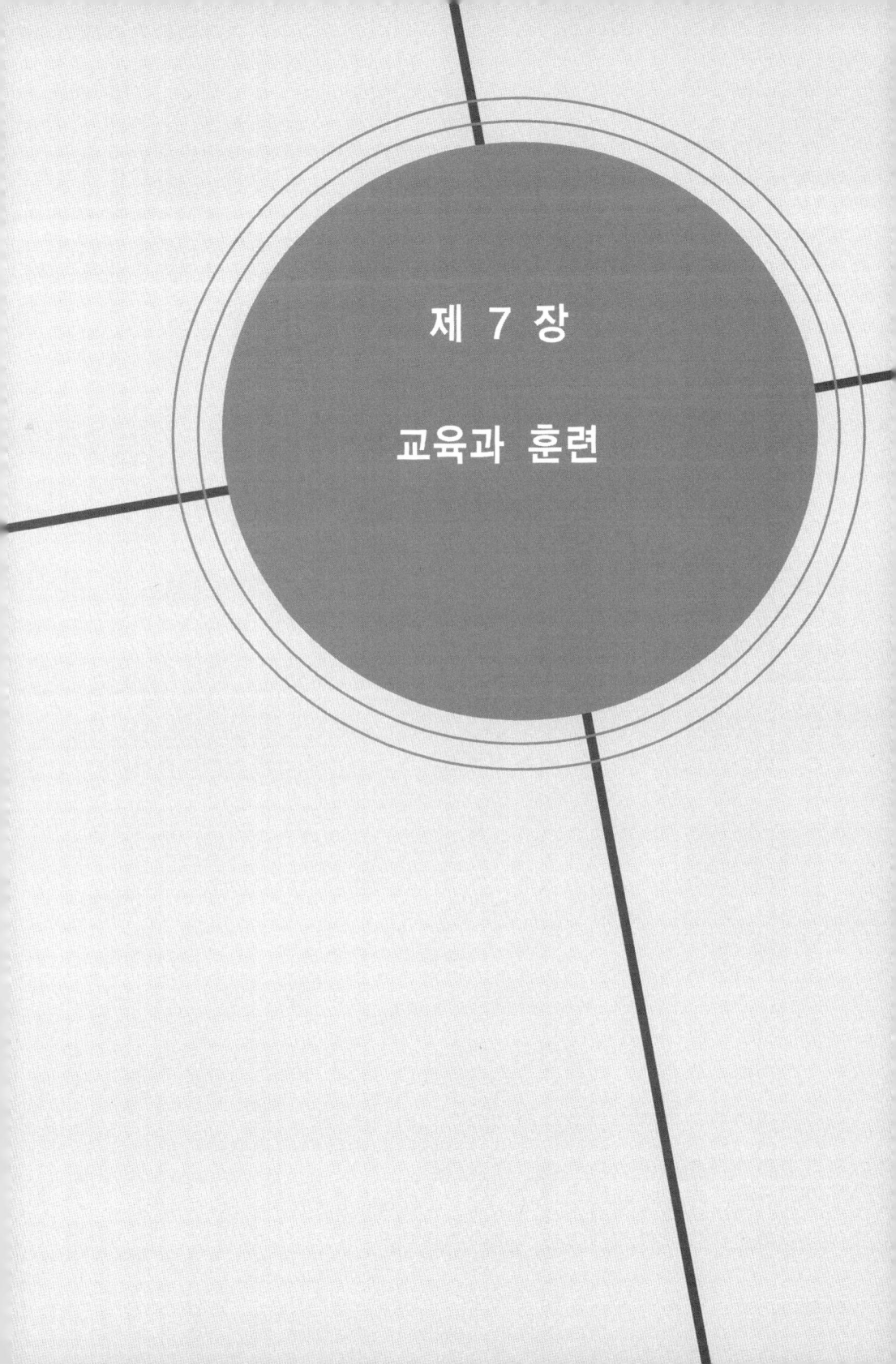

제 7 장

교육과 훈련

재한 중국유학생을 위한 교육프로그램개발의 필요성

대인관계 훈련의 연구들을 살펴보면 서구에서든 한국에서든 대인관계의 문제에 관하여 이미 상당히 많은 연구가 이루어졌다. 그러나 재한 중국유학생의 대인관계 문제를 전문적으로 다루는 프로그램은 아직 없다. 본 연구자는 중국에서 온 유학생으로서 개인의 문제해결과 상담의 실제를 공부하려는 목적으로 국내에서 실시한 여러 대인관계훈련 집단상담 프로그램에 직접 참가해 보았는데 처음에는 막연한 부적절감만 느꼈다가 나중에야 문화적인 차이를 깨닫고 중국유학생들한테 중국인의 대인문화에 맞는 프로그램을 개발해야 한다는 생각을 하였다. 물론 기존의 훈련에서 전혀 도움을 얻지 못한다는 뜻은 아니다. 그러나 국내에서 실시하고 있는 집단상담 프로그램으로 중국유학생들의 문화적응을 다루기는 분명히 한계가 있다는 것이다. 이를 정리해 보면 다음 몇 가지로 요약할 수 있다.

첫째, 국내의 집단상담 지도자는 중국유학생들의 성장배경을 모르기 때문에 중국유학생들이 집단에서 지각한 문제에 초점을 맞추기 어렵다. 예컨대 개인이 새로운 환경에서 직면하는 행동과 대응이 자신의 문화와 반대되는 경우가 많다. 그러나 기존의 훈련모형은 부적응적인 관계와 행동을 개인의 문제로 보는 경향이 강하다.

둘째, 중국유학생들이 한국에서 느끼는 대인관계의 어려움과 한국인이 자기 나라에서 느끼는 대인관계의 어려움은 그 성격이나 심각 정도는 모두 차이가 있다. 때문에 한국인과 비슷한 문제를 가지고 있는 동질집단이라고 하기 어렵다. 결과적으로 집단을 따분하게 느끼고 자기의 문제를 꺼내지 못하고 마는 문제점들이 있는가 하면 다른 집단원들한테 충분히 이해받거나 충분히 이해하지 못하여 집단에서도 흡족하게 만족하는 경험을 하지 못하는 경우가 많다.

셋째, 중국유학생들은 상담이론과 상담기법에 관한 지식이 많지 않기 때문에 집단지도와 작업동맹을 맺거나 적극적으로 참여하기 어렵다. 그들은 체면의식 때문에 형식적으로 협동한 자세를 보이고 모든 활동에 참여하기는 하지만 내면의 경험은 아주 적다. 결과적으로 집단의 참맛을 맛보지 못하고 집단에서 확실한 도움을 받지 못하게 된다.

넷째, 중국유학생들은 집단에서도 소수민족 성원으로서 쉽게 상처받는 감성의 소유자가 되기 쉽다. 그들은 종종 전체집단에 위협적인 존재로 인식될까 봐 전전긍긍하고, 다른 성원을 비하하거나 주류에 의해 열등하다고 인식이 되는 경우도 많다. 그리고 다른 사람과 다를 것이 없다고 스스로 강박적으로 느끼려는 경향이 있어서 그들만의 문제를 다루기란 쉽지 않다.

다섯째, 중국유학생들은 문화적으로 사적인 감정과 개인문제를 다루는 것을 꺼리기 때문에 집단에서 자기 노출하거나 타인에게 솔직한 피드백을 주기에는 저항이 보다 강할 수 있다.

마지막으로 문화충격 때문에 중국유학생들은 한국문화와 한국인에 대한 부정적인 감정을 경험했는데 이런 감정을 한국인이 위주로 된 집단에서 노출하기는 많은 위협을 느끼게 된다. 때문에 중국유학생들한테는 그들의 사정을 충분히 고려한 특화된 집단이 필요로 한다.

② 프로그램의 개발 원리와 일반적인 절차

프로그램 개발이란 심리·사회적 성숙과 정신건강과 관련된 목적에 합당한 계획을 수립하고 그 목적을 달성하기 위하여 필요한 활동들을 구체적이고 체계적으로 조직하고 편성하는 작업인데 프로그램에서 적용될 핵심적인 방법과 전략을 계획하는 과정에서 '무슨 일이 일어나고 무슨 일을 하게 되는지'에 관한 것을 상세히 기록한 것으로서 개발될 접근법에 대한 윤곽을 의미한다(Sussman, 2001).

Sussman(2001)은 프로그램들의 개발 원칙에 대하여 다음과 같이 말하고 있다. 첫째, 프로그램이 엄격한 절차에 의하여 개발되어야 한다. 그렇게 해야만 프로그램의 매개변인과 조절변인의 효과에 대하여 분명한 결론을 내릴 수 있다. 프로그램의 궁극적인 효과는 결국 매개변인에 의하여 변화된다. 그러므로 프로그램에 효과를 보이는 요인을 알고 통제하려면 매개변인과 조절변인의 변화를 측정하는 것과 같은 과학적이고 엄격한 절차를 거쳐서 프로그램을 제작해야 한다. 둘째, 프로그램은 엄격한 절차에 의하여 개발되어야 한다. 엄격한 절차에 의하여 개발된 프로그램은 프로그램 개발자가 주관적으로 가질 수 있는 편견을 감소시킬 수 있다. 셋째, 프로그램 개발의 과정이 방법적으로 엄격하다면 프로그램의 소비자들이나 개발비용을 제공한 사람은 프로그램에 대하여 합리적으로 판단할 수 있고 호의적이고 적극적으로 수용할 수 있다. 넷째, 과학적이고 엄격하게 프로그램이 개발된다면 어떤 요인이 어떤 방법으로 적용되어 프로그램의 효과가 나타나는지 설명할 수 있기 때문에 프로그램을 수정할 때 사회적 환경이나 맥락, 대상에 따라 분명한 방향성을 가지고 수정할 수 있다.

프로그램 개발의 절차는 학자마다 다양하게 구분되고 있다. 즉 프로그램의 개발절차는 기획, 설계, 실행 및 운영관리, 평가, 개정 등의 5단계로 설정할 수도 있고, 기획, 설계, 실행, 평가 등의 4단계로 설정할 수도 있으며, 이를 통합하여 기획, 실행, 평가의 3단계로 개념화할 수도 있다. 물론 각 단계에는 개발상의 목표와 일련의 구조적 특징이 있으며, 이는 다시 몇 가지 하위단계로 세분될 수 있다.

이에 대한 하나의 실례로서 김진환(2001)이 주장한 모델을 제시하면 다음과 같다. 여기에서는 프로그램 개발의 절차를 크게 ① 프로그램 기획 ② 프로그램 설계 ③ 프로그램 마케팅 ④ 프로그램 실행 ⑤ 프로그램 평가로 구분한 다음, 각각의 단계에서 다시 몇 개의 하위단계를 설정하였다.

박인우(1996)는 교육공학에서 사용되는 체제적 개발 방식을 도입하여 조사, 분석, 설계, 개발, 실시, 총괄 평가 등 6단계의 프로그램 개발 모형을 제시하였다.

변창진(1994)은 교육과정 개발모형이나 수업설계모형으로 널리 사용되고 있는 코스 개발모형과 수업체계 설계모형을 근거로 요구사정, 계획수립, 목표선정, 내용구성, 도구작성, 전략선정, 평가, 관리 등 9단계의 모형을 개발하였다.

Sussman(2001)은 6단계로 구성한 모형을 개발하였다. Sussman의 모형은 프로그램에 대한 요구 및 내용에 대한 이론적 검토, 프로그램 내용에 포함될 활동의 수집 및 보관, 지각된 효능 평가를 통해 활동 선정, 요소연구, 프로그램의 구성과 예비연구, 프로그램의 장기적 효과 제고를 위한 노력 등을 내용으로 구성하였다.

김창대(2002c)는 박인우, 변창진 그리고 Sussman의 모형을 참조하여 4단계로 구성된 프로그램 개발과 평가 모델을 제시하였다. 본 연구는 김창대가 제안한 절차에 따라 프로그램을 개발하였다. 구체적인 절차는 목표수립단계, 프로그램구성단계, 예비연구단계, 프로그램의 실시 및 수정단계 순으로 진행하였다. 김창대의 모형을 그림으로 나타나면 [그림 2]과 같다.

[그림 2] 프로그램의 개발 절차(김창대, 2002c)

프로그램 개발				
프로그램 개발단계	단계 1	단계 2	단계 3	단계 4
	목표수립	프로그램의 구성	예비 연구/장기적 효과 제고 노력	프로그램의 실시와 개선
프로그램 개발의 하위단계	기획	목적 및 내용에 대한 이론적 검토	예비수행/수행	모형 재검토	프로그램 실시
	요구사정	활동의 수집	다양한 평가	·기존연구 분석 ·메타분석 ·매개변인 수정	다양한 평가*
	수정계획안 수립	지각된 효율성 평가		수정된 모형 확인분석	매개변인의 계속적 수정
	프로그램 목표의 정립	(활동, 내용, 전략의) 선정			(활동, 내용, 전략의) 수정
		요소연구			
		프로그램의 구성	(활동, 내용, 전략, 모형)의 수정		
프로그램 개발단계	목표수립	프로그램의 구성	예비연구/장기적 효과 제고 노력	프로그램 실시와 개선
	요구사정	지각된 효율성 평가	비용, 효율성 평가	목표달성도 평가
		요소의 효과평가	목표달성도 평가	반응 및 만족도 평가
			반응 및 만족도 평가	성취도 평가
			성취도 평가	다양한 형성 및 과정평가
			다양한 형성 및 과정평가	효과평가
			효과평가	

* 다양한 평가란 비용, 효율성 평가, 목표달성도 평가, 반응 및 만족도 평가, 성취도 평가, 다양한 형성 및 과정 평가 등을 모두 포함한다.

본 교육프로그램의 개발 과정

1) 요구조사 및 분석

본 연구에서는 면접과 설문조사를 통하여 먼저 재한 중국유학생들의 인구학적 특징, 대인관계의 어려움, 본 교육프로그램에 대한 요구를 조사하였다. 면담질문지와 설문지의 제작은 교육상담학 박사 1인의 검토를 받았고 사전에 교육상담 박사과정 전공생 2명의 타당성, 이해도, 용이성의 검토를 받았다. 설문지는 한국어와 중국어로 작성하였고 설문지의 번역은 본 연구자가 직접 수행한 다음 중국인의 점검을 받았다. 사전에 중국유학생 7인을 상대로 예비조사를 실시하였고 부적절한 문항을 수정하였다.

설문조사 실시는 연구대상자가 요구한 언어대로 배포하였다. 설문지는 총 215부를 배포하였고 209부 회수하였다. 그중 메일로 보내온 설문지 중 응답내용이 많이 누락된 9부를 제외한 200부를 유효자료로 분석하였다. 면담조사는 본 연구자가 직접 수행하였다.

장소는 연구대상자의 숙소, 학교연구실과 연구자의 숙소에서 진행하였다. 면담 한 내용은 노트로 기록을 하였고 매번 면담 후, 요약한 주요내용을 연구대상자에게 확인을 받았다. 면담진행과정은 교육인류학 박사 2인과 교육상담학 박사 2인의 지도를 받으면서 진행하였다.

자료수집 후 요구분석을 실시하였다. 본 연구에서 실시한 분석은 재한 중국유학생들의 대인관계 문제의 특성, 대인 어려움을 호소하는 빈도, 도움을 받고자 하는 희망의 빈도, 프로그램 내용구성에 대한 요구, 프로그램 운영에 대한 요구, 한국교수들의 요구 등의 내용이다.

2) 프로그램의 모형개발

프로그램을 타당하게 구현하기 위하여 본 연구에서는 프로그램의 구성요소, 하위영역, 프로그램의 총체적인 목적과 하위목표 및 위계체계를 한눈에 잘 나타낼 수 있도록 모형을 개발하였다. 모형은 기초조사, 문화적응이론, 대상관계이론, 대인관계이론을 바탕으로 프로그램의 구성요소를 추출하였고 각 요소의 구조와 체계를 구성하였다. 모형의 타당성, 설명력, 이해도, 유용성에 대한 검토는 교육상담학 박사 3인에게 의뢰하였다. 이를 토대로 모형에 제시된 일부 용어 수정과 그림의 수정이 이루어졌다.

3) 프로그램의 내용구성

내용구성단계에서는 프로그램의 총체적인 목적과 프로그램의 구성요소별 하위목표들을 진술하고 그 이론적인 근거를 검토하였다. 그리고 각 과제별 타당하다고 생각되는 활동들을 수집하고 개발하였는데 집단 상담전문가 2인의 평정을 받고 경험적으로 효율적이라고 판단되는 활동들을 최종적으로 선정하였다. 끝으로 개입전략, 활동, 진행절차의 이론적인 근거를 검토하였다. 이 과정의 결과물에는 목적, 하위목표, 회기활동내용, 개입전략 등이 있다.

4) 예비연구

예비연구는 예비실행과 평가단계가 포함된다. 특히 평가단계에서는 프로그램을 예비 실시하고 프로그램의 각 활동들의 즉각적인 효율성과 참여자 만족도를 평가하였다. 프로그램 각 활동들의 효율성은 프로그램 구성단계에서 일차적으로 전문가의 평정을 받고 실시 과정에서는 참여자의 반응과 주관식 보고로 즉각적인 효율성을 평가하였다. 참여자 만족도는 프로그램의 운영방식, 촉진자의 인간성과 전문성, 집단 분위기, 활동의 적절성과 유익성, 과제의 분량과 효과를 총체적으로 평가하는 내용으로서 참여자 만족도 평가 질문지를 통하여 평가하였다. 평가된 내용은 프로그램의 수정에 반영하였다.

5) 실행과 수정

본 교육프로그램의 실행은 참여자 선정, 프로그램 워크북 제작, 프로그램 실행, 프로그램 평가와 수정 등 과정이 포함된다. 참여자는 편의상 서울대학교 중국유학생을 위주로 하고 서울에 소재한 대학의 중국유학생을 포함시켰다. 참여자 선정 과정은 광고, 친구추천, 연구자 요청 등의 방법을 사용하였다. 프로그램 워크북은 참여자용과 촉진자용 두 가지로 만들었고 프로그램 오리엔테이션 때 참여하는 유학생들에게 한 부씩 배부하였다. 프로그램 실행은 참여자들의 사정과 요구를 충분히 고려한 다음, 참여자의 가능한 시간에 맞추었다. 시간은 5월 5일 하루를 이용하여 총 13시간을 진행하였다. 프로그램 평가는 참여자 만족도 평가와 프로그램의 각 회기별 활동의 효율성 평가를 수행하였고 참여자들이 발표한 소감을 바탕으로 프로그램의 효과를 평가하였다. 프로그램의 수정은 평가한 내용을 근거로 프로그램의 모형, 활동, 내용 및 개입전략을 수정하였다.

이상의 내용을 정리하면 [그림 3]와 같다.

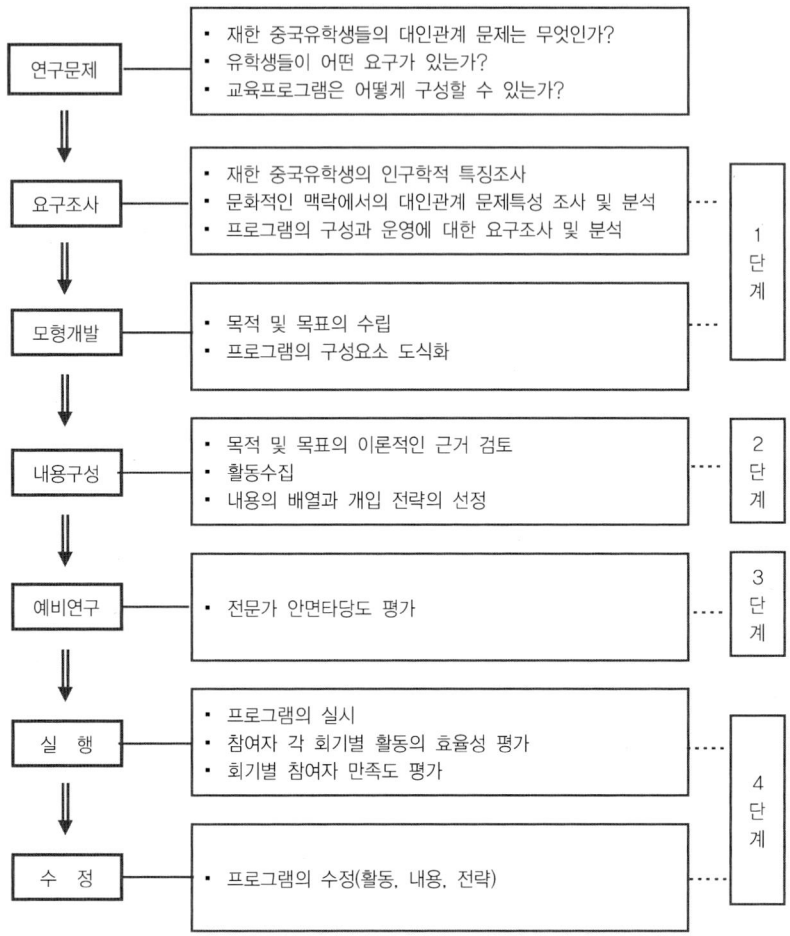

| 연구문제 | • 재한 중국유학생들의 대인관계 문제는 무엇인가?
• 유학생들이 어떤 요구가 있는가?
• 교육프로그램은 어떻게 구성할 수 있는가? |

| 요구조사 | • 재한 중국유학생의 인구학적 특징조사
• 문화적인 맥락에서의 대인관계 문제특성 조사 및 분석
• 프로그램의 구성과 운영에 대한 요구조사 및 분석 | 1단계 |

| 모형개발 | • 목적 및 목표의 수립
• 프로그램의 구성요소 도식화 | |

| 내용구성 | • 목적 및 목표의 이론적인 근거 검토
• 활동수집
• 내용의 배열과 개입 전략의 선정 | 2단계 |

| 예비연구 | • 전문가 안면타당도 평가 | 3단계 |

| 실 행 | • 프로그램의 실시
• 참여자 각 회기별 활동의 효율성 평가
• 회기별 참여자 만족도 평가 | 4단계 |

| 수 정 | • 프로그램의 수정(활동, 내용, 전략) | |

[그림 3] 문화적인 맥락에서의 대인관계능력향상 프로그램 개발 과정

본 교육프로그램의 모형

사람들의 이해를 돕기 위하여 프로그램의 내용을 구성하기 전 프로그램의 개념 및 원리를 보다 잘 이해할 수 있는 모형을 먼저 개발하였다. 모형이란 어떤 실체를 모방하거나 단순화시켜 놓은 것으로, 아직 완전하게 기본 요소가 잡혀 있지 않은 실체를 보는 우리의 관점을 형성해 주거나 사물이나 현상에 대해 인식하게 해 주는 것이라고 하였다. 넓은 의미로는 직접 혹은 인과관계 없이도 A라는 체계를 통해서 B라는 체계를 이해하는 데 도움이 되었다면 A는 B의 모형이라고 할 수 있다는 것이다(김광웅, 1996).

본 연구에서의 프로그램 모형은 Joyce와 Well(1980)이 제안한 모형 구조의 구성요소들 중 본 교육 프로그램 모형의 구조 설명에 필수적이라고 판단되는 요소인 모형의 목적, 이론적 가정, 주요 개념, 모형의 기초가 되는 원리, 모형의 위계체계 등을 중심으로 설명하고자 한다.

1) 모형의 목적

본 교육프로그램의 목적은 재한 중국유학생들이 한국의 유학생활에 보다 잘 적응하는 데 도움을 주고자 개발한 것이다. 재한 중국유학생들의 적응은 문화적인 맥락에서의 대인관계능력과 관련이 매우 깊다. 즉 재한 중국유학생들의 적응문제는 대인관계상황에서 전면적으로 드러나기 때문에 문화적인 맥락에서의 대인관계능력은 적응에 중요한 영향을 미칠 것이라고 가정할 수 있다. 문화적인 맥락에서의 대인관계능력이란 새로운 문화배경에서 사람들과 우호적인 관계를 맺고, 깊고 호혜적인 관계를 유지하고 발전시킬 수 있는 능력이다. 문화적인 맥락에서의 대인관계는 새로운 문화배경이 전제되어 있기 때문에 동일한 문화배경에서의 인간관계보다 어렵다. 왜냐하면, 문화가 상이한 사람들이 서로 이해하는 과정에서 일반적인 대인관계에서 경험할 수 없는 문화충격현상도 있고 상이한 문화를 수용하고 통합하는 과제도 있기 때문에 특별한 준비와 대처능력을 필요로 한다. 따라서 본 교육프로그램은 기존의 대인관계훈련프로그램에서 다루지 못한 문화차이에 대한 이해와 문화통합기술을 집중적으로 다룰 것이다. 이런 목적을 가지고 교육프로그램을 3단계로 나누어서 구성하였는데 각 단계의 하위 목표는 다음과 같다.

제1단계의 목표는 문화적응경험의 점검을 통하여 잠재된 부정적인 정서문제와 인지적인 문제 및 드러난 대인관계 문제를 탐색하고 확인하는 것이다.

제2단계에서의 목표는 경험을 통하여 안정적인 자기 감각을 키우고, 부정적인 경험의 수정을 통하여 긍정적인 대인기대를 하게하며 문화차이를 이해하게 함으로써 긍정적인 문화관심을 가질 수 있도록 도와주는 것이다.

제3단계의 목표는 문화통합기술의 훈련과 대인관계기술의 훈련을 집중적으로 하는 것이다. 문화통합기술이란 서로 다른 두 가지 문화를 한 사람의 정신 안에 담고 연관을 지을 수 있는 능력과 기술들을 말하고 대인관계기술이란 자기를 효과적으로 표현하고 타인과 효과적인 의사소통을 할 수 있는 능력과 기술을 말한다.

2) 모형의 이론적인 가정

본 교육프로그램은 다음과 같은 이론적 가정에 기초한다.

첫째, 문화차이에 대한 무지와 무감각은 문화충격을 효과적으로 대처할 수 없고 다른 문화를 이해하고 존중하고 수용할 수 없다. 때문에 본 교육프로그램에서는 문화차이와 문화적응과정의 이해를 통하여 문화충격 후의 부적응 증상에 대처하는 능력을 키울 것이다. 문화차이에 대한 이해와 문화충격 증상의 효과적인 대처는 새로운 문화와 대인관계에 긍정적인 관심을 가질 것이라고 가정한다.

둘째, 부적응적인 관계 형태는 사람의 대인기대와 관련이 있다. 때문에 본 교육프로그램에서는 집단에서의 경험을 통하여 왜곡됐거나 부정적인 대인기대를 수정하여 긍정적인 대인기대로 바꿀 것이다. 집단 활동은 집단원의 대인기대를 바꿀 것이라고 가정한다.

셋째, 문화적인 맥락에서의 대인관계능력은 개인의 성장과 성숙 및 문화적응과 관련이 높다. 때문에 본 교육프로그램에서는 재한 중국유학생들에게 문화통합기술과 대인관계기술을 교육시키고 훈련시킬 것이다. 효과적인 문화통합기술훈련과 대인관계기술훈련은 문화적응능력과 대인관계능력을 향상시킬 것이라고 가정한다.

3) 모형에 사용된 주요개념

본 교육프로그램에서 사용한 주요 개념은 다음과 같다.

본 교육프로그램은 3단계에 거쳐 각각 다른 이론을 적용하였다. 첫 단계에서 적용한 문화적응이론에서 언급한 관련 개념은 문화충격, 문화적응, 충격증상 등 개념이 있었고, 두 번째 단계에서 적용한 대인관계이론에서 언급한 관련 개념은 대인기대, 경험의 수정 등 개념이 있었고 세 번째 단계에서 언급한 관련개념은 의사소통기술, 문화통합기술 등 개념이 있었다. 이와 같은 개념들을 보다 구체적으로 설명한다면 다음과 같다.

가. 문화충격

문화충격이란 문화적 환경을 체험하는 심리적 반응으로서 사회적인 관계에서 익숙해 있던 습관, 몸짓, 표정, 언어 등과 같은 여러 가지 기호와 상징 등을 상실함으로써 야기되는 불안이다(Oberg, 1960). 미래학자인 앨빈·토플러는 문화충격을 여행자가 외래문화에 대한 적절한 준비 없이 겪게 되는 심각한 혼돈상태로 정의하였다. 즉 문화충격은 한마디로 정서적이고 인지적인 기능상실로 오는 스트레스에 대한 반응이라고 하였다. 이 같은 반응에서 오는 결과로 사람들은 걱정도 하고 혼란을 겪기도 하고 경우에 따라서는 냉담해지기도 한다고 하였다(Toffler, 1971). 그 외에 많은 학자들이 문화충격에 관한 정의를 내렸지만 본 연구에서는 Oberg와 Toffler의 정의를 종합하여 문화충격을 새로운 문화적 환경에 접하면서 기존의 습관, 몸짓, 표정, 태도들이 도전을 받아 정서, 인지, 행동적으로 일시적인 기능 혼란이 일어나는 현상으로 정의하였다.

나. 문화적응

문화적응이란 개체의 욕구와 사회, 환경적 상황 간의 조화를 말한다(Saffer, 1983). 즉 개체의 요구와 사회적 환경적 요구 사이에 압력이나 긴장이 없이 균형 있고 조화로운 관계를 유지하는 것을 적응이라고 말한다. 본 연구에서는 Saffer의 정의를 참조하여 문화적응을 하나의 과정으로 보는 관점을 취한다. 즉 새로운 환경에서 개체의 요구와 환경의 요구를 명료화함으로써 개체의 변화목표와 환경의 개선내용을 명확히 제시하는 일련의 과정을 말한다. 이 과정에서는 개체의 변화가능성과 지불해야 할 대가, 환경의 가변성과 지불해야 할 대가들을 끊임없이 검토할 것이고 적응의 성공과 실패 가능성이 항상 동시에 존재한다. 적응은 획일적인 문제가 아니고 반복적이고 순환 상승적인 특징이 있다. 즉 같은 부적응의 현상이 반복적으로 나타날 수 있고 낮은 차원에서의 적응은 또 다른 높은 차원의 적응이 요구되기도 한다.

다. 문화충격 증상

문화충격 증상이란 문화충격을 경험한 후 개체의 정신 상태를 말하는 것이다. Oberg(1960)는 문화충격의 증상을 적응과정에서 나타날 수 있는 일련의 심리상태로 정리하였는데 적응을 위한 과도한 긴장, 친구, 지위, 직업, 소유물에 관한 상실감과 박탈감, 새로운 문화에 대한 거부감, 가치관과 자아정체성의 혼란, 문화차이를 깨달은 후의 놀라움과 혐오감, 좌절 후의 분노감, 적응할 수 없는 무능감 등으로 개념화하였다. 본 연구에서는 문화충격 증상을 동기, 인지, 정서, 행동 등 측면으로 나누어서 정의하고자 한다. 즉 문화충격 증상이란 동기적인 측면에서는 의욕이 상실하고, 열정이 식어 가는 증상이 나타나는 것을 말하고, 인지적인 측면에서는 인지 불일치를 경험하거나 인지적인 혼란 등 증상이 나타나는 것을 말하며 정서적인 측면에서 무감동, 냉담, 상실감과 박탈감, 거부감, 혐오감, 분노감, 무력감, 고독감, 초조감과 같은 부정적인 감정 상태를 지속적으로 경험하는 것을 말하며 행동적인 측면에서는 거리를 두는 행동, 피상적인 관계만 유지하는 행동, 파괴적인 관계를 용납하는 행동 등을 말한다.

라. 대인기대

대인기대란 자신에 대한 기대와 타인에 대한 기대로 나눌 수 있는데 자신에 대한 기대는 외부환경의 자극을 받을 때 자신이 일정한 패턴으로 반응하는 방식을 말하고, 타인에 대한 기대는 외부의 주요 타자가 자신에게 대하는 태도 및 방식을 말한다. 이러한 기대는 하나의 심리적인 구조로 형성되며, 외부세계의 자극과 그에 대한 자신의 반응에 대해 일정한 기대를 가지게 하는 기능이 있다(김창대, 2003b). 예컨대 한 개인이 부정적인 자극에 주로 노출된 경우 그러한 부정적인 자극은 내면화되어 한 개인에게 심리적 구조를 형성한다. 그 결과 그 개인은 외부에 대해 부정적인 자극을 (실제로 그런 자극이 없음에도 불구하고) 기대하며 자신의 반응에 대해서도 일정한 방식으로 기대할 개연성이 크다. 이처럼 이전에 왜곡된 방식으로 맺었던 대인관계가 현재의 관계에도 영향을 주어 현재 타인과 왜곡된 관계를 형성하고 자신에 대해서도 왜곡된 지적·정서적 틀을 가지게 되는 것을 의미한다. 여기서 왜곡된 지적·정서적 틀이란 타인이나 자신에 대해 부적응적인 심리기대를 말하며 부적응적인 심리기대는 부적응적 행동을 유발하는 주요 원인으로 간주한다.

마. 경험의 수정

경험의 수정이란 안전한 환경에서 이전에 경험해 보지 못한 긍정적인 경험을 함으로써 이미 형성된 부적응적인 대인기대를 수정하는 과정을 말한다. 안전한 환경의 제공이란 거의 모든 상담이론에서 강조하는 상담관계의 필수조건이다. 인간중심이론에서는 안전한 환경을 상담자가 내담자와의 관계에서 진실하며, 내담자에 대한 무조건 긍정적 존중을 경험하고, 비평가적이어야 한다는 것으로 개념화하였다(김형태, 2003). 대상관계이론에서는 안전한 환경을 상담기법 중의 하나로 간주하는데 개체의 성숙과 성장을 촉진하는 충분히 좋은 환경이라고도 한다(김창대, 2002a). 대상관계이론에서는 지도자가 자신을 잘 관리함으로써 함께 있기로 한 시간에 함께 있어 주고, 신뢰감을 주며, 힘든 이야기를 들어주고, 자신의 감정 변화에 따라 판단하지 않고 참여자가 역겨워져서 멀리하고 싶거나 또는 다정하게 대해 주고 싶을 때 중립성을 유지하며 계속해서 참여자를 이해하기 위하여 참여자의 과제를 진지하게 담아 주는 심리적인 환경을 제공한다. 대상관계이론에서 말하는 대상관계의 수정은 지도자와 참여자가 공동으로 창조하는 심리적인 공간을 필요로 한다. 심리적인 공간은 지도자가 지닌 환경적인 안아 주기 능력과 담아 주는 능력 그리고 참여자가 지도자를 신뢰하는 정도에 의해 창조된다. 이러한 공간 안에서 여러 가지 생각들, 마음의 상태들, 불안, 희망, 두려움과 자유롭게 만난다. 이런 식으로 참여자의 문제가 드러나고 관계나 갈등을 다루는 새로운 방식들이 시도될 수 있다

바. 자기통합

'자기'란 Kohut의 핵심개념으로서 '주도권의 중심이며 심리적 이미지의 수령자'로서 '더 이상 표상 또는 자아의 활동에 따른 산물이 아니라 그 자체가 적극적인 대리자'인 것을 의미한다(김창대, 2002a). 자기가 통합된 사람은 건강한 사람의 중요한 특징으로서 경계가 분명하고 진실하며, 정서적으로 전체성을 경험할 수 있는 삶의 주도적 대리자로서 삶을 살 수 있는 self가 확립된 사람이다. 자기통합이란 자기에 관한 수많은 이미지들이 통합성을 확립했다

는 것을 의미한다. 즉 자기를 부분으로 지각하는 것이 아니라 전체로 경험하는 것을 의미하는데, 이는 자기를 '좋은 사람' 또는 '나쁜 사람'으로 분리(splitting)해서 경험하지 않고 '좋은 점'과 '나쁜 점'을 동시에 가지고 있는 것으로 경험하여 '좋거나 나쁜 것'에 기준을 두기보다는 안정적인 자기 감각이 있는 실존적인 존재를 중요시 여기는 것을 의미한다.

사. 긍정적인 문화관심

긍정적인 문화관심이란 문화적응의 방식으로서, 기존의 문화와 새로운 문화를 분리시키거나 거부하지 않고 적극적인 태도로 기존의 문화와 새로운 문화에 관심을 가지는 태도를 말한다. Berry & Poortinga, Segall, 그리고 Dasen(2002)은 두 개의 문화가 접촉되면 개인이 겪는 문화적응 과정에서 네 가지 책략이 발생한다고 지적하였다. 이 네 가지 책략은 동화, 통합, 분리, 주변화이다. '동화' 책략은 자신의 고유 전통이나 정체성을 버리고 새로운 사회에 완전히 흡수되는 것을 말하는 것으로 서로 다른 집단들이 모두 하나의 융합 도가니에서 합쳐지고 섞여져서 새로운 하나의 존재가 되는 것을 의미한다. '통합' 책략은 자신의 고유성도 유지하여 문화적 주체성을 가지면서 동시에 새로운 정착 사회와도 접촉을 충분히 하는 것을 의미한다. '분리' 책략은 외부세계와 정착사회문화에 연결되는 것이 없는 상태에서 자기 고유 집단의 주체성만을 유지하면서 분리되는 것을 말한다. 마지막으로 '주변화' 책략은 자신의 고유 집단 그리고 새로운 정착 세계 양쪽과의 관계를 모두 끊은 상태를 말한다. 긍정적인 문화관심은 문화적응 과정에서 긍정적인 감정과 부정적인 감정을 모두 경험할 수 있고 문화의 가치를 이해할 수 있으며 두 가지 이상의 문화를 동시에 수용하고 적용할 수 있는 정신적인 능력이다.

아. 의사소통기술

의사소통기술이란 언어적 비언어적 소통방식으로 자신의 생각, 감정, 의도를 효율적으로 전달하고 타인의 생각, 감정, 의도를 정확하게 인지함으로써 서로의 의사를 교환하는 기술이다. 본 교육프로그램에서는 재한 중국유학생과 한국교수들의 요구를 반영한 부분적인 의사소통 기술만 다룬다. 예컨대 잘 듣는 기술, 잘 받아 주는 기술, 잘 돌려주는 기술과 자기의 생각을 분명히 표현하는 기술, 자기의 감정을 언어적 비언어적 방식으로 자신 있게 표현하는 기술들이다.

자. 문화통합기술

문화통합기술이란 서로 다른 문화를 연결시켜서 적절한 시기에 적절한 문화를 재현하고 적용하는 기술을 말한다. 문화를 통합하려면 두 개 이상의 문화를 모두 이해하고 문화의 규범과 규칙을 숙달해야 한다. 문화를 통합하기 위하여 문화를 분리하는 단계와 새로운 문화에 동화하는 단계를 거쳐야 하는데 성급하게 문화를 통합하려는 시도나 어느 단계에서 고착하지 않는다. 陳向明(1996)의 연구에 의하면 사람은 두 가지 이상의 문화를 접할 때 문화를 재구성하는 심리적인 기능이 발달하는데 문화를 통합하는 단계에 이르기까지는 반복적인 관찰과 연습이 필요로 한다고 하였다. 이 과정에서 자기를 효과적으로 조절해야 하는데 자기조절의 중요한 기술로서 자기관찰과 자기기록 기술이다.

4) 모형의 기초가 되는 변화원리

본 교육프로그램 모형의 기초가 되는 변화원리는 다음과 같다.

재한 중국유학생들이 한국에서 부적응적인 대인기대를 하게 되는 원인은 문화충격경험이 중요한 요인으로 작용할 때가 많다. 즉 문화충격 때문에 현실을 왜곡하거나 잘못된 대인기대를 하게 된다는 뜻이다. 따라서 재한 중국유학생들의 대인기대에 부정적인 영향을 미쳤던 문화충격경험을 검토하고 문화차이, 문화적응의 규칙, 문화충격 증상을 이해하게 함으로써 인지변화를 먼저 도모한다. 그런 다음 긍정적인 대인기대를 유도한다.

대인관계의 개선은 자기의 변화부터 시작해야 한다. 그러나 재한 중국유학생들은 자신이 이미 습관화된 언어반응방식과 행동방식을 쉽게 바꾸려 하지 않는다. 그리고 부정적인 감정 상태에서 긍정적인 표현을 하는 것을 거짓 표현이라고 생각하기 때문에 무조건 하기 싫어한다. 때문에 본 교육프로그램에서는 촉진적인 경험의 제공을 통하여 재한 중국유학생들의 대인동기와 자기감정에 영향을 미쳐서 자연스러운 행동변화를 도모한다. 예컨대 수용, 공감, 존중의 경험을 제공하여 자기를 진지하게 탐색하고 자기를 진실

되게 표현하도록 격려한다. 인간중심이론에서는 자기를 진실 되게 표현하면 스스로 자기를 실현할 수 있는 경향성이 회복된다고 가정한다.

많은 재한 중국유학생들이 기술에 대하여 부정적인 생각을 가지고 있지만 효과적인 기술은 문화적응과 관계개선에 긍정적인 영향을 미친다. 따라서 본 교육프로그램은 문화통합기술과 대인기술의 훈련을 통하여 유학생들의 적응과 관계개선에 개입할 것이다. 프로그램의 변화원리를 <표 4>로 제시하면 다음과 같다.

<표 4> 프로그램의 변화원리

요 소	문 제	개 입	변화목표
문 화	• 문화차이에서 오는 인지혼란 혹은 무감각 • 문화충격으로부터 야기된 부정적인 대인기대 혹은 부적절한 행동 • 문화적응기술의 미숙	• 문화적응, 문화충격, 문화충격증상 등 지식의 제공 • 부적응적인 경험을 검토하는 기회제공 • 자기관찰 자기기록 기술의 훈련	• 긍정적인 문화관심 • 긍정적인 대인기대 • 문화통합기술의 향상
개 인	• 자기미숙 • 자기중심적인 사고 • 비효과적인 기술	• 수용, 존중, 공감의 경험제공 • 타인관점조망수용방법훈련 • 대안행동의 제시와 연습	• 안정된 자기감각의 발달 • 타인관점조망수용능력의 발달 • 대인기술의 향상

5) 모형의 위계관계

본 교육프로그램 모형의 위계관계는 다음과 같다.

우선, 1단계에서의 목표는 문화적인 맥락에서의 대인관계 문제의 탐색과 확인이다. 이 단계에서는 대인관계 문제를 명료화하고 자신의 책임과 환경적인 원인을 구분하도록 도와준다. 이 단계에서 유학생들이 목표에 달성하면 유학생들이 자신의 대인관계욕구를 다시 확인할 수 있고 대인관계에 진지한 관심을 가질 수 있으며 극단적이고 파괴적인 판단을 중지할 수 있다.

2단계의 목표는 참여자들이 지도자가 제공한 촉진적인 환경에서 부정적인 경험들을 검토하고 자신의 행동방식에 부정적인 영향을 미치고 있는 생각이나 감정을 수정하는 기회를 가진다. 이 단계에서 재한 중국유학생들이 목표에 달성하면 안정적인 자기감각을 가지게 되고 긍정적인 타인기대를 가지게 된다.

3단계의 목표는 구체적인 기술을 가르치는 내용으로 구성하였는데 이는 내면의 평정과 관계개선의 동기가 있을 때 가능하다고 생각된다. 기술적인 측면을 마지막에 두는 원인은 유학생들이 마음의 문제를 어느 정도 해결하고 새로운 방법과 새로운 시각을 받아들이는 여유가 생길 때 학습의 의욕도 생기고 학습의 효과도 좋을 것이라고 가정한다. 이 단계에서 목표에 달성하면 대인관계기술이 향상될 것이고 문화적응 기술이 향상될 것이다.

이러한 3단계의 위계를 반영한 대인관계능력향상 교육프로그램 모형을 그림으로 나타내면 [그림 4]과 같다.

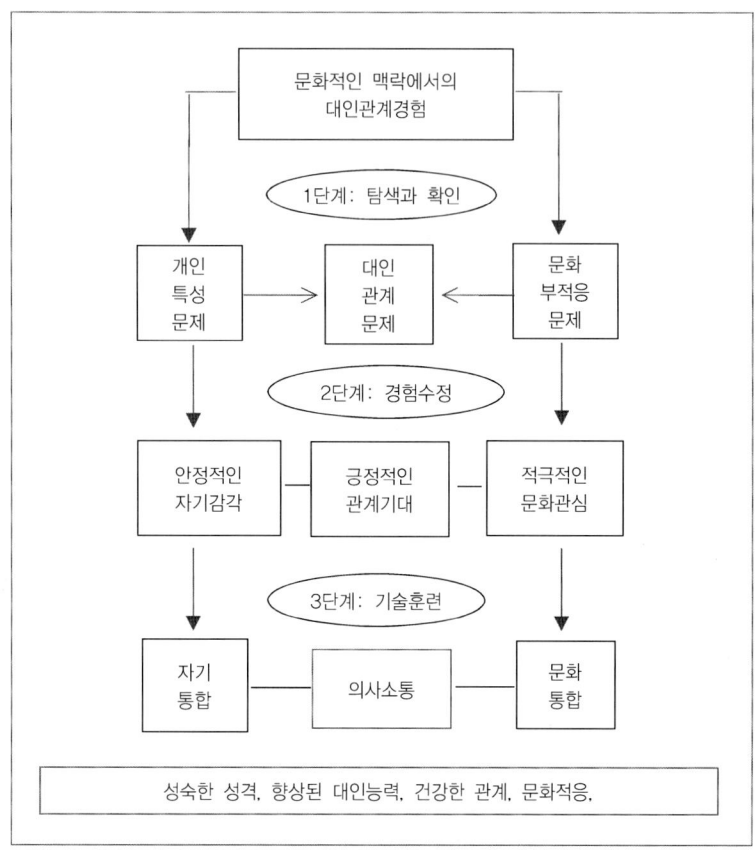

[그림 4] 프로그램 모형

5

프로그램의 구성

1) 프로그램의 목적과 목표

가. 프로그램의 목적

본 교육프로그램의 목적은 재한 중국유학생들의 문화적인 맥락에서의 대인관계교육을 통하여 문화적응과 개인의 성숙 및 우호적이고 협력적인 대인관계를 경험하고 발전하는 데 그 목적이 있다.

나. 프로그램의 하위목표

프로그램의 목적을 달성하기 위하여 문화측면의 하위목표는 문화차이의 이해, 문화적응규칙의 이해, 문화충격 증상의 이해와 대인관계 문제의 확인으로 세웠고 개인측면의 하위목표는 안정적인 자기감각의 발달, 타인관점조망수용능력의 발달, 의사소통기술의 향상, 문화통합기술의 향상으로 세웠다. 본 교육프로그램의 하위목표를 단계에 따라 제시하면 다음 <표 5>과 같다.

<표 5> 교육프로그램의 하위목표

단 계	하 위 목 표
탐색단계	1. 문화차이의 이해 ➝ 문화에 대한 적극적인 관심의 전제 2. 문화적응규칙의 이해 ➝ 자기의 현주소를 확인하고 발전방향을 파악 3. 문화충격 증상 이해 ➝ 자기의 욕구를 이해하고 문제의 성격을 규명 4. 관계문제의 확인 ➝ 개선목표를 수립
작업단계	1. 안정적인 자기감각 ➝ 자기이해, 자기수용, 자기조절의 전제 2. 타인관점조망수용 ➝ 타인이해, 타인수용, 타인과 협동하는 전제 3. 효과적인 의사소통 ➝ 대인능력의 중요한 지표 4. 문화통합 ➝ 문화적응의 중요한 지표
종결단계	목표달성의 확인

2) 프로그램의 내용

가. 내용 구성

본 교육프로그램은 상술한 목표를 달성하기 위하여 다음과 같은 활동을 조직하고 체계화시켰다.

탐색단계에서 참여자들이 대인관계 문제에 집중할 수 있도록 대인관계만족도 곡선을 그리는 활동을 선정하였다. 이 활동은 참여자들이 대인관계곡선을 그리면서 그동안 문제시하지 않았거나 묻혀 뒀던 대인관계경험들을 거리낌 없이 그림으로 표현하여 내면세계의 미묘한 변화를 드러나게 한다. 이러한 활동 후에, 적응유형을 확인하는 활동을 선정하였다. 이 활동은 본인의 적응유형을 확인함으로써 문제가 되는 적응유형에 직면하도록 도와준다. 문제에 노출시킨 다음, 문제의 원인을 확인하기 위하여 문제를 변별하고 원인을 분석하는 활동을 선정하였다. 여기에서 달성하고자 하는 목적은 참여자들이 문제를 정확하게 변별하고 이 교육프로그램을 통하여 다루고 싶은 문제를 선별해 내는 데 두었다. 참여자들이 가지고 있는 문제는 서로 다를 수 있기 때문에 이 단계에서 목표의 수립은 개인차를 충분히 인정한다.

작업단계에서는 촉진적인 경험을 제공함으로써 기존의 부정적인 경험을 수정하고 긍정적인 대인기대와 안정적인 자기감각을 가질 수 있도록 도와준다. 이 단계에서는 우선 먼저 자기감각을 회복할 수 있는 활동을 선정하였다. '문장완성하기' 활동을 통하여 본인이 가지고 있는 자기에 관한 부분적인 표상을 표현하도록 하고 '벽보 피드백'이라는 활동을 통하여 집단원의 다양한 피드백을 받도록 한다. 참여자는 자기 및 집단 집행자 그리고 다른 집단원의 피드백을 통하여 자기에 관한 부분적인 이미지를 보충하고 수정하는 경험을 한다. 마지막에 '새로 발견한 나'라는 활동으로 '자기' 표상의 수정을 확인한다. 이 과정에서 정서체험에 초점을 맞추도록 격려하는데 정서체험의 표현을 통하여 경험여부를 확인하고 감각이 풍부하고 안정적인지를 확인한다.

작업단계에서 또 하나의 중요한 목표는 타인관점조망수용 능력을 향상시키는 것이다. 이 목표를 달성하기 위하여 '한국인의 입장 되어 보기'라는 활동을 선정하였다. 이 활동을 통하여 타인의 감정, 생각과 의도를 이해하는 것이 얼마나 어려운가를 이해하게 되고 같은 상황이지만 타인의 생각과 감정은 자기와 다를 수 있다는 것을 경험하게 하고 이해하게 한다. 그리고 '한국인 칭찬하기' 활동을 선정하였는데 이 활동을 통하여 한국인이 문화적으로 자기와 다르지만 여전히 인정할 만하고 칭찬할 만한 점들이 많다는 것을 경험하게 하고 이해하게 한다.

작업단계의 마지막 부분에 기술훈련이라는 내용을 선정하였는데 대인관계측면에서는 중국유학생들이 평상시에 잘 사용하지 않는 '나 메시지 전달법'과 '효과적인 의사소통' 기법들을 선정하였다. 문화적응측면에서는 '자기관찰과 자기기록' 기법의 훈련을 선정하였는데 이 훈련은 상이한 문화 배경에서도 자기의 반응을 효과적으로 통제하고 실수를 감수하면서 적극적인 문화관심을 할 수 있도록 돕는 것이다.

프로그램의 마무리 단계에서는 프로그램을 통하여 얻은 통찰과 획득한 기술, 능력들을 확인하고 앞으로 어떻게 적용할지에 대해 논의하는 시간을 갖고 추수지도에 대해 협의를 한다. 이상의 내용을 표로 제시하면 다음과 같다.

〈표 6〉 교육프로그램의 내용 구성

회기	단계	주제	목표	활동내용	소요시간
개시		오리엔테이션	1) 진행방법의 이해 2) 참여 동기유발	1) 집단의 이해 2) 참여방법의 이해 3) 프로그램의 구성과 이론배경 이해	1시간
1	탐색단계	문화적응의 이해	1) 문화적응과정이해 2) 문화충격현상이해	1) 문화적응곡선 그리기 2) 문화적응유형 알아보기	2시간
2		문화적인 맥락에서의 대인관계 문제의 이해	1) 문제원인탐색과 확인 2) 개선목표수립	1) 자기의 미숙문제 2) 문화충격문제 3) 대인기술문제	2시간

회기	단계	주제	목표	활동내용	소요시간
3	작업단계	자기존재감 경험	1) 자기탐색 2) 안정적인 자기감각	1) 내가 보는 나 - 문장완성하기 2) 타인이 보는 나 - 벽보피드백 3) 새로 발견한 나 - 소감나누기	2시간
4		타인조망수용 경험	1) 타인관점조망수용 2) 긍정적인 타인기대	1) 한국인의 입장되어 보기 2) 한국인을 칭찬해 보기	2시간
5		대인기술 훈련	1) 의사소통기술 2) 문화통합기술	1) 의사소통기술훈련 2) 한국과 중국의 문화차이 알아보기(자기관찰, 자기기록)	2시간
마무리	종결단계	참가소감나누기	1) 인지변화 확인 2) 정서변화 확인 3) 행동변화 확인 4) 적용계획 확인	1) 참가소감 나누기 2) 내적인 변화확인 3) 추후지도 협의 4) 작별인사	1시간

나. 활동수집 방법과 각 활동의 목적

본 교육프로그램의 활동을 크게 세 가지 방법으로 수집하였다. 첫 번째 방법은 집단의 신뢰감, 안전감, 친밀감, 응집력, 생산성을 향상할 수 있는 활동들을 수집하기 위하여 현재 한국의 집단 상담에서 자주 활용하고 있는 집단 활동들을 직접 수집하고 선정하였다. 두 번째 방법은 개인측면의 문제를 다루기 위하여 대인관계이론을 근거로 개발한 집단 상담 활동을 본 프로그램의 목적에 맞게 수정해서 선정하였다. 세 번째 방법은 문화측면의 문제를 다루기 위하여 국제교육 및 문화적응이론을 근거로 개발한 활동을 참고하고 본 프로그램의 목적에 맞게 활동들을 새로 개발하였다. 활동의 내용을 표로 제시하면 <표 7>과 같다.

<표 7> 프로그램 활동의 목적

회 기	집단의 준비를 위한 신체활동	각 회기 활동의 목적		
		정 서	인 지 (지식·사고방법)	행 동
안 내		호기심, 의욕	대인관계훈련의 이해 집단상담 진행방식의 이해	
1회기	활동목적: 신뢰감증진 예: 이웃을 사랑하십니까?	안도감, 통찰	문화충격 증상 이해 문화적응 규칙의 이해 문화적응 유형의 이해	
2회기	활동목적: 응집력향상 예: 내 몸, 내 사랑하기	통찰, 호기심 관계개선 의욕	대인관계 문제의 확인	목표수립
3회기	활동목적: 친밀감증진 예: 끼리끼리 닮아가기	안정적인 정서체험	자기이해	자기표현
4회기	활동목적: 생산성증진 예: 칭찬의 한마디	긍정적 정서체험	한국인이해	타인관심
5회기	활동목적: 생산성증진 예: 정서언어 익히기	통 찰	문화통합기술과 대인기술의 이해	기술연습
종 결		정서측면 성과평가	인지측면 성과평가	행동측면 성과평가

다. 내용배열의 이론적인 근거

본 교육프로그램의 내용배열은 당면한 문제부터 심층적인 문제의 순으로 배열하였다. 이렇게 배열하는 이유는 다음과 같다. 문제해결적인 측면에서 보면 일반사람들은 급한 표면적인 문제를 먼저해결하고 장기적이고 심층적인 문제는 나중에 해결하는 문제해결습관이 있다. 재한 중국유학생들의 경우, 문화적인 충격은 당면한문제이고 이미 표면에 드러난 문제이다. 재한 중국유학생들의 문제행동의 원인을 문화충격적인 원인으로 해석하면 비난과 공격을 받을 것 같은 위협감에서 안도감을 느낄 수 있기 때문에 문제에 직면하고 문제를 해결하려는 용기를 얻게 된다.

본 교육프로그램에서는 재한 중국유학생들의 개인의 미숙문제와 자기중심적인 사고방식을 심층적인 문제로 본다. 심층적인 개인문제를 다룰 때는 집단의 분위기와 집단 다른 성원의 피드백과 지지가 중요하기 때문에 집단의 응집력과 신뢰성이 발달해야 한다. 이 단계에서는 문화적응 문제를 해결하는 과정에서 집단원은 서로를 알아 가고 서로를 이해할 수 있는 응집력이 생겼다고 가정할 수 있다. 이 시점에서 집단원은 서로 신뢰하고 서로 안전감을 느낄 수 있기 때문에 집단의 분위기는 개인의 사적인 경험을 탐색하고 부정적인 경험을 수정하는 데 어느 정도 준비가 되어 있다고 할 수 있다.

기술적인 훈련을 마지막에 두는 원인은 유학생들이 마음의 문제를 어느 정도 해결하고 새로운 방법과 새로운 시각을 받아들이는 여유가 생길 때 학습의 의욕도 생기고 학습의 효과도 좋을 것이라고 가정한다. 그리고 새로운 기술의 학습은 정신적인 에너지가 필요하다. 유학생들이 문화적인 충격에서 받은 부정적인 경험들을 정화한 다음에는 상당량의 정신적인 에너지를 해방할 수 있다. 이 에너지를 새로운 지식의 학습에 옮긴다면 당연히 학습효과가 좋을 것이다.

본 교육프로그램이 형식상에는 1단계, 2단계, 3단계 등 구분이 가능한 세 모듈로 구성되어 있지만 실제로는 내적인 연결이 있는 통합체로 구성하였다.

본 교육프로그램의 활동의 배열은 집단의 발달단계도 고려하였다. 집단의 발달단계로 볼 때, 일반적으로 초기단계는 집단의 방향이 설정되고 집단구성원들이 참여하기를 주저하면서 상담의 의미를 찾는 단계이다(Yalom, 1985). 이 단계에서 집단성원들에게 집단의 매력과 의미를 보여 주지 못한다면 집단성원들의 참여 적극성을 동원하지 못할 것이다. 때문에 1단계에서는 참여자들이 이 집단에서 얻고자 하는 목표를 세울 수 있도록 활동을 조직하였다. 집단의 중기는 집단구성원 간의 갈등과 지배, 저항이 일어나는 시기이며, 이러한 저항과 갈등이 해결되는 과정에서 진정한 의미의 집단 응집력이 형성된다(Yalom, 1985). 본 프로그램에서는 집단 상호작용에서 일어나는 갈등에 초점을 두지 않고 집단원 개인의 경험에서 쌓였던 갈등과 부정적인 감정을 다룸으로써 집단구성원의 문제해결을 도모하였다. 집단의 마지막 단계는 생산성이 가장 높은 시기이다. 이 시기는 자기 공개가 확대되는 시기이다(Yalom, 1985). 본 교육프로그램은 이 단계에서 자기개방만 강조하지 않고 기술훈련을 위주로 하였다. 기술훈련을 완성한 후 자유로운 자기개방을 함으로써 집단에서 배웠던 점, 자신이 변했던 점, 앞으로 적용하려는 대인기술을 표현하도록 하였다.

라. 프로그램 활동의 안면타당도 평가

프로그램의 활동선정이 본 교육프로그램의 목적과 목표에 적합한지를 알아보기 위하여 전문가의 안면타당도 평가를 받았다. 평가에 참여한 전문가는 집단상담 경력이 10년 이상의 전문가 자격이 있는 상담전공 박사과정 학생 1명과 수련 감독급 자격이 있는 교수 1명의 평가를 받았다. 평가결과는 다음과 같다.

프로그램의 목적과 목표설정은 비교적 적합했다는 의견이 일치하였고 프로그램의 내용 중에서 '한국인에 대한 이해'의 내용과 한국인에게서 직접 받을 수 있는 피드백 활동의 부재를 지적하였다.

그리고 프로그램의 진행내용이 지나치게 많다는 점과 워크북 내용의 설명이 너무 간략했다는 점도 지적하였다. 이에 본 연구자는 수정 보완하여 최종 프로그램의 초안을 구성하였다.

전문가의 안면타당도 평가를 받은 후 수정 보완한 내용은 다음과 같다.

첫째, 본 교육프로그램의 4회기 내용을 수정하였다. 원래의 '타인이해'의 목표를 '한국인에 대한 이해'로 고쳤고 본 회기의 목표와 관련이 크지 않는 '다른 사람이 보는 한국인'과 같은 내용을 삭제하고 '한국인의 입장되어 보기' 활동과 '한국인을 칭찬해 보기' 활동으로 바꿨다.

둘째, '한국인에게서 직접 피드백 받기' 활동은 시간상 가능하지 않기 때문에 이 의견을 채택하지 않았다. 대신에 '한국인의 입장되어 보기' 활동을 첨가함으로써 타인의 관점을 이해하고 타인의 감정과 생각을 받아들일 수 있는 타인관점조망수용능력을 신장할 수 있는 활동을 선정하였다.

셋째, 프로그램 워크북의 내용을 보다 구체적으로 제시하였다.

넷째, 프로그램의 진행 내용이 너무 많다는 지적을 참고하여 내용이 비슷한 활동을 줄이거나 내용을 줄이는 방법으로 수정하였다.

마. 프로그램 시안

이상의 절차를 거쳐 본 교육프로그램의 시안을 다음과 같이 구성하였다. 프로그램의 실제는 부록에 수록했기 때문에 여기에서는 각 회기 개요만 제시하겠다.

제1회기 오리엔테이션

〈표 8〉 오리엔테이션 개요

제 목		오리엔테이션	
목 표		1) 진행 방법의 이해 2) 프로그램 이론 배경에 대한 이해	
활동개요		주요활동	소요시간
	준 비	■ 명찰, 자료 등을 참가자들에게 나누어 준다.	5분
	전 개	■ 본 교육프로그램의 구성과 진행방법을 소개하기 　1) 프로그램의 리더소개 　2) 본 프로그램의 구성(별지참조) 　3) 진행방법(강의, 경험, 활동, 게임) 　4) 참가태도(별지 1 - 1) 　5) 집단의 규범과 집단의 위험(별지 1 - 1) ■ 참여자 자기소개하기	40분
	정 리	■ 참가 소감 나누기	15분
기대효과		■ 지도자를 신뢰하고 집단상담의 교육형식에 호기심을 가지도록 한다. ■ 집단에 대한 호기심을 불러일으키고 참여 적극성을 촉진한다. ■ 본 프로그램의 구성과 진행방법을 분명하게 이해한다.	
준비물		1. 명찰 2. 펜 3. 평가지	

제2회기 문화충격과 문화적응의 이해

〈표 9〉 2회기 개요

제 목	문화적응의 이해		
목 표	1) 문화충격경험의 이해 2) 문화적응 과정의 이해		
활동개요		주요활동	소요시간
	준비	■ 준비활동: 이웃을 사랑하십니까? 1) 준비활동의 목적과 규칙을 설명하기 2) 진행을 인도하기 3) 간단한 소감 나누기	30분
	전개	■ 적응만족도 곡선 그리기(별지 2 - 1) 1) 별지와 필기도구를 나누어 주기 2) 적응곡선을 그리는 방법을 설명하기 3) 적응곡선을 그리면서 떠오르는 사건을 회상하고 나중에 발표 한다고 미리 설명을 하기 ■ 경험발표하기 1) 적응곡선을 그리면서 떠오르는 사건을 발표하기 2) 사건을 통하여 발견한 적응문제와 대인관계 문제를 발표하기 ■ 문화적응유형 알아보기(별지 2 - 2) 1) 문화적응유형 맞춰 보기 2) 대인관계에 미치는 영향을 생각해 보기	80분
	정리	■ 참가 소감 나누기	10분
기대효과	■ 인지적 불일치의 해소 ■ 문화충격현상에 대한 통찰 ■ 자신문제를 개방하는 데 대한 안도감		
준비물	1. 명찰 2. 펜 3. 자료 4. 평가지		

제3회기 대인관계 문제의 이해

〈표 10〉 3회기 개요

제 목			문화적인 맥락에서의 대인관계 문제의 이해	
목 표			1) 대인관계 문제의 원인탐색과 확인 2) 개선목표수립	
활동개요			주요활동	소요시간
	준 비		■ 준비활동: 내 몸, 내 사랑하기 1) 준비활동의 목적과 규칙을 설명하기 2) 진행인도하기 3) 마무리 및 느낌 나누기	20분
	전 개		■ 문화충격요인의 탐색과 확인 1) 문화충격 증상 체크하기(별지 3 - 1) 2) 대인관계에 미치는 영향 - 불편한 관계 찾아보기 ■ 자기기능요인의 탐색과 확인 1) 자기기능의 중요성을 강의하기 2) 자기기능의 특성을 점검하기(별지 3 - 2) 3) 대인관계에 미치는 영향 찾아보기 ■ 대인기술요인의 탐색과 확인 1) 잘못 길들여진 의사소통의 습관을 체크하기[별지 3 - 3] 2) 대인관계에 미치는 영향 찾아보기	90분
	정 리		■ 소감나누기	10분
기대효과			1. 문화적인 맥락에서의 대인관계패턴을 발견하고 2. 자기의 대인관계 특성을 이해하고 문화차이를 이해한다.	
준비물			1. 명찰 2. 필기도구 3. 별지자료 4. 평가지	

제4회기 자기존재감 경험

〈표 11〉 4회기 개요

제 목		자기 존재감 체험	
목 표		안정적인 자기감각의 발달	
활동개요		회기내용	소요시간
	준비	■ 준비활동: 끼리끼리 닮아가기 1) 준비활동의 목적과 규칙을 설명하기 2) 진행인도하기 3) 마무리 및 느낌 나누기	20분
	전개	■ 내가 보는 나 – 문장완성하기 [별지 4 – 1] 1) 별지를 나누어 준다. 2) 제한된 시간 내에 작성하도록 한다. 3) 작성한 내용을 발표하게 한다. ■ 타인이 보는 나 – 벽보 피드백 [별지 4 – 2] 1) 벽보를 미리 준비하고 나누어 준다. 2) 각자의 특성에 맞게 벽보를 약간 장식하고 원하는 피드백의 내용 란을 스스로 만든다. 3) 벽보를 원하는 자리에 붙여 놓는다. 4) 참여자들이 자유자재로 벽보에 쓰고 싶은 내용을 쓴다. ■ 새로 발견한 나 1) 받은 피드백을 읽고 떠오르는 감정과 생각을 발표한다. 2) 자신에 관하여 정리하는 시간을 가진다.	90분
	정리	■ 새로 발견한 자기를 발표한다.	10분
기대효과		■ 자기표상을 탐색하고 타인 및 자기 관점으로 보는 다양한 자기를 수용한다. ■ 자기의 표상을 수정하고 긍정적인 자기기대를 한다.	
준비		1) 명찰 2) 펜 3) 자료 4) 평가지 5) 음악 6) 벽보용지 7) 녹음기 8) 필기도구	

제5회기 타인관점조망수용 경험

<표 12> 5회기 개요

제 목		타인관점조망수용	
목 표		타인관점조망수용능력의 발달	
활동개요	준비	주요활동	소요시간
		■ 준비활동: 칭찬의 한마디 1) 칭찬의 의미 설명하기 2) 듣고 싶은 칭찬을 찾아 두기 3) 집단원 중 한 사람을 찾아가서 그 말을 해 달라고 부탁하기 4) 느낌 나누기	20분
	전개	■ 한국인의 입장되어 보기 1) 한국인의 욕구를 파악해 보기 　상황을 설정하고 그 상황에서 한국인의 욕구(의도)를 파악해 보기 2) 한국인의 감정을 공감해 보기 　상황을 설정하고 그 상황에서 한국인이 있을 수 있는 감정을 모두 파악해 보기 3) 상대의 생각을 확인해 보기 　상황을 설정하고 그 상황에서 한국인이 있을 수 있는 생각을 모두 파악해 보기 ■ 한국인을 칭찬해 보기 1) 자기한테 영향을 많이 미치는 한국인을 정하고 둘씩 마주 앉아 한국인 칭찬연습을 해 보고 소감 나눠 보기	90분
	정리	■ 소감 나누기	10분
기대효과		■ 다른 사람의 입장을 이해하고 타인의 관점을 조망 수용한다. ■ 긍정적인 대인기대를 한다.	
준비물		1) 명찰 2) 펜 3) 자료 4) 평가지	

제6회기 대인기술훈련

〈표 13〉 6회기 개요

제 목		대인기술 훈련	
목 표		1) 문화통합기술의 향상 2) 의사소통기술의 향상	
활동 개요		주 요 활 동	소요시간
	준 비	■ 준비활동 : 정서언어 익히기 1) 정서언어카드 중 가장 선명하게 느꼈던 정서체크하기 2) 정서언어카드 중 전혀 경험해 보지 못한 정서를 내놓기 3) 느낌 나누기	20분
	전 개	■ 의사소통기술 1) 잘 말하기 - 나 메시지 전달연습 2) 잘 듣기(질문, 확인, 반복) 상대편의 최근의 생활상황을 듣고 반응을 연습해 보기 3) 잘 돌려주기 (칭찬, 인정, 지지, 지적) 상대편의 지금의 표현을 보고 반응해 보기 ■ 문화통합기술 1) 자기관찰연습, 자기기록연습 가르치기 2) 한국과 중국의 문화차이 알아보기 3) 서로 다른 문화배경에서 자기의 느낌 나눠 보기	90분
	정 리	■ 카드피드백으로 칭찬선물 주기 - 카드피드백에서 가장 마음 든 내용 읽고 소감 발표하기	10분
기대효과		■ 효과적인 의사소통방법으로 의사소통을 시도한다. ■ 새로운 대인문화에 접하는 연습을 한다.	
준비물		1) 명찰 2) 펜 3) 자료 4) 평가지	

3) 프로그램의 시범운영

본 교육프로그램의 효율성과 참여자의 만족도를 알아보기 위하여 시범운영을 실시하였다. 프로그램의 실행 절차와 내용은 다음 <표 14>과 같다.

〈표 14〉 교육프로그램의 실행절차

회기	주제	진행시간	참가인원(명)	비고
1	오리엔테이션	5월 5일 오전 9시부터 10시	9	2명 지각
2	문화적응의 이해	5월 5일 오전 10시부터 12시	9	
3	문화적인 맥락에서의 대인관계 문제의 이해	5월 5일 오전 1시부터 3시	9	
4	자기존재감 경험	5월 5일 오후 3시부터 5시	8	1명 조퇴
5	타인조망수용 경험	5월 5일 오후 5시부터 8시	8	
6	기술훈련	5월 5일 오후 9시부터 11시	8	
마무리	참가소감나누기	5월 5일 오후 11시부터 새벽 2시	9	1명 옴

본 교육프로그램은 참여자들의 사정과 요구를 반영하여 집중 1일로 진행하였다. 장소는 서울대학교 기숙사 집단 상담실에서 진행하였다. 참여자는 중국유학생들의 자발적인 지원과 친구들의 추천으로 총 8명을 선정하였다. 그중 남자는 5명, 여자는 3명이었고 국비생 2명, 나머지는 모두 자비로 유학 온 학생이다. 조선족은 4명이고, 기타 민족도 4명이었다. 소속은 서울대학교 학생이 5명이고 기타 서울에 소재한 대학교 학생이 3명이었다. 어학원 과정부터 박사 후 과정에 이르기까지 다양하였고 한국에 체류하는 시간은 2개월에서부터 2년 사이였다.

프로그램은 본 연구자가 직접 진행하였다. 본 연구자는 교육상담 석·박사과정교육 외에 800시간 이상의 집단상담 경험과 3차례의 서울대학교 '대인관계능력향상 집단상담 프로그램'의 집단 리더 경험을 가지고 있다.

프로그램은 오리엔테이션과 마무리 외에 총 5회기로 구성되어 있으며 각 회기는 집단전체의 분위기를 육성하는 준비활동, 개인 작업을 위한 개입활동 및 집단원의 개별 정리시간으로 이루어졌다.

프로그램의 원활한 진행을 위하여 본 연구자는 사전에 집단 상담실의 청소와 간식을 준비하였고 프로그램워크북, 활동용 자료 및 필기도구를 준비하였다. 점심과 저녁 및 뒤풀이 회식을 제공하였고 집단 진행의 전 과정을 녹화했으며, 사진자료를 남겼다.

회기진행 과정에 관한 구체적인 설명은 다음과 같다.

가. 오리엔테이션

오리엔테이션 회기에서는 계획대로 프로그램의 개발배경, 집행자 자기소개, 진행방법, 참여자의 태도, 집단의 규범 등의 내용을 소개하였다. 시간을 절약하기 위하여 참여자들이 설명을 들으면서 이름표를 만들었고 명찰을 달았다. 진행자의 오리엔테이션이 끝난 다음 참여자들이 참여 동기와 참여목표를 발표하면서 자기소개를 하였다. 참여 동기를 발표할 때 두 명의 참여자들이 자기의 현재 어려움을 진술하였고 이 집단을 통하여 해결하고자 하는 목표를 분명히 제시하였다. 집단 분위기는 처음부터 진지하였고 특별히 다루기 어려운 집단원은 없었다.

나. 1회기

1회기의 목표는 문화적응의 이해와 문화충격 증상의 이해이다.

1회기 진행 전 '당신의 이웃을 사랑합니까?'라는 준비활동을 진행하였다.

본 준비활동은 집단 참여자들의 친밀감 증진과 집단응집력의 향상을 위하여 설계한 활동이다. 활동 진행 전 참여자들에게 활동의 목적을 설명하고 활동의 규칙을 설명하였다. 활동은 먼저 집행자가 집단원 중 한 명한테 다가가서 "당신의 이웃을 사랑합니까?"라고 질문하면 집단원은 옆에 앉은 두 사람을 살펴본 다음 "사랑합니다." 혹은 "사랑하지 않습니다."라고 대답한다. 사랑한다면 진행자와 바꿔서 자기가 일어서서 진행을 하고 사랑하지 않는다면 양옆에 앉은 두 사람이 일어서서 기다린다. 진행자가 "그럼, 어떤 이웃을 사랑합니까?"라고 다시 질문한다. 이때 질문을 받은 사람이 조건을 말하는데 "예쁜 이웃을 사랑합니다." 혹은 "남자 이웃을 사랑합니다."라고 말하는데 집단원 중 조건에 부합한 사람은 모두 일어서서 질문 받은 사람의 옆자리에 앉는다. 자리를 찾지 못한 한 사람이 진행을 계속한다.

준비 활동의 효과는 집단 참여자들의 상호 간의 친숙감 증진과 개인정보의 자연스러운 노출에 도움이 되었다. 이 활동을 통하여 본 연구자는 집단원 중 자신의 용모에 대해서 자신이 없는 정보라든가, 한국인과 갈등경험이 있었던 정보, 개인의 생활습관, 개인의 취향 등 중요한 정보를 알 수 있었다.

이어서 '적응 만족도 곡선 그리기' 활동을 진행하였는데 집단원들의 참여적극성과 상호연관성을 촉진하기 위하여 집단원들이 다 그린 그림을 바닥에 놓고 집단원들이 가장 관심이 가는 그림부터 발표하도록 하였다. 적응만족도 곡선을 설명할 때 두 명의 참여자가 대인관계에 관한 어려운 사정을 이야기하면서 격한 감정에 접근하였고 2명의 참여자가 유사한 경험을 발표하였다.

문화적응 곡선 그리기 활동을 정리하는 시간에 문화적응의 일반적인 규칙을 강의하였고 활동의 소감을 발표하게 하였다.

그 다음, '문화적응유형 알아보기' 활동을 진행하였다. 이 활동에서 참여자들은 돌아가면서 자신의 적응유형과 구체적인 경험을 나누었는데 집단원의 개인특성과 적응문제를 이해하는 데 도움이 되었다.

1회기가 끝난 후 점심식사를 하였다.

다. 2회기

2회기의 목표는 대인관계 문제원인의 확인과 개선목표의 수립이다.

2회기 진행 전 '내 몸, 내가 사랑하기' 준비활동을 진행하였다.

'내 몸, 내가 사랑하기' 활동은 집단원들이 관심의 초점을 자기한테 집중하도록 돕는 준비활동인데 지난 회기의 침울한 분위기를 쇄신하고 새로운 기분으로 2회기를 시작하려는 목적으로 이 활동을 진행하였다. 이 활동은 주로 전신 답사를 하는 활동인데 진행자가 전신의 '가장 약한 데'라든가, '상처를 입었던 곳'이라든가, '가장 자신 있는 부위'와 같은 지시를 내리면서 참여자들이 자연스럽게 자기노출을 하도록 유도하였다.

2회기의 목표인 대인관계의 문제원인을 탐색하고 확인하기 위하여 처음에는 '자기의 미숙문제 찾아보기' 활동을 진행하였다. 활동을 통하여 참여자들이 각각 자기 미숙문제를 선별하였고, 원인과 구체적인 상황을 발표하였다.

그리고 '문화충격 증상 맞춰 보기' 활동을 진행하였는데 참여자들은 자신의 경험을 문화충격 증상에 비추어 보면서 자기의 문화충격경험을 발표하였다.

2회기의 마지막에 '대인기술문제 찾아보기' 활동을 진행하였는데 시간상 문제만 찾아내고 발표는 하지 못하였다.

2회기가 끝난 다음 10분 쉬고 장소를 실외로 바꾸었다.

라. 3회기

3회기의 목표는 자기존재감 경험을 통하여 안정적인 자기감각을 발달하는 것이다.

3회기 진행 전 '끼리끼리 닮아 가기' 준비활동을 진행하였다.

이 활동은 참여자들의 친밀감 증진과 집단 응집력 향상을 위하여 설계한 내용이다. 이 활동은 먼저 참여자 중 한 명이 나와서 자기의 취미 혹은 특징을 이야기하고 신체동작으로 표현하게 한다. 그리고 다른 집단원이 그대로 따라서 하도록 한다. 그런 다음, 자기의 동작과 비슷한지 다른지를 평가한다. 평가하는 과정에서 동작을 하는 사람이 자기의 감정과 의도를 더욱 분명하게 설명하고 따라 하는 사람은 자기의 이해와 관찰을 설명한다. 이 활동을 통하여 집단의 친밀감과 응집력을 증진할 수 있을 뿐만 아니라 집단원 서로에 대한 이해도 증진하였다.

3회기의 목표에 달성하기 위하여 선정한 활동은 '문장완성하기'와 '벽보 피드백'이다. '문장완성하기' 활동의 목적은 자기의 감정과 생각, 그리고 희망과 특성을 보다 구체적으로 표현함으로써 자기를 단정 짓는 부분이 있는지 자기를 부정적으로 평가하는 부분이 있는지를 탐색하고 집단 리더와 집단원들의 치유적인 반응을 통하여 수정하는 절차를 밟는다. '벽보 피드백'의 목적도 집단 참여자들의 반응을 통하여 다른 사람이 보는 자기를 이해하게 하고 다른 사람의 피드백을 통하여 자기를 성찰하고 부정적인 자기평가를 수정한다.

3회기의 활동을 진행할 때 집단은 상당히 활성화되었다. 특히 '벽보 피드백'의 활동은 전체 집단원들의 활발한 반응을 자극하였다. 다른 사람에게 피드백을 쓰면서 자기의 벽보에 쓰인 내용도 읽고 동시에 타인의 벽보 내용도 읽을 수 있었기 때문에 집단원들은 쓰다가 떠오르는 새로운 내용이 있으면 또 다시 썼다. 이 활동이 끝난 다음 소감을 나누는 시간을 가졌는데 집단원들은 타인의 피드백에서 많은 깨달음을 얻었다고 하였다.

마. 4회기

4회기의 목표는 타인관점조망수용 경험의 연습이다.

4회기 진행 전 준비활동으로서 '칭찬언어 익히기' 활동을 진행하였다. 우선 먼저 진행자가 칭찬의 의미를 설명하고 칭찬과 아부와의 차이를 분명하게 구분하고 참여자들이 칭찬에 대한 거부감이 있는지를 확인하였다. 확인한 결과, 대부분의 참여자들은 칭찬을 잘할 수 없었고 칭찬을 하는 사람에 대하여 약간의 거부감을 느낀다고 하였다. 이 활동에서는 본인이 스스로 자기가 가장 듣고 싶은 칭찬의 말을 종이로 적고 가장 신뢰할 만한 사람을 찾아가서 듣고 싶은 말을 해 달라고 부탁한다. 이 활동의 효과는 참여자들이 자기가 가장 듣고 싶은 칭찬의 말이 무엇인지를 한번 생각해 보는 기회를 가지게 하였고 집단원을 통하여 자기가 원하는 칭찬을 직접 들음으로써 칭찬이 사람의 정서를 고양하고 자신감을 회복하는 데 얼마나 중요한 기능을 할 수 있는지를 경험하게 하였다.

4회기에서는 '한국인의 입장되어 보기' 활동과 '한국인을 칭찬해 보기' 활동을 진행하였다. '한국인의 입장되어 보기' 활동을 통하여 한국인의 입장에서 한국인의 생각, 감정, 의도를 이해하는 방법을 연습해 보았고 한국인을 '좋고', '나쁨'으로 분리할 것이 아니라 한국인의 입장에서 그럴 수밖에 없는 사정을 이해할 수 있도록 유도하였다. 이 활동을 진행할 때 먼저 자기한테 영향을 많이 미치는 한국인을 한 사람 생각하고 둘씩 마주 앉아 연습해 보도록 하였다. 연습 내용은 '한국인의 욕구 파악해 보기', '한국인의 감정공감해 보기', '상대의 생각을 확인해 보기' 등의 내용이었다.

다음, '한국인을 칭찬해 보기' 활동을 진행하였다. 이 활동을 진행할 때 먼저 한국인에 대한 부정적인 경험을 털어놓게 하였다. 집단 원 중 한 명만 부정적인 경험이 없었다고 하고 나머지는 모두 부정적인 경험이 있었다. 그리고 자기가 경험한 한국인의 긍정적인 측면을 이야기하도록 한다. 이 활동을 통하여 참여자들은 자신이 보지 못한 한국인의 긍정적인 측면을 보게 하고 평상시 자기가 부정적인 감정만 가지고 있는 것이 아니라 좋은 감정도 많이 가지고 있었다는 것을 확인하게 하였다.

4회기 끝난 다음 저녁식사를 하였다.

바. 5회기

5회기의 목표는 문화통합기술과 대인관계기술의 훈련이다.

5회기 진행 전 '정서언어 익히기' 준비활동을 진행하였다. 먼저 집단원들에게 정서카드를 읽는 시간을 주고 정서카드 중 본인이 가장 선명하게 느꼈던 감정과 전혀 경험해 보지 못한 정서를 체크하도록 하였다. 그리고 자기의 정서체험을 이야기하도록 하였다.

5회기에서는 '의사소통기술' 훈련과 '자기관찰, 자기기록기술' 훈련을 진행하였다. '의사소통기술' 훈련에서는 주로 '나 메시지 전달법'과 '잘 듣는 방법', '잘 돌려주는 방법'을 훈련하였고 '자기관찰, 자기기록' 훈련은 자기관찰의 중요성을 먼저 강의한 다음. 관찰하고 기록하는 구체적인 방법을 제시하였다. 진행방법은 둘씩 짝을 지어 연습해 보도록 하였다.

5회기 끝난 다음 자리를 식당으로 옮겼다.

사. 마무리

마무리 회기의 목표는 참가소감 나누기와 개인의 목표 달성도의 확인이다. 이 회기는 식당에서 자유롭게 진행하였다. 참여자들은 회식자리에서 만족도 평가를 실시하였고 각 회기의 활동에 대한 평가와 느낌을 발표하였다.

4) 프로그램의 효과 분석과 수정

프로그램의 효과를 알아보기 위하여 본 연구에서는 프로그램에 대한 만족도 평가와 효율성 평가를 실시하였다. 만족도 평가는 회기 끝난 다음 질문에 응답하는 형식으로 진행하였는데 질문내용은 9개의 문항으로 구성되어 있다.

가. 프로그램의 만족도 분석

프로그램의 만족도 평가는 본 연구에서 개발하고 시범 운영한 프로그램의 내용과 방법이 얼마나 학생들에게 만족스러운지의 정도에 대해 평가하는 내용이다. 이를 위해 프로그램을 모두 종료한 후 학생들에게 프로그램 평가지를 나누어 주고 응답하게 하였다. <표 15>는 응답한 내용을 빈도분석을 실시한 결과이다.

〈표 15〉 프로그램 만족도 빈도분석

(N: 8명)

평 가 내 용	1	2	3	4	5	합 계
프로그램의 준비				3	5	8
집단의 분위기			1	6	1	8
회기목표의 설정			6	1	1	8
활동의 전문성			2	4	1	8
활동의 흥미도			1	4	3	8
진행방법의 적절성			5	2	1	8
지도자 스타일			1	6	1	8
문제해결의 효과			4	4		8
개별지도			1	3	4	8

* 아주 만족하지 않다 1점. 만족하지 않다 2점. 보통이다 3점. 만족하다 4점. 매우 만족하다 5점

<표 15>에서 제시했듯이 참여자들은 본 교육프로그램의 준비, 집단의 분위기, 활동의 전문성, 활동의 흥미도, 지도자 스타일에 대하여 비교적 높은 만족도를 보였고 문제해결의 효과에 대해서는 절반 정도의 학생이 보통이라고 평가하였다. 그리고 회기목표의 설정과 진행방법에 대한 평가를 보통이라고 응답하는 학생이 8명 중 5명이 있었다. 이런 문제가 존재하는 원인과 문제를 해결하는 방법에 관하여서는 전문가의 진단과 후속연구에서 계속 연구할 필요가 있다.

상술 문제점 외에 시범운영에서 참여자들이 보여 주는 긍정적인 효과도 있었다. 참여자들의 진술을 통하여 확인할 수 있는 대표적인 반응은 다음과 같다.

- 나는 내가 아주 완벽하다고 생각하였는데 오늘의 수확은 나의 문제를 발견했다는 것이다. 나는 정말 다른 데서 얻을 수 없는 큰 선물을 얻은 기분이 든다. 참 고맙다.
- 나는 나만 힘이 들고 속이 상한 줄 알았는데 집단원 다른 사람들의 말을 듣고 나의 문제는 정말 극복할 수 있는 문제라는 확신을 가지게 되었다. 그리고 여기에 있는 사람들의 친절한 태도가 참 좋았다. 참 믿을 만한 사람과 함께 있구나 하는 생각이 들었다.
- 나는 보통 어디 가서 나의 말을 하지 않는 편인데 오늘은 참 많은 이야기를 했다. 그리고 많은 친구들을 알게 되서 정말 기쁘다. 사람들이 나의 생활방식을 싫어한 줄 알았는데 의외로 사람들이 나에 대해서 관심을 가지고 있다는 느낌이 참 좋았다.
- 나는 감정표현을 처음으로 하는데 표현하고 나니까 후련하고 정말 좋았다.

- 나는 평상시도 심리학에 관심이 많다. 오늘 와서 직접 경험해 보니 참 좋았다. 다른 사람에게도 추천하고 싶다.
- 오늘은 정말 좋았다. 다음에도 계속 이런 모임이 있었으면 좋겠다.
- 오늘은 하고 싶은 말이 참 많았는데 시간이 없어서 하지 못했는데 나중에 다시 리더한테 찾아오고 싶다. 이렇게 하면 나는 나의 문제를 해결할 수 있을 것 같다.

나. 프로그램의 효율성 평가

프로그램의 활동들이 회기목표에 적절하고 효율적인지를 알아보기 위하여 프로그램 각 회기 활동의 효율성을 평가하고 분석하였다. 분석방법은 프로그램을 진행한 다음 본 연구자의 직접적인 관찰과 기록, 그리고 참여자들의 반응을 근거로 프로그램의 효율성을 분석하였는데 결과는 다음 <표 16>와 같이 제시할 수 있다.

〈표 16〉 교육프로그램 효율성 평가

	활동내용	진행자 관찰기록	참여자반응
오리엔테이션	1. 집단의 이해 2. 참여방법의 이해 3. 프로그램의 구성	• 집단원들이 안내를 진지하게 듣고 자발적으로 참여하였다. • 집단에 대한 관심이 많고 흥미진진하게 설명을 들었다. • 집단원들이 참여목표에 맞게 자기를 소개하였다.	• 오고 싶었다. • 좋은 활동인 것 같다. • 나의 관심주제이다. • 친구가 오라고 왔지만 와 보니 정말 좋은 활동인 것 같다.
1회기	1.준비활동 2.문화적응곡선 그리기 3.문화적응유형 알아보기	• 준비활동에 적극적으로 참여한다. • 다른 집단원의 이야기를 진지하게 듣고 적절하게 위로하고 반응한다.	• 게임이 재밌었다. • 오래간만에 이렇게 통쾌하게 웃었다. • 관악산(별칭)이 진지하니 나도 진지해진다. • 유익한 시간인 것 같다. • 나의 문제를 이렇게 발견할 수 있다니!

	활동내용	진행자 관찰기록	참여자반응
2회기	1. 준비활동 2. 자기의 미숙문제 탐색하기 3. 문화충격문제 탐색하기 4. 대인기술문제 탐색하기	• 준비활동을 즐기면서 한다. • 자기문제를 진지하게 탐색한다. • 다른 사람을 비난하거나 지적하는 사람이 없었다. • 다른 사람들의 이야기를 진지하게 듣는다. • 자기의 경험과 비교하는 집단원이 있었다.	• 나는 자기주장을 잘못하는데 내 문제를 발견해서 참 좋다. • 다른 사람도 나와 유사한 문제가 있다는 것을 알게 되서 마음이 덜 조급하다. • 나는 다른 사람한테 조언을 잘해 주는데 이것도 좋은 관계를 발전하는 데 방해요인이라는 알게 되서 참 잘 왔다고 생각한다. • 이런 형식의 활동은 처음이어서 오늘보다 더 좋은 경험은 없었던 것 같았다.
3회기	1. 준비활동 2. 문장완성하기 3. 벽보 피드백 4. 새로 발견한 나	• 준비활동을 적극적으로 참여한다. • 문장완성기 활동에서 자신을 기꺼이 다른 사람에게 내 놓는다. • 벽보 피드백 활동에 열정을 보여 주었다. 열심히 쓰고 진지하게 읽는 모습을 보여 주었다. • 자기정리를 잘한다. • 자기표현을 잘한다.	• 내가 한국에서 뭘 되고 싶은지를 자꾸 깊게 생각하고 싶었는데 마침 오늘 이 시간을 이용하여 충분히 생각할 수 있어서 나는 소득이 많다. • 다른 사람의 이야기를 들을 수 있어서 참 좋다. 다른 사람이 어떻게 생각하는지 알고 싶었는데…… • 신기하다. 다른 사람이 늘 다른 각도에서 문제를 볼 수 있는 것 같아서 정말 재밌다. • 좋은 선생님을 만난 것 같아서 오늘은 소득이 크다. • 다른 사람들도 이런 경험을 해 봤으면 좋겠다. • 사람들이 정말 예리한 것 같아서 오늘은 재밌었다. • 나의 다른 면을 다른 사람을 통하여 볼 수 있어서 재밌다.
4회기	1. 준비활동 2. 한국인의 입장되어 보기 3. 한국인을 칭찬해 보기	• 자기의 경험을 직접 이야기하고 싶어 한다. • 다른 사람의 의견을 잘 듣는다. • 기꺼이 한국인의 입장이 되어 본다. • 타인 이해의 어려움을 경험한 것 같다. • 타인의 입장의 중요성을 깨달은 것 같다.	• 사람들이 한국인의 나쁜 점만 말할까 봐 걱정이 됐는데 이외로 사람들이 참 정직하고 공평한 것 같다. • 나만 한국 사람과 사귀기 어렵다고 생각했는데 다른 사람의 이야기를 들으면서 배우기도 하고 많이 안심이 됐다. • 사람 사는 세상이 비슷하다고 생각했는데 오늘은 확실히 문화차이를 알게 돼서 정말 소득이 크다.

	활동내용	진행자 관찰기록	참여자반응
4회기			• 후배들이 고생하는 것을 보면서 안쓰럽기도 하지만 잘 할 수 있을 거라는 생각도 든다. 이렇게 진지하고 치열하게 고민하는데 말입니다. • 한국인을 다르게 볼 수 있어서 마음이 많이 편해졌다. • 선배들이 많은 것을 가르쳐 줘서 정말 고맙다. • 오늘은 정말 많이 배웠다. • 더 이야기하고 싶다.
5회기	1. 나 메시지 전달법 2. 의사소통기술 3. 자기관찰기술 4. 문화통합기술	• 기술훈련에 흥미 없어 한다. • 일기 쓰는 사람이 많고 자기 관찰을 원래부터 잘한다고 하는 사람이 있다. • 자기의 문화적응방식을 고집하려 한다. • 활동 진행이 원활하지 못했다.	• 좀 피곤하였다. • 인간관계는 정말 기술문제가 아닌 것 같다. • 기술이 안 좋아도 사람이 착하면 감이 다 있는 것 같아요 • 나는 이미 문화통합을 이뤘다고 생각해서 이 활동에서는 별로 도움이 안 됐다. • 저는 원래 일기를 쓰는 습관이 있어서 평상시도 자기관찰을 많이 하거든요.
마무리	1. 소감 나누기 2. 변화의 확인 3. 앞으로의 적용	• 하루 동안 집단원이 서로 친밀해진 모습을 보았다. • 서로 배려하고 서로 격려하기 시작한다. • 추후 모임을 의논하였다. • 활동에 대한 느낌을 이야기한다. • 하루 소감을 진지하게 나눈다.	• 마음이 조금 가벼워진 것 같아요. • 저는 더 혼란스러워졌어요. • 정말 재밌었어요. • 앞으로의 생활에 도움이 되는 내용이 많아서 다음에는 더 많은 사람들이 왔으면 좋겠어요.

다. 프로그램의 수정방향

프로그램의 만족도평가 및 효율성평가를 근거로 본 교육프로그램을 수정한다면 다음과 같은 내용을 부분적으로 수정할 필요가 있다.

첫째, 오리엔테이션 회기의 시간을 연장하고 더 충분한 안내를 해야 한다. 오리엔테이션을 진행할 때, 집단상담의 특성과 진행방법 및 목표에 대하여 더 분명하게 안내할 필요가 있다. 시범운영을 할 때 시간을 절약하기 위하여 오리엔테이션을 간략하게 하였는데 효과가 좋지 않았다. 집단 진행과정에서 진행방법에 대한 질문과 집단 리더에 대한 질문이 많은 것을 보아 오리엔테이션을 충분히 하지 못한 원인이라고 본다. 오리엔테이션 시간을 30분에서 1시간으로 연장한다.

둘째, 4회기의 목표는 타인관점조망수용인데 여기에서의 타인은 암묵적으로 한국인을 지칭하고 있다. 그러나 본 교육프로그램은 한국인이 직접 참여하지 않았기 때문에 간접적으로 타인관점조망수용을 연습할 수밖에 없었다. 이 부분의 내용은 집단에서 지금 – 여기에 초점을 맞추지도 못했고 직접적으로 한국인과의 관계를 다루지도 못했기 때문에 진행과정에서 다소 어색한 느낌이 들었다. 그러나 구조화된 집단과 시간적인 한계 때문에 더 효과적인 활동을 찾지 못했는데 문제를 잠정적으로 유보할 필요가 있다. 전문가의 의견에 의하면 '한국인한테서 피드백 받기' 과제를 집단원에게 내주는 것도 하나의 방법이라고 하였는데 프로그램 진행시 시간적인 여유가 있으면 참고할 필요가 있다고 생각된다.

셋째, 5회기에서 선정한 '나 메시지 전달법'과 '비언어적인 자기표현'을 연습하는 내용은 그다지 좋은 효과를 보지 못했다. 대부분의 집단원들이 적극성이 높지 않았고 어떤 집단원은 분명한 거부감을 느꼈다. 집단원들의 일반적인 반응은 이 활동이 지나치게 단순하고 자기한테 꼭 필요한 기술이 아니라고 하였다. 집단원들이 필요한 것은 생생한 경험과 구체적인 대처방법이었다. 예컨대 지도

교수님이 과묵하신데 매번 만날 때마다 불편한 마음을 어떻게 해결할 수 있는가의 문제라든가, 과의 남학생이 지나치게 친밀하게 접근하려 하는데 감정을 상하지도 않으면서 관계를 유지할 수 있는 방법은 무엇인지, 한국인의 도움을 받으려고 할 때 어떤 말을 하는 것이 좋은지, 한국여학생들이 엄살이 심한데 거부감이 생겼을 때 어떻게 표현해야 하는지? 한국인은 어떤 선물을 좋아하는지, 한국인의 말과 행동 때문에 기분 나쁠 때 어떻게 해야 하는지 등등의 문제가 더 중요하고 시급하다고 하였다. 사실, '나 메시지' 전달법은 이러한 문제를 해결하는데 도움이 될 수 있는 데도 불구하고 프로그램 진행시 진행자의 오리엔테이션의 부실로 활동의 효과를 내지 못했다. 따라서 본 회기의 내용을 '구체적인 도움 구하기' 활동으로 바꿀 수도 있지만 대인기술의 기능과 효과를 제대로 오리엔테이션 하는 방법도 모색할 필요가 있다.

| 참고문헌 |

강위원(2002). **조선족의 오늘**. 서울: 도서출판 신유.

고려대학교 부설 행동과학연구소 편(1999). **심리척도 핸드북**. 서울: 학지사.

고려대학교 부설 행동과학연구소 편(2000). **심리척도 핸드북Ⅱ**. 서울: 학지사.

고영복 편(1997). **사회심리학개론**. 서울: 사회문화연구소 출판부.

교육인적자원부(2004). **외국인 유학생 유치확대 종합방안(Study Korea 프로젝트)**. http://www.moe.go.kr/.

구성하(1996). **중국 조선족의 한국문화 적응에 관한 연구**. 연세대학교. 석사학위논문.

권석만(1995). 대학생의 대인관계 부적응에 대한 인지 행동적 설명 모형. **서울대학교 학생연구**, 30, 1.38 – 63.

금명자, 김동민, 권해수, 이소영, 이희우(2003). **통일대비 청소년 상담 프로그램 개발 연구**. 서울: 한국청소년상담원.

김계현, 김동일, 김봉환, 김창대, 김혜숙, 남상인, 조한익(2000). **학교상담과 생활지도**. 서울: 학지사.

김계현(1997). **상담심리학**. 서울: 학지사.

김계현(2000). **상담심리학 연구**. 서울: 학지사.

김계현, 이윤주, 왕은자(2002). 국내 집단상담 성과연구에 대한 메타분석. **상담학연구**, 3(1), 47 – 62. 한국상담학회.

김광웅(1996). **방법론 강의 - 기초·원리·응용 -**. 서울: 박영사.

김동원, 김정희, 김지연(2004). 대인관계 향상을 위한 집단상담의 효과

개관. **상담학연구**. 5(4), 1035 - 1048. 한국상담학회.

김병석(1999). 관계문제로서의 정서행동장애: 대상관계 이론적 접근. **특수교육학연구**, 2, 257 - 275.

김병호(1994). **중국의 민족문제와 조선족**. 서울: 학고방.

김삼현(1998). **의사소통기법 훈련이 청소년의 대인관계 개선에 미치는 효과**. 단국대학교 교육대학원 석사학위논문.

김성이, 채구묵(1997). **욕구자사론**. 서울: 아시아미디어리서치.

김영숙, 김욱, 엄기욱, 오만록, 정태신(2002). **사회복지 프로그램 개발과 평가**. 서울: 교육과학사.

김재은(1987). **한국인의 의식과 행동양식**. 이화여자대학교 출판부.

김정규(1995). **게슈탈트 심리치료**. 서울: 학지사.

김정희, 이장호 역(1992). **현대심리치료**. 서울: 중앙적성출판사.

김창대(1994). 상담과학의 문화적 맥락. **청소년상담연구**, 2, 19 - 42.

김창대(1999). 대상관계이론의 관점에서 본 집단 따돌림현상. **청소년상담연구** 7, 7 - 25.

김창대(2002a). 대상관계이론의 인성교육에 대한 시사점: 목적, 내용, 방법. **아시아교육연구**, 3(1), 109 - 130.

김창대(2002b). 청소년 집단상담의 이론. **청소년 집단상담의 운영**, 10 - 35. 서울: 한국청소년상담원.

김창대(2002c). 청소년 집단상담 프로그램의 개발과 평가. **청소년 집단상담의 운영**, 75 - 108. 서울: 한국청소년상담원.

김창대, 김성현(2002d). **대상관계 관련이론에 대한 경험적 연구의 동향**. 서울대학교 교육학과 미발표 논문.

김창대(2003a). 치료적 요인을 통한 집단상담 활동의 효과분석: 대인관계능력향상 집단 프로그램을 중심으로. **교육학연구**, 4, 서울: 서울대학교 교육연구소.

김창대, 이승희, 유성민, 김진숙(2003b). **청소년개인상담**. 서울: 한국청소년상담원.

김창대, 김삼화(2004). **재한 중국유학생들의 문화충격에 관한 질적 연구**. 서울대학교 교육연구소 제5차 국제학술대회발표논문.

나양자(1998). **타인의 마음에 대한 이해의 발달**. 국민대학교 교육대학원 석사학위논문.

루스 베네딕트 저, 김열규 역(1993). **문화의 패턴**. 서울: 도서출판 까치.

박경애, 이호준, 김택호(1995). **귀국 청소년 적응력향상 연구**. 서울: 청
　　　소년대화의 광장.

박경애(1997). **인지, 정서, 행동치료**. 서울: 학지사.

박경애, 이재규, 권해수(1998). **대인관계향상프로그램개발연구**. 서울: 청
　　　소년대화의 광장.

박기성(1983). **문화커뮤니케이션과 재중문화**. 서울: 평민사.

박선경(1999). **탈북청소년의 학교 적응에 관한 연구**. 가톨릭대학교 대학
　　　원, 석사학위논문.

박종용((1995). **사회심리학**. 서울: 대왕사.

박재황, 김창대, 김동일 등(1996). **청소년문제유형분류체계연구: 관계유
　　　형 - 호소문제, 문제 환경, 관계유형의 분류 -**. 서울: 청소년대화
　　　의 광장.

박성희(1994). **사람들의 행동을 변화시키는 특이한 방법**. 서울: 양서원.

박외숙(1996). **다문화적 상담과정에서 나타나는 개인주의 - 집단주의 가
　　　치에 대한 검토**. 한국심리학회 동계연구세미나집. 135 - 164.

박인우(1996). 효율적 집단 상담 프로그램개발을 위한 체계적 모형. **지
　　　도상담**, 20, 19 - 40. 대구: 계명대학교 학생생활연구소.

박재황, 박경애, 권석만, 유정이, 강신덕(1997). **청소년 단기 상담**. 서울:
　　　청소년대화의 광장.

배해수, 정태환, 노길명, 김동규, 이명훈(1994). **한국인의 도덕성 연구**
　　　서울: 아산사회복지사업재단.

배호순(1999). **프로그램평가론**. 서울: 원미사.

변창진(1994). **프로그램개발**. 서울: 홍익출판사.

서봉연, 황상민, 김정욱(1994). 사회인지 적응능력의 향상을 위한 연구:
　　　대인관계향상 프로그램개발을 중심으로. **학생연구**, 29(1), 서울대
　　　학교 학생생활연구소, 69 - 106.

서울대학교(1998). **한중일 삼국 교육의식 구조 비교**. 서울대학교 외국석
　　　학 초청 국제학술세미나자료.

설기문(1999). **인간관계와 정신건강**. 서울: 학지사.

센고쿠 다모쓰, 딩치앤 저, 황원권 옮김(1995). **중국인의 가치관**. 서울:
　　을유문화사.

송재홍, 천성문(1995). 청소년 진로발달 프로그램의 개발을 위한 이론적
　　고찰. **인간이해**. 16, 43 - 69. 서강대학교 학생생활연구소.

신대순, 이환호, 하영애(1999). **재중동포 삶의 질 향상을 위한 한·중
　　교류실태와 발전방향**. 서울: 재외동포재단.

신혜자(2000). **관계패턴 이해를 통한 대학생의 대인관계 증진 집단상담
　　프로그램의 효과**. 계명대학교 교육대학원 석사학위논문.

오세철(1982). **한국인의 사회심리**. 서울: 박영사

옥선화, 백희영(2000). **재미동포 가족의 자녀교육 및 가족생활 실태조사
　　- 로스앤젤레스 지역 거주자를 중심으로**. 서울: 재외동포재단.

야노 미찌코(2002). **재한 일본 유학생의 스트레스 사건에 관한 연구**. 서
　　울대학교 대학원 석사학위논문.

우에니시 아키라(저) 한근태 옮김(2002). **지혜로운 사람 변화하는 사람
　　성공하는 사람**. 서울: 삼호미디어.

유동수(1985). **인간관계는 이렇게 개선하자**. 서울: 경영문화원.

유동수(1993). **인간관계 개선훈련**. 서울: 청년문화.

유동수(2000). **감수성훈련: 진정한 나를 찾아서**. 서울: 학지사.

유리 브론펜부레너저. 문용린, 김영철 옮김(1991). **미국과 소련의 아이
　　들**. 서울: 샘터사.

유성경(1998). **청소년 정신건강과 감성력 실태조사 및 제고방안 개발**.
　　서울: 청소년대화의 광장.

은혁기(1999). **대인관계능력향상을 위한 자기조절 집단상담이 청소년의
　　자기인식, 타인인식, 대인기술 및 대인관계 만족도에 미치는 효
　　과**. 성균관대학교 박사학위논문.

이기영(2002). 탈북청소년의 남한 사회적응에 관한 질적 분석. **한국청소
　　년연구**, 13(1), 175 - 224.

이규태(1983). **한국인의 의식구조: 한국인의 멋의 뿌리는?** 서울: 신원문
　　화사.

이시형(1999). **터놓고 삽시다**. 서울: 살림출판사.

이은진(1991). **대인관계 개선을 위한 의사소통 기법훈련의 효과**. 연세대

학교 석사학위논문.

이장호(1988). **상담심리학 입문**. 서울: 박영사.

이정혜(2003). **대상관계이론에 근거한 아동의 공격성 감소 프로그램의 개발과 효과**. 숙명여자대학교 대학원 박사학위논문.

이재창, 김원중(1990). 진로탐색 프로그램. **상담현장연구개발**, 1(1), 155 – 191. 한국카운슬러협회.

이재훈 역(1999). **정신분석학적 대상관계 이론**. 제이 그린버그·스테판 밋첼 지음. 서울: 한국심리치료연구소.

이지현(2003). **집단상담에서 타인조망수용 훈련을 통한 자기의식, 타인 관점수용, 대인관계 변화연구**. 가톨릭대학교 심리상담대학원 석사학위 논문.

이형득(1979). **집단상담의 실제**. 서울: 중앙적성출판사.

이형득(1982). **인간관계훈련의 실제**. 서울: 중앙적성출판사.

이형득(1995). **인간이해와 교육**. 서울: 중앙적성출판사.

이형득(2000). 한국상담학회의 발전과제: 전문화와 대중화, **한국상담학회 창립총회 자료집**. 한국상담학회.

임종만, 이성혜, 구현서(2000). **인간관계론** 서울: 청목출판사.

원호택, 박현순(1999). **인간관계와 적응 – 삶을 위한 심리학**. 서울: 서울대학교출판부.

장대운 외(1986). 전공 – 적성 불일치 대학생의 적응지도방안에 관한 연구. **학생생활연구**. 14. 전북대학교 학생생활연구소.

장혁표 역(1992). **학교상담심리학**. 서울: 중앙적성출판사.

전찬화(1993). 제1장 서론: 상담이란. 대학상담학회 편, **상담의 이론과 실제**. 서울: 중앙적성출판사.

정원식(1993). 변화에 적응하는 학생지도. **한국카운슬링 30년**. 한국카운슬러협회.

정원식, 박성수, 김창대(1999). **카운슬링의 원리**. 서울: 교육과학사.

조긍호(1996). **문화유형과 타인이해 양상의 차이**. 한국심리학회지15(1), 104 – 139.

조용환(2002). **질적 연구 – 방법과 사례**. 서울: 교육과학사.

조호경(1998). **대상관계 이론을 활용한 대인관계 향상 프로그램이 대학**

생의 자기지각과 대인관계에 미치는 효과. 계명대학교 교육대학원 석사학위논문.

진병철(1999). 20세기 중국조선족 10대 사건. 서울: 환경공업출판사.

최보영(1999). 조망수용과 자기－타인간의 유사성 지각이 호감도 및 이타의도에 미치는 효과. 한양대학교 석사학위논문.

최상진(1997). 당사자 심리학과 제3자 심리학: 인간관계 조망의 두가지 틀. 한국심리학회 추계심포지엄 발표논문집, 131－143.

최상진(1997). 한국인의 심리적 특성. 한국심리학회(편) 777현대심리학의 이해. 서울: 학문사.

최상진, 박수현(1990). '우리성'에 대한 사회심리학적 한 분석. 한국심리학회 연차대화 발표논문집, 69－78.

최상진, 유승엽(1996). 심정심리학의 개념적 틀 탐색. 한국심리학회 연차대회 발표논문집, 377－388.

최상진, 이장주(1999). 정의 심리적 구조와 사회－문화적 기능분석. 한국심리학회지: 사회 및 성격, 13(1), 219－233.

칼럼 헨더슨 저, 이기문 옮김(1999). 벼랑 끝에 선 중국. 서울: FKL미디어.

한국교육학회(1998). 인성교육. 서울: 문음사.

한알 사람(2004). 감수성훈련의 실제. 서울: 한알출판사.

허남순, 노혜련 역(1998). 해결을 위한 면접 서울: 학문사.

허남진(2003). 외국인 특별전형 개선방안 연구. 서울대학교 입학관리본부.

허춘영(1998). 재한 중국유학생의 문화적응과 정신건강 실태: 한족, 조선족, 유학생간의 비교연구. 한양대학교 박사학위논문.

홍기원(2002). 이 문화 접촉을 다룬 연구들에 대한 탐색적 개관. 호서대학교 논문집(사회과학 편), 21.

홍대식(1992). 인간관계의 심리. 서울: 양영각.

홍일식(1996). 한국인에게 무엇이 있는가. 서울: 정신세계사.

岩男壽美子・荻原茂(1988). 日本で學ぶ留學生－社會心理學的分析一 東京: 草書房

大橋敏子(1991). 留学生オリエンテーションの課題. 异文化間教育, 5, 49－65.

松原达哉(1990). 留学生のステレスに关する研究 (1)－生活ステレッサ
ーを中心に－. 学生相谈研究, 11(1). 1－11.

モイヤ－康子(1987). 心理ステレスの要因と対処の仕方－在日留学生の
場合－.異文化間教育, 1. 81－96.

羅小蘭(1999). 青少年心理咨詢百科全書. 北京: 新世界出版社.

拉·莫阿卡宁 著, 江亦麗·羅照輝 譯(1999). 榮格心理學与西藏佛教
·東西方精神的對話. 北京: 商務印書館.

董奇陶沙 等(2000). 腦与行爲－21世紀的科學前沿. 北京: 北京師范大
學出版社.

莫雷, 任旭明, 張衛, 王穗苹 編著(1999). 中小學心理教育基本原理. 廣
州: 暨南大學出版社.

申荷永(2002). 理解心理學. 廣州: 暨南大學出版社.

愛德華·s·里德 著, 李麗 譯(2001). 從灵魂到心理. 北京: 生活·讀書·
新知 三聯書店.

榮格(1991). 分析心理學的理論与實踐. 北京: 三聯出版社.

姚式川(1999). 論語認讀. 上海: 學林出版社.

劉金花 編著(1996). 儿童發展心理學. 上海: 華東師范大學出版社.

劉曉明, 徐文杰, 沈健 編著(1997). 大學生心理素質教育. 吉林: 吉林人
民出版社.

劉曉明, 張保來 編著(1999). 中學生心理健康与心理咨詢. 吉林: 東北
師范大學出版社.

劉曉明, 主編(1999). 美夢成眞－擇業心理咨詢. 黑龍江: 黑龍江人民出
版社.

陸小婭(2001). 改變從心開始. 北京: 中國青年出版社.

李澤厚(1998). 論語今讀. 安徽: 安徽文藝出版社.

李學琴(1999). 論語注疏. 北京: 北京大學出版社.

張嘉偉 主編(1993). 小學生思維与品德發展心理學. 吉林: 吉林敎育出
版社.

儲呈平(1993). 家庭敎育心理咨詢. 北京: 北京師范大學出版社.

錢銘怡 編著(1999). 心理咨詢与心理治療. 北京: 北京大學出版社.

鄭日昌, 陳永胜(2000). 學校心理咨詢. 北京: 人民敎育出版社.

車宏生 張美蘭 編著(2000). **心理測量－讀人的科學**. 北京: 北京師范大學出版社.

祝瑞開(2000). **儒學与21世紀中國**. 上海: 學林出版社.

馮友蘭(1985). **中國哲學簡史**. 北京: 北京大學出版社.

馮友蘭(1995). **中國哲學的精神**. 北京: 北京大學出版社.

陈向明(1996). **旅居者和'外国人'—留美中国学生跨文化人**际交往研究 湖南: 湖南教育出版社.

杨中芳(1991). 试论中国人的「自己」理论与研究方向. 『中国人, 中国心』中册, 台北: 远流

杨中芳, 彭泗清(1999). 中国人人际信任的构念化: 一个人际关系的观点. **社会学研究**, 2期 1－21.

杨中芳(2000). 有关人际关系及人情情感的构念化. **本土心理学研**, 12期 105－179.

Bochner, S.(1977). Religious role differentiation as an aspect of subjective culture. *Journal of Cross－cultural Psychology, 7,* 3－19.

Bochner, S.(1981). The social psychology of cultural mediation, In S. Bochner (Ed), *The mediating person: Bridges between cultures* (pp.6－36). Cambridge, MA: Schenkman.

Cortazzi, M, & Jin, L.(1997). Communication for Learning across culture's. In D. McNanrar & R. Harris (Eds.), *Ouerseas students in higher education*(pp.76－90). London: Routledge.

Joyce, B., & Weil, M.(1980). *Models of teaching* (2nd ed.). Englewood Cliff, NJ: Prentice Hall.

Kennedy, A.(1999). '*Singaporean sojourners: Meeting the demands of cross－cultural transition*.' Unpublished doctoral thesis, National University of Singapore.

Kidder, L. H.(1992). "Requirements for being 'Japanese.' Stories of returnees." *Interrnational Journal of Inter－cultural Relations, 16,* 383－394.

Kim, U.(1988). Acculturation of Korean Immigrants to Canada: Psychological, demographic and behavioral profiles of emigrating Koreans, non－

emigrating Koreans and Korean – Canadians, Doctoral dissertation, University of Toronto(Unpublished).

Liberman, K.(1994). Asian student perspectives on American university instruction. *International Journal of Intercultural Relations*, 18, 173 – 192.

Oberg, K.(1960). Cultural shock: Adjustment to new cultural environments. *Practical Anthropology*, 7, 177 – 182.

Ong, S. – J.(2000). '*The construction and ualidation of a social support scale for sojourners – The Index of Sojourner Social Support* (ISSS).' Unpublished master's thesis, National University of Singapore.

Redmond, M. V.(2000). 'Cultural distance as a mediating factor between stress and inter – cultural communication competence.' *International Journal of Inter – cultural Relations*, 24, 151 – 159.

Rogers, J., & Ward, C.(1993). 'Expestation – experience discrepancies and psychological adjustment during cross – cultural re – entry.' International Journal of Inter – cultural Relations, 17, 185 – 196.

Sussman, P.(2001). *Handbook of Program Development for Health Behavior: Research & Pactice*. New York: Sage

Ward, C., Berno, T., & Main, A.(2000, July). '*Can the Cross – cultural Adaptability inuentory (CCAI) predict cross – cultural adjustment?* Paper presented at the XV International Congress of the International Association for Cross – cultural Psychology. Pultusk, Poland.

Westwood, M. J., & Barker, M.(1990), 'Academic achievement and social adaptation among international students: A comparison groups study of the peer – pairing program.' *International Journal of Intercultural Relations*. 14, 251 – 263.

Yalom, I. D.(1995). *The Theory and Practice of Group Psychotherapy* (4th ed), New York: Basic Books.

[부록] 프로그램 워크북

제1회기 오리엔테이션

제 목	오리엔테이션		
목 표	1) 진행방법의 이해 2) 프로그램 이론배경에 대한 이해		
활동개요		주요활동	소요시간
	준 비	■ 명찰, 자료 등을 참가자들에게 나누어 준다.	5분
	전 개	■ 본 교육프로그램의 구성과 진행방법을 소개하기 1) 프로그램의 리더소개 2) 본 프로그램의 구성[별지 1-1] 3) 진행방법(강의, 경험, 활동, 게임) 4) 참가태도[별지 1-2] 5) 집단의 규범과 집단의 위험[별지1-3] ■ 참여자 자기소개하기	40분
	정 리	■ 참가 소감 나누기	15분
기대효과	■ 지도자를 신뢰하고 집단상담의 교육형식에 호기심을 가지도록 한다. ■ 집단에 대한 호기심을 불러일으키고 참여 적극성을 촉진한다. ■ 본 프로그램의 구성과 진행방법을 분명하게 이해한다.		
준비물	1. 명찰 2. 펜 3. 평가지		

오리엔테이션 활동 내용

1. 준비단계(10분)

1) 명찰, 자료의 준비

명찰, 자료 등을 사전에 미리 준비하고 집단원이 오면 나누어 준다.

2) 집단지도자의 인사

[지도자] 여러분, 반갑습니다. 본 교육프로그램에 참여하는 것을 진심으로 환영합니다. 저는 서울대학교 교육상담 박사과정을 수료한 중국유학생 김삼화입니다. 앞으로 여러분과 함께 12시간을 보내게 됩니다.

저는 여러분이 본 교육프로그램을 통하여 한국과 중국의 문화차이에 대하여 이해하고 그동안 쌓였던 부정적인 감정을 정리하고 문화적응과정에서 흔히 발생할 수 있는 현상과 규칙에 대하여 이해함으로써 한국인과 보다 우호적인 관계를 맺을 수 있도록 도와드릴 겁니다. 그러기 위하여 여러분과 함께 문화적인 맥락에서의 대인관계를 돌아보는 시간을 가져 보고 지금까지 여러분을 힘들게 하는 대인관계의 문제점들을 체계적으로 찾아내며, 여러분의 문제를 해결하는 데 도움이 된다고 판단되는 집단상담 활동을 통하여 여러분의 대인관계 문제를 다룰 것입니다.

여러분은 지금 이 교육프로그램의 원리와 참여하는 방법에 대해서 궁금하시지요? 활동을 정식으로 시작하기 전에 집단의 리더인 저의 이론적인 접근과 경력을 소개해 드릴 것이고요, 이 교육프로그램의 개발배경과 전체구성 그리고 참여하는 방법을 소개해 드릴 것입니다.

3) 명찰 만들기

[지도자] 서로 호칭하는 데 편리를 위하여 명찰을 만들어서 가슴에 달겠습니다. 지금부터 여러분이 명찰을 만들어 보겠습니다. 각자가 자기의 이름을 직접 써도 좋고 별칭으로 자기의 이름을 대신해도 좋습니다.

4) 참여자의 소개

[지도자] 지금부터 자기를 소개하는 시간을 가져 보도록 하겠습니다. 집단의 리더로서 저부터 먼저 소개해 보겠습니다. (상담을 공부하게 된 계기, 상담에서 얻은 도움, 받은 훈련, 지금에 가지고 있는 이론적인 접근을 중심으로)

그럼, 다른 분들도 자기의 기본인적사항과 본 프로그램에 참여하게 된 동기, 기대, 걱정을 중심으로 자기소개를 해 보도록 하겠습니다. 이런 내용 외에 자기가 꼭 하고 싶은 말이 있으면 해도 좋습니다. 단 한 사람이 너무 긴 시간을 독점하지 않았으면 좋겠습니다.

2. 전개단계(40분)

[지도자] 이어서 본 교육프로그램의 구성과 진행방법, 집단상담의 규범과 유의사항에 관하여 설명해 드리도록 하겠습니다.
  1) 교육프로그램의 구성을 설명하기. [별지 1 - 1]를 참조.
  2) 교육프로그램에 참여하는 태도를 설명하기. [별지 1 - 2]를 참조.
  3) 집단상담의 규범과 유의사항에 대하여 설명하기.[별지 1 - 3]을 참조.

3. 정리단계(10분)

[지도자] 지금까지 본 교육프로그램의 진행방법, 참가태도, 유의사항에 대하여 설명하였습니다. 여러분이 설명을 들으시면서 떠오르는 질문이 있을 것 같은데 질의 문답하는 시간을 가져 보겠습니다.
    ……

[지도자] 마지막으로 소감을 나눠 보도록 하겠습니다.

수고했습니다.

그럼, 지금부터 본 교육프로그램을 정식으로 시작하겠습니다.

참여자용[별지 1-1]

교육프로그램의 전체 구성

회기	단계	주제	목표	활동내용	소요시간
1	시작	오리엔테이션	1) 진행방법의 이해 2) 참여 동기 유발	1) 집단의 이해 2) 참여방법의 이해 3) 프로그램의 구성과 이론배경 이해	1시간
2	탐색단계	문화적응의 이해	1) 문화적응과정 이해 2) 문화적응유형 이해 3) 문화충격현상 이해	1) 문화적응곡선 그리기 2) 문화적응유형 알아보기 3) 문화충격 증상 맞춰 보기	2시간
3		문화적인 맥락에서의 대인관계 문제의 이해	1) 문제원인탐색과 확인 2) 개선목표수립	1) 자기의 미숙문제 2) 문화충격문제 3) 대인기술문제	2시간
4	작업단계	자기존재감 경험	1) 자기 이해 2) 안정적인 자기감각	1) 내가 보는 나-문장완성하기 2) 타인이 보는 나-벽보 피드백 3) 새로 발견한 나-소감 나누기	2시간
5		타인관점조망 수용 경험	1) 한국인 이해 2) 긍정적인 대인기대	1) 한국인의 입장되어 보기 2) 한국인을 칭찬해 보기	2시간
6		대인기술 훈련	1) 의사소통기술훈련 2) 문화통합기술훈련	1) 잘 말하기, 잘 듣기, 잘 돌려 주기 2) 자기관찰 자기기록기술	2시간
7	종결단계	참가소감 나누기	1) 인지변화확인 2) 정서변화확인 3) 행동변화확인 4) 적용계획확인	1) 참가소감 나누기 2) 내적인 변화확인 3) 추후지도협의 4) 작별인사	1시간

참여자용[별지 1 - 2]

참여태도

① 참가의 목적을 분명히 해야 합니다. 물론 처음부터 참가 목적을 잘 모를 수도 있습니다. 그러나 알려고 노력하는 자세와 태도를 보여 주어야 합니다.

② 자발적으로 표현하는 태도를 취해야 합니다. 침묵도 하나의 표현입니다. 그러나 언어표현은 보다 분명하고 효과적이라는 것을 명심해야 합니다.

③ 자기의 주장은 좋은 때를 기다리지 말고 용기 있게 표현하는 것이 바람직한 자세입니다. 순위가 없기 때문에 누구를 기다릴 필요가 없습니다.

④ 다른 사람을 의존하지 말아야 합니다. 누가 불러 주거나 시켜 주는 것에 의존하지 말기를 바랍니다. 여기에는 참여자 모두가 동등하게 주인이고 기회도 균등하게 주어져 있습니다.

⑤ 다른 사람을 탓하지 말아야 합니다. 특히 집단의 누구 때문에 행동하지 못했다고 탓하지 말기를 바랍니다. 집단의 누구도 그런 특권을 가지고 있지 않습니다.

참여자용[별지 1-3]

집단규범

① 집단에서는 협조적이고 정직한 태도를 지킵니다.
② 내면의 이야기를 위주로 합니다.
③ 자기와 남들의 내면감정을 인식하고 있는 그대로 수용하는 연습을 해야 합니다.
④ 타인의 의도를 가로막거나 저지하지 않고 개개인을 존중하는 태도를 지킵니다.
⑤ 다른 사람의 행동을 구체적으로 묘사하고 자기의 느낌과 생각을 말할 때 사실적인 근거를 바탕으로 진술합니다.
⑥ 자기와 다른 사람의 행동이 미칠 영향에 관심을 둡니다.

집단의 위험

가. 비밀보장이 한계가 있다.
나. 개인이 집단에서 예기치 않는 충격과 상처를 받을 수 있다.
다. 집단의 문화를 사회에서 적용하기 어렵다.
라. 일시적인 혼돈과 불안이 따를 수 있다.
마. 일시적인 신체증상도 따를 수 있다.

제2회기 문화충격과 문화적응의 이해

제 목	문화충격과 문화적응의 이해		
목 표	1) 문화충격경험의 이해 2) 문화적응과정의 이해		
활동개요		주요활동	소요시간
	준비	■ 준비활동: 이웃을 사랑하십니까? 　1) 준비활동의 목적과 규칙을 설명하기 　2) 진행을 인도하기 3) 간단한 소감 나누기	30분
	전개	■ 적응만족도 곡선 그리기[별지 2-1] 　1) 별지와 필기도구를 나누어 주기 　2) 적응곡선을 그리는 방법을 설명하기 　3) 적응곡선을 그리면서 떠오르는 사건을 회상하고 발표에 관하여 설명 　　을 하기 ■ 경험발표하기 　1) 적응곡선을 그리면서 떠오르는 사건을 발표하기 　2) 사건을 통하여 발견한 적응문제와 대인관계 문제 발표하기 ■ 문화적응유형 알아보기[별지 2-2] 　1) 문화적응유형 맞춰 보기 　2) 대인관계에 미치는 영향을 생각해 보기	80분
	정리	■ 참가 소감 나누기	10분
기대효과	■ 인지적 불일치의 해소 ■ 문화충격현상에 대한 통찰 ■ 자신문제를 개방하는 데 대한 안도감		
준비물	1. 명찰 2. 펜 3. 자료 4. 평가지		

2회기 활동 내용

1. 준비단계(30분)

1) 활동목적의 소개

[지도자] 2회기 시작하기 전에 우리 먼저 준비활동을 하나 하겠습니다. 활동의 이름은 '당신의 이웃을 사랑하십니까?'입니다. 이 활동의 목적은 우리 집단의 응집력을 높이고 서로 친해지고 신뢰할 수 있는 분위기를 만들기 위해서입니다. 그럼, 저의 설명에 따라 진행해 보도록 하겠습니다.

2) 활동 진행절차의 소개

가. 지금 술래 한 명을 뽑겠습니다. 그리고 술래 앉았던 의자도 빼겠습니다.

나. 술래가 의자에 앉아 있는 집단원 중의 한 사람을 지목하여 그 사람에게 "이웃을 사랑하십니까?"라고 말합니다.

다. 이때 지목당한 집단원이 "예"라고 대답하면 지목당한 집단원 양옆에 앉은 사람만 재빨리 서로 자리를 바꿔 앉아야 합니다. 그 사이에 술래가 먼저 앉게 되면 앉지 못한 사람이 다음 술래가 됩니다.

라. 만일 지목당한 집단원이 "아니요"라고 대답하면 술래는 "그럼 어떤 이웃을 사랑하십니까?"라고 다시 묻습니다.

마. 이때 집단원이 어떤 특정한 인물(예: 안경을 쓴 사람, 아침밥을 먹은 사람, 화장을 한 사람 등)을 이야기하면 그에 해당

되는 사람은 모두 자리를 바꿔 앉아야 합니다. 이때 술래는 그 사이에 자리에 앉는데 행동이 가장 느린 사람이 술래가 됩니다.

3) 진 행
리더가 먼저 술래역할을 한다.

4) 소감 나누기
[지도자] 즐거웠습니까? 이 활동에 참여하면서 느낀 점을 잠깐 나눠 볼까요?

2. 전개단계(70분)

1) 적응만족도 곡선 그리기[별지 2 - 1]

가. 활동목적의 설명
[지도자] 유학생이라고 하면 국내에서든 여기에서든 참 많은 사람들이 부러워하지요? 그러나 우리는 종종 남들의 부러운 시선을 귀찮아하거나 우리를 제대로 이해하지 못했다고 불평할 때도 많지요? 낯선 땅에 와서 처음부터 모든 것을 새롭게 시작하는 것은 쉬운 일이 아닙니다. 이 과정에서 남들이 부러워하는 소중한 유학경험도 했지만 실은 남모르는 고민과 아픔도 많았었지요? 특히 한국에서 한국 사람을 만나고 한국 사람과 좋은 관계를 맺고자 할 때 정말 중국처럼 확신 있고 쉽지 않았었지요? 왜 이런 현상이 있었을까요? 많은 유학생들은 무조건 한국 사람이 나쁘다거나, 자기는 한국 사람을 사귀려는 생각이 없

다거나, 자기는 대인관계에서 능력이 없다고 하는데 저는 그렇게 보지 않습니다. 한국 사람들은 일부 유학생들이 말하는 것처럼 나쁜 사람만이 아니라고 생각합니다. 그리고 우리는 누구나 한국 사람과 좋은 관계를 맺고 싶어 하고 또 그런 능력이 있다고 생각됩니다. 단, 우리들의 일시적인 좌절과 어려움 때문에 우리의 대인관계욕구를 인정하지 않았을 뿐입니다. 여러분은 어디에서 무엇을 하든지 사람을 떠나는 일은 없었을 겁니다. 가령 실험실에서 밤새도록 혼자서 실험을 했다 하더라도 실험의 준비부터 결과까지 다른 사람과 연결이 될 겁니다. 사람들과의 관계가 만족스럽지 못하다면 여러분의 생활 자체도 만족스럽다고 하기 어려울 겁니다. 다음은 '적응만족도 곡선 그리기' 활동을 통하여 여러분의 유학생활을 점검해 보겠습니다. 이 활동은 여러분의 지나온 과정을 돌아보면서 언제 무엇 때문에 만족스러웠고, 언제 무엇 때문에 불만스러웠는지를 탐색하는 활동입니다. 여러분이 평상시에는 자기의 불쾌한 경험들을 보기 싫어하겠지만 이 시간에는 되도록 솔직한 마음으로 자기의 유학생활을 되돌아보았으면 좋겠습니다. 여기에서 여러분이 잘했다 못했다고 평가하는 시간은 아닙니다. 여러분의 경험을 탐색함으로써 여러분의 만족스러운 생활에 방해가 되는 문제를 찾아내고 그 문제를 제거하는 데 궁극적인 목적이 있습니다. 한번 진지하게 참여해 보기 바랍니다.

나. 진 행

[지도자] 지금부터 적응 만족도 곡선을 그려보겠습니다. [별지 2-1]을 보겠습니다.

가로축은 체류시간입니다. 세로축은 만족도입니다. 만족도는 만족과 불만 두 부분으로 나누었습니다. 불만척도는 '-' 영역에서

체크하면 되고요, 만족척도는 '+' 영역에서 체크하면 됩니다. 불만 지수가 높으면 높을수록 '－' 점수도 높아지고, 낮으면 낮을수록 점수도 낮아집니다. 만족도지수도 마찬가지입니다. 각 체류시간에 본인의 회상을 통하여 만족도와 불만족도를 축에 'ㆍ'으로 체크해 보세요. 그리고 점들을 선으로 연결해 보세요. 곡선을 그리는 과정 에서 여러분이 한국에서의 여러 가지 경험들이 떠오를 겁니다. 그 경험들을 근거로 만족도를 체크합니다. 곡선을 그린 다음에는 각자 의 곡선을 설명하는 시간을 가지게 됩니다.

다. 적응경험 발표하기

[지도자] 지금부터 각자가 그린 곡선을 서로에게 보이도록 바닥 에 펼쳐 놓겠습니다. 자기가 가장 궁금한 그림을 하나 고르세요. 선택한 이유와 궁금한 내용을 설명하고 그림의 주인이 설명해 줄 수 있도록 요청해 보겠습니다.

라. 일반 유학생의 적응규칙설명하기

[지도자] 여러분은 어떻습니까? 자기의 적응경험에 대하여 놀랍습니 까? 아니면 편안하게 받아들일 수 있습니까? 우리와 같은 다른 문화 를 접할 수 있는 기회를 가진 사람을 대상으로 문화적응을 연구하는 연구결과들이 많습니다. 여기에서 Furnham(1986)의 연구결과를 간단하 게 소개해 드리겠습니다. 여러분의 경험과 비추어 보시기 바랍니다. 같 으면 안도감을 느낄 수 있겠지요? 다르면 왜 다른지를 알고 싶으면 저 와 개별적으로 만나서 이야기를 나눠 보도록 하겠습니다. [별지 2－2] 를 참조해 보겠습니다.

3) 문화적응유형 알아보기[별지 2 - 3]

가. 활동목적 설명

[지도자] 문화적응과정에서 일반사람들은 자기만의 적응책략이 있습니다. 이 책략은 자기를 발전시킬 수도 있고 자기를 구속시킬 수도 있는데 여러분의 적응책략을 알아보기 위하여 Dasen(2002)이 연구한 네 가지 적응책략으로 여러분의 경험을 비춰 보도록 하겠습니다. 여러분의 경험은 서로 다를 수도 있지만 다르면 어떻게 다른지에 대하여 이야기 해 보도록 하겠습니다.

나. 활동진행

[지도자] 지금부터 우리의 적응유형을 알아보도록 하겠습니다. [별지 2 - 2]를 보겠습니다. 한번 읽어 보시고 본인은 시기에 따라 어떤 적응전략을 선택했는지 맞춰 보고 발표하도록 하겠습니다.

다. 소감 나누기

[지도자] 여러분은 이런 방식으로 자기의 경험을 점검해 본 적이 없었지요? 활동을 진행하면서 여러분은 어떤 생각이 떠올랐습니까? 지금은 어떤 기분이 듭니까? 소감을 나눠 보도록 하겠습니다.

3. 정리단계(20분)

[지도자] 오늘은 유학생활을 하면서 우리의 적응경험과 적응유형을 알아보는 시간을 가져 보았습니다. 여러분의 많은 생각과 감정을 자극했을 겁니다. 이 활동에 참여하여 느끼신 소감을 간단하게 나눠 볼까요? 소감을 나누기 전에 먼저 노트에 간단하게 정리하는 시간을

드리겠습니다. 나는 오늘의 활동을 통하여 무엇을 느끼게 되었고 어떤 새로운 것을 배웠으며 나의 경험을 해석하는 데 어떤 도움이 됐는지를 중심으로 생각을 정리해 보세요.

참여자용 [별지 2 - 1]

대인관계의 총체적인 만족도

만족도	0 - 3개월	4 - 6개월	7개월 - 1년	1년 - 2년	2년 - 3년	3년 - 4년	4년 이상
5							
4							
3							
2							
1							
- 1							
- 2							
- 3							
- 4							
- 5							

■ 자신이 그렸던 곡선을 보면서 생각을 해 보십시오.

◆ 불만지수가 가장 높을 때는 언제였습니까? 누구와 무슨 일이 있었습니까? 그때 어떻게 하였습니까? 기분은 어떠했습니까?

_____

_____

◆ 본인의 적응곡선이 어떤 특징이 있습니까? 스스로 어떻게 해석할 수 있다고 생각합니까? 여기에서 어떤 중요한 규칙을 발견하였습니까?

_____

_____

_____

_____

_____

_____

　　◆ 본인이 가장 만족스러울 때는 언제였습니까? 그 원인은 무엇이라고 생각합니까?

_____

_____

_____

_____

_____

_____

일반 유학생의 적응규칙

Furnham과 Bochner(1986)는 문화적응곡선으로 일반사람들이 이국 문화를 접할 시 겪게 될 문화적응과정을 설명한 바 있다. 즉 첫 번째 단계에서는 아주 짧은 밀월기가 있다고 하였다. 이 시기는 신혼기처럼 황홀감을 느끼게 되고 접하는 모든 것이 새롭고 과도하게 흥분하기도 한다고 하였다. 두 번째 단계는 문화적인 충격을 경험하는 혼란과 갈등 시기가 있다고 하였다. 실제생활을 시작하면서 가치관과 생활방식의 차이를 지각하게 되는데 양쪽 모두 타협하지 못하면 충돌이 일어나게 되고 이러한 충돌이 해결 안 되면 상당히 괴롭고 고통스러운 시기를 겪게 된다고 하였다. 세 번째 단계는 문화적응의 단계로서 새로운 환경에서 현지의 문화규칙과 가치를 배워 가며 어느 정도 적응하여 그 사회의 일원으로 수용받기 시작한 시기이다. 이 시기는 상대적으로 침체되어 있어 보이지만 개인에게 있어서는 아주 중요한 새로운 문화를 학습하는 시기라고 볼 수 있다. 네 번째 단계는 적응을 완성한 안정기로서 개인은 새로운 문화를 내면화하여 그 사회의 일원으로서 정상적인 사회생활을 할 수 있는 시기라고 볼 수 있다. 그러나 개개인이 새로운 문화를 받아들이고 적응하는 정도에 따라 안정기에서 보이는 개개인의 특징은 차이가 아주 크다. 어떤 사람은 새로운 문화를 적응하는 데 실패하여 모국문화를 고수하는 방법으로 상대적으로 폐쇄적인 상태로 안정을 유지하고, 어떤 사람은 새로운 문화를 전반적으로 받아들여서 로마인보다 더 로마인다운 사람이 되어 안정을 찾고, 또 어떤 사람은 양 문화를 통합한 자신만의 독특한 문화를 창출하여 안정기를 시작한다고 하였다.

참여자용 [별지 2 - 3]

문화적응유형(4유형 설명)

동화형: 이 영역에 속하는 사람들은 무조건 외국 것이 좋다고 여기고 자기 문화를 경시하는 경향이 있다. 이러한 유형의 사람들은 자기문화에 대한 이해의 부족으로 인한 정체성의 문제가 발생하게 된다.

주변형: 이 영역에 속하는 사람들은 두 문화권 모두에 적응하지 못하고 주변에서만 맴돈다. 어느 문화에도 소속감을 느끼지 못하고 기존의 가치를 부정하고 허무주의나 쾌락에 빠지기 쉽다.

분리형: 이 영역에 속하는 사람들은 다른 문화를 배타적으로 대하고 보수적이며 타민족을 무시하며 자민족의 우수성만을 강조하는 경향이 있다. 미래에 대한 비전이 없고, 자신감이 결여되어 있고, 위축되어 있다.

통합형: 이 영역에 속하는 사람들은 통합되고 균형 잡힌 안목으로 대부분의 문화적 체험을 자기성장의 기회로 이용한다.

동화형							
주변형							
분리형							
통합형							
적응유형	0 - 3개월	4 - 6개월	7개월-1년	1년 - 2년	2년 - 3년	3년 - 4년	4년 이상

■ 생각하기

본인은 왜 이런 적응방식을 선택했습니까? 느낌은 어떻습니까? 바꾼다면 어떻게 바꾸고 싶습니까?

제3회기 대인관계 문제의 이해

제 목		문화적인 맥락에서의 대인관계 문제의 이해	
목 표		1) 대인관계 문제의 원인탐색과 확인 2) 개선목표수립	
활 동 개 요		주 요 활 동	소요시간
	준 비	■ 준비활동: 내 몸, 내 사랑하기 　1) 준비활동의 목적과 규칙을 설명하기 　2) 진행인도하기 　3) 마무리 및 느낌 나누기	20분
	전 개	■ 문화충격요인의 탐색과 확인 　1) 문화충격 증상체크하기[별지3 - 1] 　2) 대인관계에 미치는 영향 - 불편한 관계 찾아보기 ■ 자기기능 요인의 탐색과 확인 　1) 자기기능의 특성을 점검하기[별지 3 - 2] 　2) 대인관계에 미치는 영향 찾아보기 ■ 대인기술요인의 탐색과 확인 　1) 잘못 길들여진 의사소통의 습관을 체크하기[별지 3 - 3] 　2) 대인관계에 미치는 영향 찾아보기	90분
	정 리	■ 소감 나누기	10분
기대효과		1. 문화적인 맥락에서의 대인관계패턴을 발견하고 2. 자기의 대인관계 특성을 이해하고 문화차이를 이해한다.	
준비물		1. 명찰 2. 필기도구 3. 별지자료 4. 평가지	

3회기 활동 내용

1. 준비단계(30분)

1) 활동목적소개

[지도자] 피곤하지요? 3회기 진행하기 전에 우리 신체활동을 하나 하겠습니다. 이 활동의 이름은 '내 몸, 내 사랑하기'입니다. 이 활동의 목적은 관심의 초점을 완전히 자기한테 집중하는 것입니다. 이 활동을 통하여 여러분은 자기의 신체에 대하여 좀 더 관심을 가질 수 있고 다른 집단원에 대하여 좀 더 이해할 수 있게 됩니다.

그럼 저의 지시에 따라 진행해 보도록 하겠습니다.

2) 활동의 진행방법소개

가. 눈을 감으십시오.

나. 머리부터 발끝까지 전신을 살며시 쓰다듬어 보겠습니다. (머리, 얼굴, 목, 팔, 가슴, 배, 다리⋯⋯)

다. 상처 입었던 곳에 머무르십시오.

라. 눈을 뜨세요. 간단하게 설명하세요. 언제, 어디에서, 왜 상처를 입었습니까?

⋯⋯

마. 눈을 다시 감으십시오.

바. 오른손에 힘을 주겠습니다. 하나, 둘, 셋, 점점 더 강하게 힘을 주겠습니다. 더 강하게, 더 강하게, 힘을 푸세요.

사. 이번에는 왼손에 힘을 주겠습니다. (같은 방법으로 진행)

아. 이렇게 우리는 우리의 신체를 통제할 수 있지요?

3) 소감나누기

[지도자] 이 활동을 통하여 여러분은 무엇을 느꼈습니까? 간단하게 소감을 나눠 볼까요?

지금까지 자기의 몸에 대하여 어떻게 생각했습니까? 전신답사를 하면서 어떤 느낌이 있었습니까? 다른 사람의 이야기를 들으면서 어떤 느낌이 들었습니까? ……

2. 전개단계(70분)

1) 문화충격 증상 체크하기[별지 3 – 1]
가. 활동의 목적

[지도자] 한국에 와서 갑자기 무능력해졌다는 느낌이 들 때가 있지요? 매사에 조심해야 되고, 누구를 만날 때 어떤 말을 해야 적절한지, 많은 생각을 해야 하기 때문에 머릿속이 복잡해졌다는 느낌도 들지요? 중국에서는 똑같은 방법으로 행동해도 크게 문제가 되지 않았는데 한국에 와서 이러지도 저러지도 못할 때 많지요? 왜 이런 현상이 생길까요? 많은 중국유학생들은 자기가 불편하고 불쾌하면 무조건 한국 사람의 문제라고 생각하는데 실은 그렇지 않습니다. 여러분은 문화충격이라는 말을 들어 본 적 있으세요? 일반적으로 두 개의 상이한 문화를 접하게 되면 일련의 심리적인 부적응현상이 나타나는데 이것을 보고 문화충격이라고 합니다. 문화충격을 경험하면 어떤 증상이 있을까요? 이 활동을 통하여 여러분은 자기의 문화충격 증상을 알아보고 문화충격 때문에 대인관계에 미친 영향의 원인을 알아볼 수 있습니다.

나. 활동의 진행

[지도자] 지금까지 우리는 문화충격이 무엇인지 모르면서 지내 왔습니다. 다음은 기존의 연구에서 추출한 문화충격 증상에 비추어 보면서 자신의 문화충격경험을 탐색해 보고 자기의 경험을 확인해 보겠습니다. 어떤 사람은 상대적으로 증상이 많은 수 있고 어떤 사람은 적을 수도 있습니다. 자기의 실제경험을 바탕으로 [별지 3 - 1]의 내용으로 맞춰 보도록 하겠습니다.

[지도자] 이런 증상들이 대인관계에 어떤 영향을 미쳤는지 생각 해 보시고 옆에 간단하게 적어 보겠습니다.

다. 소감 나누기

[지도자] 조금 전에 탐색한 내용을 나눠 보도록 하겠습니다.
......

2) 자기성숙의 문제를 탐색하기[별지 3 - 2]

가. 활동의 목적

[지도자] 여러분은 자기에 대하여 어떻게 생각하고 있습니까? 자기라고 하면 사람들은 자기의 외모, 자기의 출신, 자기의 특기, 자기의 직업, 자기의 고민부터 이야기를 하는데요, 이런 객관적인 사실이 당연히 자기와 관련이 있습니다. 그런데 여기에서 말하는 자기란 자기의 모든 경험과 자기에 관한 견해의 총칭입니다. 예를 들어, 겉으로 보기에 똑같은 특징의 외모를 가졌다 하더라도 그 외모에 대한 스스로의 평가와 감정은 다를 겁니다. 자기는 바로 이러한 객관적인 사실과 내면의 체험을 조직하고 정리하는 통솔자

입니다. 이 통솔자의 능력에 따라 사람들은 너무나 다른 생활을 하게 됩니다. 여러분의 자기기능은 어떻습니까? 이 활동은 여러분이 스스로 자기의 기능을 점검하고 무엇이 우리들로 하여금 불쾌감을 느끼게 하는지를 이해할 수 있게 도와줍니다.

나. 활동의 진행
[지도자] 본인의 자기기능을 한번 점검해 보겠습니다. [별지3 - 2]를 보겠습니다.

읽어 보시고 자기의 경험과 비교해 보세요. 본인은 어떤 점이 강하고 어떤 점이 약하다고 생각하십니까? 그리고 자기기능의 미숙이 대인관계에 미치는 영향을 생각해 보겠습니다. 나의 이런 특성 때문에 언제 어디에서 누구와의 대인관계에서 어떤 문제가 있었는지를 생각해 보시고 나중에 발표하도록 하겠습니다.

메모를 하시면서 읽으시기 바랍니다.

다. 소감 나누기
[지도자] 조금 전에 탐색한 내용을 나눠 보도록 하겠습니다.

3) 대인기술의 탐색과 확인[별지 3 - 3]
가. 활동의 목적
[지도자] 사람과 만날 때 주로 대화를 합니다. 그런데 대화는 즐겁고 생산적인 대화가 있는가 하면 우리를 기분 나쁘게 만드는 대화도 있습니다. 왜 이런 현상이 있을까요? 의사소통을 전문적으로 연구하는 학자들은 사람들의 대화를 분석하고 사람들이 의사소통을 할 때 나쁜 습관들이 있다는 것을 발견하였습니다. 예를 들어

대인관계에서 자꾸 남을 교육시키려는 경향이 있거나, 자기의 기준으로 다른 사람을 평가하고 비난하는 경향들이 바로 나쁜 습관들입니다. 우리의 대화습관은 어떤가요? 다음은 본인이 의사소통하는 과정에서 혹시 어떤 나쁜 습관들이 있는지 점검해 보는 시간을 가져 보도록 하겠습니다.

나. 활동의 진행

[지도자] [별지 3-3]을 참조하여 먼저 혼자서 점검해 보도록 하겠습니다. 차근차근 읽으시고 자기의 경험과 유사하는 항목에 체크해 주세요.

[지도자] 이런 습관들이 대인관계에 어떤 영향을 미쳤는지 한번 생각해 보겠습니다. 구체적으로 어떤 사람과 어디에서 어떤 대화를 할 때 이런 습관들이 드러났습니까? 상대는 어떻게 반응하였습니까? 왜 그렇게 반응했는지 이해가 됩니까?

다. 소감 나누기

[지도자] 그럼 각자가 정리한 생각을 나눠 보겠습니다. 어떤 중요한 생각을 가졌거나 중요한 통찰이 일어날 때 그것을 언어로 표현하고 또 다른 사람과 나누면 서로 감정이 통하여 기쁨이 배로 늘어날 수도 있습니다. 그럼 먼저 정리한 사람부터 이야기해 보겠습니다.

3. 정리단계(10분)

[지도자] 오늘은 참 중요한 시간을 가졌습니다. 여러분은 한국에서 많은 사람을 만나고 많은 사람과 친하게 잘 지내고 있지만, 여

러분이 진정으로 원하는 서로의 깊은 믿음과 그 믿음을 바탕으로 하는 인간적인 만남의 희열은 많이 경험해 보지 못했습니다. 오늘은 여러분과 함께 그 원인을 찾아봤습니다. 그런데 문제점을 알았다고 해서 문제가 저절로 해결할 수 있는 것은 아닙니다. 다음 회기부터는 문제해결에 도움 되는 집단경험과 기술훈련을 통하여 여러분의 대인태도와 대인능력이 변화할 수 있도록 도와 드리겠습니다. 이번 회기에 무엇을 배웠고 어떤 것을 느꼈는지에 대하여 메모해 두는 시간을 가져 보도록 하겠습니다. 여러분! 수고했습니다!

참여자용 [별지3 - 1]

문화충격 증상이 대인관계에 미치는 영향

일반증상	본인의 증상	대인관계에 미친 영향
심리적 적응을 위한 과도한 노력과 긴장		
친구, 지위. 직업, 소유물에 관한 상실감		
친구, 지위. 직업, 재산. 자격. 권리에 관한 박탈감		
새로운 문화의 성원으로 거부당할 때 치욕감		
새로운 문화성원을 의도적으로 거부하는 혐오감		
새로운 문화에서의 역할혼란		
새로운 문화에서의 역할기대 부적응		
새로운 문화에서의 감정변화		
새로운 문화에서의 가치혼란		
새로운 문화에서의 자아정체성의 혼란		
문화차이를 깨달은 후의 놀라움		
문화차이를 모를 때의 막연한 불안		
이 문화에 대한 혐오감		
문화차이 때문에 좌절을 겪은 것에 대한 분노		
새로운 환경에 대처할 수 없는 무능감		

대인관계에 영향을 미치는 자기성숙 문제

첫째, 건강한 자기는 활기 있고 기쁘게 그리고 자발적으로 다양한 감정을 깊이 체험하는 능력이 있다. 건강한 자기는 좋은 감정, 나쁜 감정, 유쾌한 감정, 불쾌한 감정 모두를 체험하게 해 준다.

본인의 감정 체험은? _____

_____

_____

–

둘째, 건강한 자기는 적절한 권리를 기대하는 능력이 있다.

본인의 권리감은? _____

_____

_____

셋째, 자기를 활성화하고 자기주장을 할 수 있는 능력이 있다.

본인의 자기주장 능력은? _____

_____

_____

–

넷째, 자기 존중감의 인정 능력이 있다.

본인의 자기존중능력은 _____
_____
_____

다섯째, 고통스러운 감정을 진정시키는 능력

본인의 괴로운 감정 진정능력은 _____
_____
_____

여섯째, 인생에서 전념할 만한 일을 정해 매진하는 능력이 있다.

본인의 일에 매진하는 능력은 _____
_____
_____

일곱째, 창조성이 있다.

본인의 자기창조성은 _____
_____
_____

여덟째, 성적 친밀감 능력이 있다.

본인의 성적 친밀감 능력은 _____

_____

아홉째, 홀로 있을 수 있는 능력이 있다.

본인의 홀로 있을 수 있는 능력은 _____

_____

_____

참여자용 [별지3 - 3]

대인관계를 어렵게 하는 습관과 태도

1) 자기 기준으로 보기

상대의 입장이나 형편을 고려하지 않고 자기 기준에서 평가 판단하는 태도

예1: 어쩌면 사람이 그럴 수가 있니? 세상에 어디 그런 법 있니?

예2: 말도 되지 않는 소리를 한다.

_____

_____

_____

2) 캐묻기

상대의 심정을 공감하거나 수용하지 않고 사실적인 원인을 끝까지 따지고 캐묻는 태도.

예1: 도대체 무엇 때문에 그러지?

예2: 언제부터 그러기 시작했니?

_____

_____

_____

3) 충고 조언하기

상대의 생각을 들어 보지 않고 일방적으로 자기의 생각을 제시하는 태도

예1: 내 말대로 하라니까.

예2: 그렇게 생각하지 말고 이렇게 생각해 봐.

_____

_____

_____

4) 지적하기

상대방의 약점을 꼬집어 주고 고치기를 요구하는 태도

예1: 자네 그 고집 좀 버릴 수 없나?

예2: 자네는 말이 많은 게 탈이야, 제발 말을 좀 적게 해.

_____

_____

_____

5) 뽐내기
자기자랑 또는 과시하는 태도
예1: 말이 나왔으니 말이지…….
예2: 내 자랑은 아니지만…….

_____

_____

_____

6) 혼자 떠들기
상대가 관심이 있는지 없는지 확인하지도 않고 또 상대에게 이야기할 기회는 전혀 주지도 않고 끝도 없이 혼자서만 떠드는 태도
예1: 있잖아, 말이 길어질지도 모르지만 옛날에 …….
예2: 내말의 뜻은…….

_____

_____

_____

7) 말을 가로 막거나 끼어들기
상대의 말이 채 끝나기도 전에 가로막는 행위
예1:무슨 소리인지 잘 알 것 같은데…….
예2: 내 생각에는…….

_____

_____

_____

8) 무시하기

상대를 인격적으로 무시하는 말투를 사용하는 행위

예1: 어이, 그것도 말이라고 하나?

예2: 야~ 젓, 젓, 젓, 그렇게도 머리가 안 돌아가나?

_____

_____

_____

9) 비꼬거나 빈정대기

상대의 가슴을 찌르고 속을 뒤틀어 놓는 말투

예1: 자네야, 워낙 머리가 좋은 사람이니까 이런 신통한 발상을
    해내지 우리 같은 보통 사람들의 머리로는 도저히 이런 생
    각을 할 수가 없어.

예2: 내 버려둬. 걔하고 우리하고는 차원이 달라…….

_____

_____

_____

10) 딴전 피우기

상대의 이야기를 듣다가 갑자기 화제를 바꾸거나 딴전을 피워서
상대를 어리둥절하게 하는 행위

예1: 선배님, 논문을 좀 봐 주실 수 있어요…….

야, 어젯밤 그 드라마 봤어?

_____

_____

_____

◆ 내가 자주 사용하는 나쁜 버릇은 어떤 것이 있는가?

_____

_____

◆ 주로 언제 누구에게 어떤 상황에서 사용했는가?

_____

_____

_____

◆ 무슨 마음으로 그런 행위를 했는가?

_____

_____

_____

◆ 결국 인간관계에 어떤 영향을 미쳤는가?

_____

_____

_____

◆ 다른 사람이 나한테 자주 사용하는 행위는 어떤 것들이 있는가?

_____

_____

_____

◆ 그때 나의 기분은 어떤가?

_____

_____

_____

◆ 상대가 어떻게 하기를 원하는가?

_____

_____

_____

제4회기 자기존재감 경험

제목		자기 존재감 체험	
목표		안정적인 자기감각의 발달	
활동개요		회기내용	소요시간
	준 비	■ 준비활동: 끼리끼리 닮아가기 1) 준비활동의 목적과 규칙을 설명하기 2) 진행인도하기 3) 마무리 및 느낌 나누기	20분
	전 개	■ 내가 보는 나 - 문장완성하기 [별지 4 - 1] 1) 별지를 나누어 준다. 2) 제한된 시간 내에 작성하도록 한다. 3) 작성한 내용을 발표하게 한다. ■ 타인이 보는 나 - 벽보 피드백 [별지 4 - 2] 1) 벽보를 미리 준비하고 나누어 준다. 2) 각자의 특성에 맞게 벽보를 약간 장식하고 원하는 피드백의 내용 란을 스스로 만든다. 3) 벽보를 원하는 자리에 붙여 놓는다. 4) 참여자들이 자유자재로 벽보에 쓰고 싶은 내용을 쓴다. ■ 새로 발견한 나 1) 받은 피드백을 읽고 떠오르는 감정과 생각을 발표한다. 2) 자신에 관하여 정리하는 시간을 가진다.	90분
	정 리	■ 새로 발견한 자기를 발표한다.	10분
기대효과		■ 자기표상을 탐색하고 타인 및 자기 관점으로 보는 다양한 자기를 수용한다. ■ 자기의 표상을 수정하고 긍정적인 자기기대를 한다.	
준 비		1) 명찰 2) 펜 3) 자료 4) 평가지 5) 음악 6) 벽보용지 7) 녹음기 8) 필기도구	

4회기 활동 내용

1. 준비단계(30분)

1) 활동목적 소개

[지도자] 4회기 시작하기 전에 우리 먼저 준비활동을 하나 하겠습니다. 활동의 이름은 '끼리끼리 닮아 가기'입니다.

이 활동의 목적은 집단원들의 친밀감과 응집력을 증진시키기 위하여 설계한 활동입니다. 이 활동을 통하여 여러분은 다른 집단원을 보다 많이 이해할 수 있을 겁니다. 그의 관심사뿐만 아니라, 그의 대인태도와 관찰력도 함께 알게 될 겁니다. 그럼 저의 지시에 따라 진행해 보겠습니다.

2) 활동의 진행절차

가. 집단원 중 한 사람을 먼저 지정합니다.

나. 지정한 사람은 자기의 취미와 특징을 이야기하고 동작으로 표현하도록 합니다. 이때 다른 집단원은 잘 듣고 잘 관찰해야 합니다.

다. 지정한 사람의 이야기가 끝나면 다른 집단원들이 똑같은 동작을 따라 합니다.

라. 지정한 사람은 집단원 한 사람, 한 사람을 보면서 자기의 동작과 일치한지를 판단한다. 일치하지 않는 사람 있으면 왜 일치하지 않는지 자기의 의도는 무엇인지를 설명한다. 그리고 집단원도 자기의 이해를 설명하고 왜 그렇게 했는지를 자기의 사정을 이야기한다.

마. 이런 대화를 통하여 집단원의 개인문제를 발견하고 집단원 간 서로에 대한 이해를 깊게 한다.

3) 소감 나누기

[지도자] 여러분, 간단한 동작의 모방이지만 참 쉽지 않다는 것을 느꼈었지요? 다른 사람을 있는 그대로 이해하고 있는 그대로 모방하는 것도 쉽지 않습니다. 우리는 종종 우리의 환경과 특성 때문에 다른 사람의 의도를 조금씩 왜곡시킬 때 있다는 것을 발견 했었지요? 그리고 자기의 의도를 분명하게 설명하려고 노력하는 여러분의 모습도 보셨지요? 여러분은 이 활동을 통하여 무엇을 배웠습니까? 어떤 느낌이 들었습니까?

2. 전개단계(40분)

1) 내가 보는 나-문장완성하기[별지 4-1]

가. 활동의 목적

[지도자] 일상에서 우리는 자기를 돌아보는 시간을 가진다는 것이 참으로 어렵습니다. 자기를 잘 알아야 자기를 잘 관리할 수 있고 나아가서 다른 사람을 이해하고 다른 사람과 좋은 관계를 맺을 수 있습니다. 이 활동은 여러분이 자기를 탐색하고 자기를 이해하는 데 도움을 줄 수 있습니다.

나. 활동의 진행

[지도자] [별지 4-1]를 보겠습니다. 깊이 생각하지 마시고, 문장을 완성하십시오. 작성한 다음, 작성한 내용을 발표하겠습니다.

2) 타인이 보는 나 - 벽보 피드백[별지 4 - 2]

가. 활동의 목적

[지도자] 어떤 사람은 자기가 보는 자기만 진짜 자기라고 생각하는 경우 있습니다. 또 어떤 사람은 다른 사람이 보는 자기만 진짜 자기라고 생각하는 사람도 있습니다. 여러분은 어떻게 생각합니까? 저는 다양한 시각이 합쳐서 여러분의 전체를 구성했다고 생각합니다. 여러분은 자기도 모르는 사이에 이미 다른 사람에게 인상을 남겼습니다. 궁금하지요? 다른 사람은 나를 어떻게 보고 있을까? 다음 활동은 여러분이 다른 사람의 관점을 이해하는 데 도움이 됩니다. 다른 사람의 관점이 틀렸다고 판단하지 마시고 그 사람은 왜 나를 이렇게 보고 있을까에 초점을 맞추세요. 다른 사람의 관점은 그 사람의 행동에 영향을 미치게 됩니다. 마찬가지도 여러분도 다른 사람에게 피드백을 줘야 되기 때문에 자기의 관점이 어떤 특징이 있고 이런 관점이 여러분의 대인태도에 어떤 영향을 미쳤는지 생각해 보시기 보랍니다.

나. 활동의 진행

[지도자] 여기에 종이를 준비해 놓았습니다. 여러분은 각자의 성격과 기능에 따라 이 종이를 장식해 보시요. [별지 4 - 2]를 참조할 수 있습니다. 그리고 이 방에 여러분이 가장 원하는 자리에 붙이시오. 지금부터 돌아가면서 쓰고 싶은 내용을 쓰겠습니다. 여러분은 종이에 내용을 쓸 때 꼭 성심성의껏 써 줘야 합니다.

3) 새로 발견한 나

가. 활동의 목적

[지도자] 자기탐색의 궁극적인 목적은 자기를 더 깊이 이해하는
데 있습니다. 자기를 깊이 이해해야 자기를 편안하게 수용하고 나
아가서 다른 사람도 깊게 이해하고 깊게 수용할 수 있습니다. 여
러분은 자기 탐색의 활동을 통하여 새로운 자기를 발견하였습니다.
정말 자기가 그런 면이 있었다는 것을 몰랐는데 자기의 관찰과 다
른 사람의 눈으로 자기의 새로운 모습을 발견하고 수용했으면 여
러분은 정말 큰 것을 얻었을 겁니다.

나. 활동의 진행

[지도자] 지금부터 받은 피드백을 읽으시고 떠오르는 감정과 생
각을 발표하도록 하겠습니다.

......

[지도자] 자신에 관하여 정리하는 시간을 가져 보겠습니다. '옛
날에 나는 내가 이런 사람인줄 알았는데 오늘 내가 새롭게 발견한
나는……' 이런 식으로 정리해 보겠습니다.

3. 정리단계(10분)

[지도자] 이번 회기에 '문장 완성하기', '벽보 피드백', '새로 발
견한 나' 등의 활동으로 여러분이 스스로 자기를 탐색해 보았습니
다. 여러분은 자기를 좀 더 깊이 이해하게 되었을 겁니다. 옛날에
는 '나는 겁 많은 사람이다', '나는 거짓말을 질색하는 사람이다',
'나는 의지력이 없는 사람이다'라는 식으로 자기를 단정해 버려서

도전을 두려워하거나 주변 사람들을 용납하기 어려워하거나 일을 지속적으로 추진하기 어려워했다면 이제는 여러분이 스스로 자기의 부정적인 면도 편안하게 받아들이고, 자기가 그런 사람이기보다 그런 면이 있는 사람으로 보게 되면, 스스로 자기를 새롭게 동기화할 수 있습니다. 자기의 어떤 상이 떠오를 때 그것이 자기의 전부로 착각하지 마시고, 여러분은 정말 자기가 원하는 건강하고 훌륭한 모습도 있다는 것을 기억해 주시기 바랍니다.

참가자용 [별지4 - 1]

대인관계와 관련된 문장 완성하기

(다음 문장을 깊이 생각하지 말고 빠른 속도로 완성하세요.)

1. 한국에서 내가 정말 포기할 수 없는 것은

_____
_____
_____
_____

2. 내가 처음 한국 왔을 때

_____
_____
_____
_____

3. 한국에서 나를 가장 기분 나쁘게 하는 것은

_____

_____

_____

_____

4. 한국에서 내가 행복해지려면

_____

_____

_____

_____

5. 한국에서 내가 제일 두려워하는 것은

_____

_____

_____

_____

6. 한국에서 내가 하지 말았어야 하는 일은

_____

_____

_____

_____

7. 한국에서 내가 살아야 할 이유는

_____

_____

_____

_____

8. 한국에서 나를 가장 괴롭히는 것은

_____

_____

_____

_____

9. 나의 인간적인 매력은

_____

_____

_____

_____

10. 나의 성격은

_____

_____

_____

_____

11. 나의 한국 친구들은 나를

_____

_____

_____

_____

12. 나의 지도교수는 나를

_____

_____

_____

_____

13. 나의 선배는 나를

_____

_____

_____

_____

14. 나의 후배는 나를

_____

_____

_____

_____

15. 나의 특별한 점을 말한다면

_____

_____

_____

_____

참가자용 [별지4 - 2]

벽보 피드백

벽보 피드백 예

내게 꼭 해 주고 싶은 격려의 말 한마디는?	
조심스럽지만 해 주고 싶은 지적사항은?	
당신이 보는 나의 단점은?	당신이 보는 나의 장점은?

주의사항:

1. 벽보를 준비하는 사람

1) 자기가 듣고 싶은 피드백을 영역으로 나누어서 표시한다.

2) 충분한 공간을 비워 둔다.

3) 합리적으로 내용영역을 배치한다.

4) 피드백을 100% 정확하다고 생각하지 말아야 한다.

5) 긍정적인 피드백이든 부정적인 피드백이든 자기한태 향한 관심으로 받아들이고 감정을 자극한 피드백 있으면 집단에서 내놓는다.

2. 벽보에 피드백을 쓰는 사람

1) 정직하고 성심성의껏 써 준다.

2) 되도록이면 근거 있는 말을 한다.

3) 애매하게 표현하지 말고 분명하게 표현한다.

4) 자극적인 언어나 저속적인 말을 쓰지 말아야 한다.

5) 단점을 지적할 때 상처가 되지 않도록 조심해야 한다.

제5회기 타인관점조망수용 경험

제 목		타인관점조망수용	
목 표		타인관점조망수용 능력의 발달	
활동개요		주요활동	소요시간
	준비	▪ 준비활동: 칭찬언어 익히기 1) 칭찬의 의미 설명하기 2) 듣고 싶은 칭찬을 찾아 두기 3) 집단원 중 한 사람을 찾아가서 그 말을 해 달라고 부탁하기 4) 느낌 나누기	20분
	전개	▪ 한국인의 입장되어 보기(별지 5) 1) 한국인의 욕구를 파악해 보기 2) 한국인의 감정을 공감해 보기 3) 상대의 생각을 확인해 보기 ▪ 한국인을 칭찬해 보기 1) 자기한테 영향을 많이 미치는 한국인을 정하고 둘씩 마주앉아 한국인 칭찬연습을 해 보고 소감 나눠 보기	90분
	정리	▪ 소감 나누기	10분
기대효과		▪ 다른 사람의 입장을 이해하고 타인의 관점을 조망 수용한다. ▪ 긍정적인 대인기대를 한다.	
준비물		1) 명찰 2) 펜 3) 자료 4) 평가지	

5회기 활동 내용

1. 준비단계(30분)

1) 활동의 목적

[지도자] 5회기 시작하기 전에 우리 먼저 준비활동을 하나 하겠습니다. 활동의 이름은 '내가 듣고 싶은 칭찬의 말 한마디'입니다. 여러분

은 일상에서 사람을 잘 칭찬하나요? 혹시 칭찬을 아부로 오해하고 있는 사람도 있나요? 칭찬은 사랑 다음에 가장 소중한 선물입니다. 이 활동을 통하여 여러분은 칭찬이 어떻게 사람들의 정서를 바꾸고 힘이 되는지를 경험하게 될 겁니다. 그럼 시작해 볼까요?

2) 활동의 진행절차

가. 여러분은 생활에서 다양한 칭찬의 말을 들어 보셨지요? 그런데 가끔 그 말은 나하고 어울리지 않는 말처럼 들릴 때도 있었을 겁니다. 누구나 자기가 정말 듣고 싶은 칭찬의 말 한마디가 있습니다. 예를 들어 비록 공부를 뛰어나게 하지는 못했지만 포기하지 않고 끈기 있게 꾸준히 공부를 해 온 나의 인내성에 대하여 누가 칭찬해 준다거나, 평상시에는 덜렁거리는 성격이라 이것저것 자꾸 흘러 버리는 습관이 있어도 정말 중요한 일에서는 꼼꼼하게 챙기는 나의 책임감에 대해서 누가 칭찬을 해 준다면 정말 기분이 좋지요? 그럼, 여러분이 이때까지 들어 보지 못했지만 정말 누군가 그런 말을 해 줬으면 하는 칭찬의 말 한마디를 생각해 보세요. 그리고 종이에 적으세요.

나. 주변을 둘러보세요. 누가 이 말을 해 주면 내가 가장 만족스러울까요? 한 사람씩 찍으세요.

다. 찾아가세요. 찾아가서 본인이 쓴 말을 보여 주시고, 상황과 맥락을 간단하게 설명해 주세요. 한 사람한테 두 사람 이상 찾아올 수도 있는데 그럴 경우에는 그냥 기다리든지 아니면 스스로 알아서 사람을 바꿔도 됩니다.

라. 요청을 받은 사람은 찾아온 사람을 진지하게 칭찬해 주세요.

3) 소감 나누기

[지도자] 어떻습니까? 어떤 사람은 얼굴에 웃음꽃이 피었지만 어떤 사람은 아무런 표정도 없었습니다. 이 활동에서 어떤 것을 느꼈습니다. 서로 나눠 보도록 하겠습니다. ……

2. 전개단계(40분)

1) 한국인의 입장되어 보기[별지 5]

가. 활동의 목적

[지도자] 대인관계의 갈등과 오해는 종종 상대방의 입장을 이해하지 못하고 자기의 주장만 강조하기 때문에 야기될 때 많습니다. 상대방의 입장에서 생각하고 상대방의 입장에서 느끼고 상대방의 의도를 파악하는 것은 인간의 중요한 타인관점조망수용능력입니다. 타인관점조망수용능력이 발달하지 못하는 사람들은 세상 모든 사람이 자기와 똑같이 자기중심적인 사고만 한다고 생각합니다. 사실은 아닙니다. 인간은 관심의 초점을 자기를 향할 수도 있고 타인을 향할 수도 있습니다. 그리고 자기를 넘어서서 상대방의 입장이 될 수도 있습니다. 여러분이 한국문화를 이해하고 한국인을 이해하려면 반드시 한국인의 입장이 되어 봐야 합니다.

나. 활동의 진행절차

[지도자] 한국인의 입장이 되어 한국인의 욕구, 감정, 생각을 파악해 보는 연습을 해 보겠습니다. [별지 5 - 1]을 보겠습니다. 이 상황에서 한국인은 어떤 욕구, 감정, 생각을 가지고 있을 것 같습니까? 세 명씩 모여 앉아 토론해 보겠습니다. ……

토론한 내용을 발표해 보겠습니다. ……

2) 한국인을 칭찬해 보기

가. 활동의 목적

[지도자] 한국에서 우리를 진심으로 도와주고 정말 감사하게 생각하는 훌륭한 분들도 많이 만났지만 우리의 가치를 제대로 인정해 주지도 않고 때로는 우리에게 불이익을 주는 사람도 만났지요. 이런 경우가 자주 발생하게 되면 대부분의 사람들은 화가 나고 새로운 사람을 만날 때도 경계하게 됩니다. 그러나 우리들의 본심은 한국인과 잘 어울리고 서로 도우면서 함께 잘 살아 보고 싶은 마음이겠지요? 한국인과 잘 어울리려면 우선 먼저 한국인을 괜찮은 사람으로 봐야 되겠지요? 이번에는 한국인의 괜찮은 점을 짚어 보는 시간을 가져 보도록 하겠습니다.

나. 활동의 진행절차

[지도자] 자기와 관련이 많은 한국인을 한 명 생각해 두겠습니다. 선후배도 좋고, 지도교수님도 좋고, 일반 한국인도 좋습니다. 그런 다음 둘씩 마주 앉아 이야기를 나눠 보도록 하겠습니다.

그 사람의 성품, 성격, 재주 등 측면으로 나누어서 칭찬해 보세요.

3. 정리단계(10분)

[지도자] 자기를 넘어서서 타인의 관점을 조망하고 수용하는 일은 쉬운 일이 아닙니다. 우선 먼저 타인관점조망수용은 인간의 능력입니다. 이 능력의 발달은 많은 연습과 훈련이 필요합니다. 여러

분이 평상시에도 관심의 초점을 다른 사람에게 돌려보고 다른 사람의 입장에서 보고 느끼는 연습을 많이 하시기 바랍니다.

그리고 여러분은 긍정적인 시각으로 사람을 볼 수 있어야 합니다. 아무리 단점이 많은 사람이라 하더라도 칭찬할 거리를 찾는다면 수도 없이 많은 장점을 찾아낼 수 있습니다. 그러한 발견의 눈을 키웁시다. 수고했습니다.

참가자용 [별지 5 - 1]

학생 사례: 가까이 하기는 너무 싫은 한국인

저의 옆방에 한국친구가 살고 있거든요. 가끔 친구들 모이면 좀 시끄럽잖아요. 그러면 옆방 친구가 막 벽을 두드려요. 저는 못들은 척하거든요. 왜냐면 자기도 똑같이 시끄럽게 떠들 때가 있었으니까요. 저는 한국 사람들이 이렇게 수준 없이 일을 처리하는 방식이 정말 싫어요. 우리는 복도에서 만나도 서로 모르는 척 지내요.

그런데 이번 학기는 다른 친구가 이사 왔거든요. 꽤 괜찮은 친구예요. 같은 과도 아닌데 가끔은 건너와 말도 하고 같이 맥주도 마시고 지금은 정말 재밌게 지내고 있어요. 그 친구는 조용한 걸 좋아하거든요. 상대가 우리를 존중하면 우리도 당연히 상대를 존중하게 되잖아요. 그 친구가 말하지 않아도 저의 방에 친구가 오면 제가 조용하라고 말을 하거든요.

토론1: 이때 한국인의 심정은 어떻습니까?

토론2: 이때 한국인은 어떤 생각을 하고 있을까?

토론3: 한국인은 당신과 어떤 관계를 가지고 싶어 합니까?

참가자용 [별지 5 - 2]

타인관점조망수용능력이란

타인관점조망수용은 자기 자신만의 관점에서 탈피하여 다른 사람의 입장을 이해하고 그 상황 및 느낌 등을 이해하여 수용하는 능력으로 지각적 조망수용과 사회적 조망수용으로 구분된다. 인지 조망수용이란 사회적 조망수용의 하위개념으로서 타인의 의도나 지식과 견해 등을 추론 평가하는 능력이며, 타인의도조망과 타인사고조망으로 구성된다. 또한 감정조망수용이란 사회적 조망수용의 하위개념으로서 자신의 느낌을 기초로 하지 않고 타인의 감정 반응 관심을 추론하고 평가하는 것이다(이경미, 1992).

타인관점조망수용능력이 없는 사람은 자기중심적인 사고에서 벗어나지 못하고 대인관계의 역동을 이해하지 못한다. 따라서 타인의 감정을 있는 그대로 수용하지 못하고 자기의 느낌을 기초로 타인의 감정을 추론하기 때문에 대인관계에서 오해와 착각을 초래하는 경우가 종종 있다.

제6회기 기술 훈련

제 목		기술 훈련	
목 표		1) 의사소통기술의 향상 2) 문화통합기술의 향상	
활동개요		주요활동	소요시간
	준 비	■ 준비활동: 정서언어 익히기 1) 정서언어카드 중 가장 선명하게 느꼈던 정서체크하기 2) 정서언어카드 중 전혀 경험해 보지 못한 정서를 내놓기 3) 느낌 나누기	20분
	전 개	■ 의사소통기술 1) 잘 말하기-나 메시지 전달연습[별지 6-1] 2) 잘 듣기(질문, 확인, 반복) 　　상대편의 최근의 생활상황을 듣고 반응을 연습해 보기 3) 잘 돌려주기 (칭찬, 인정, 지지, 지적) 　　상대편의 지금의 표현을 보고 반응해 보기 ■ 문화통합기술 1) 자기관찰연습, 자기기록연습 가르치기[별지 6-2] 2) 한국과 중국의 문화차이 알아보기 3) 서로 다른 문화배경에서 자기의 느낌 나눠 보기	90분
	정 리	■ 카드피드백으로 칭찬선물주기-카드피드백에서 가장 마음든 내용 읽고 소감 발표하기	10분
기대효과		■ 효과적인 의사소통방법으로 의사소통을 시도한다. ■ 새로운 대인문화에 접하는 연습을 한다.	
준비물		1) 명찰 2) 펜 3) 자료 4) 평가지	

6회기 활동 내용

1. 준비단계(20분)

1) 활동소개

[지도자] 6회기 시작하기 전에 우리 먼저 준비활동을 하나 하겠습니

다. 활동의 이름은 '정서언어 익히기'입니다.

이 활동의 목적은 우리들이 평상시에 소홀히 할 수 있는 정서의 분화능력과 표현능력을 향상하는 데 있습니다. 정서능력은 인간의 기본적인 정신능력으로서 우리들의 생활에서 없어서는 안 될 중요한 기능들을 합니다. 특히 대인관계 면에서 우리들은 사실을 주고받는 대화도 하지만 관계를 발전하기 위해서는 느낌을 주고받음으로써 친밀해지게 됩니다. 많은 사람들은 감정의 비언어적 표현이 더 신뢰롭고 더 매력적이라고 생각하지만 최근의 연구에 의하면 정서를 언어로 표현하는 것도 아주 중요합니다. 우리들의 입장과 감정을 정확하게 상대방에게 전달할 수 있을 뿐만 아니라 우리들의 정신건강에도 중요한 영향을 미치게 됩니다. 앞으로 여러분들께서는 이 활동을 통하여 언어로 자기의 정서를 적극적으로 표현할 수 있게 되기를 바랍니다.

2) 활동의 진행절차

가. 느껴 본 정서 체크하기

[별지 6-2] 정서카드를 보겠습니다. 이 카드에 수록된 정서언어는 우리들이 체험할 수 있는 모든 정서를 다 수록했다고 할 수 없습니다. 우리들이 흔히 접할 수 있는 대표적인 상황을 여기에 수록했는데 한번 읽어 보시고, 선명하게 느껴 본 정서단어에만 체크해 보세요.

언제, 어디에서, 누구와 함께 어떤 상황에서 이런 정서를 느꼈습니까?

그때 본인의 느낌을 이 단어로 표현하는 것이 가장 적절합니까?

다른 말로 바꿀 수 있다면 어떤 말로 바꾸고 싶습니까?

나. 느껴 보지 못한 정서 체크하기

이번에는 전혀 느껴보지 못한 정서단어를 체크해 보겠습니다.

왜 이 정서단어를 선택했습니까? 이런 경험을 정말 해 보고 싶습니까? 이 정서에 대하여 어떤 생각을 가지고 있습니까?

3) 소감 나누기

[지도자] 이렇게 많은 정서언어를 보면서 여러분은 어떤 생각이 듭니까? 소감을 잠깐 나눠 보도록 하겠습니다.

……

2. 전개단계(90분)

1) 의사소통기술

가. 활동의 목적

[지도자] 의사소통기술은 대인관계의 가장 중요한 기술입니다. 사람들은 의사소통을 통하여 각자의 생각, 감정, 의도를 표현하고, 의사소통을 통하여 서로 이해하고 서로 가까워질 수 있습니다. 그러나 많은 유학생들은 대인관계기술이라고 하면 부정적인 생각부터 가지게 되는데 이는 대인관계기술의 목적과 내용을 잘 모르기 때문이라고 생각합니다. 이 활동을 통하여 여러분들이 대인관계기술이 대인관계에 얼마나 중요한 영향을 미치는지를 이해하게 될 겁니다. 대인관계기술은 속임수도 아니고 단순한 사교술도 아닙니다. 대인관계기술은 여러분이 지금 가지고 있는 따뜻한 마음과 순

수한 관계욕구를 효과적으로 표현할 수 있는 기술을 말합니다. 의사소통기술에는 많은 내용이 포함되어 있는데 본 교육프로그램에서는 '잘 말하기 기술', '잘 듣기 기술', '잘 돌려주기 기술'만 다루겠습니다.

나. 활동의 진행절차

[지도자] 우선 먼저 잘 말하기 기술을 연습해 보겠습니다. [별지 6-1]을 보겠습니다. 잘 말하는 법은 여러 가지 내용들이 포함되어 있겠지만 여기에서는 주로 '나 메시지 전달법' 연습을 해 보겠습니다. [별지 6-1]

이번에는 잘 듣기 기술을 연습해 보겠습니다. 여러분은 대화하면서 질문을 자주합니까? 혹시 질문할 때 주저하거나 상대방이 불쾌할까 봐 걱정할 때가 있습니까? 의사소통할 때 질문의 기능은 상대방의 말을 정확하게 이해하고 상대방의 심정과 의도를 제대로 공감하고 이해하려는 것입니다. 때문에 여러분은 잘못 이해했거나 분명하지 않으면 용기 있게 질문하세요. 자, 두 사람 마주 앉으세요. 이야기 주제를 의논하고 3분 동안의 대화를 해 보겠습니다. 주로 질문연습을 하겠습니다. 질문하고 나서 상대방이 무엇을 어떻게 느꼈는지도 질문하세요.

대화할 때 많은 사람들은 자기의 기준으로 상대방의 이야기를 오해하고도 정확하게 이해했다고 착각할 때가 있습니다. 이런 오해를 방지할 수 있는 방법은 확인하는 것입니다. 확인이 자기가 상대방의 이야기를 어떻게 이해하고 있다는 것을 수시로 알려줌으로써 자기의 이해내용을 확인하는 것이고 상대방이 자기의 이야기를 어떻게 이해하고 있는지를 확인하기 위하여 질문할 때도 확인하는 과정입니다. 확인의 가장 간단한 방법은 질문과 반복입니다. 두 사람씩 마주 앉아서 연습해 보겠습니다. 상대방이 이야기를 하면 자기가 들었던 바를 그대로 반복해서 확인하면 됩니다. 그리고 상대방의 말을 확인할 때 상대방이 어떻게 느꼈는지 질문해 보세요.

마지막으로 잘 돌려주기 연습을 해 보겠습니다. 여러분은 일상에서 아주 많은 대인기술을 능숙하게 사용하고 있을 겁니다. 그러나 여러분은 아는 사람을 칭찬하고 인정하고 지지하고 지적하는 것은 잘못할 겁니다. 낯선 사람이든 아는 사람이든 여러분이 사람을 만나서 줄 수 있는 가장 귀한 선물이 칭찬과 인정입니다. 많은 사람들은 칭찬을 아부로 오해하는데 그렇지 않습니다. 우리는 사람들의 성품과 행위를 보고 정말 장하고 정말 좋다고 생각할 때 칭찬을 하게 됩니다. 그런데 너무 익숙해서 자연스러운 일로 됐는데도 칭찬이 계속 필요한지를 질문하려는 사람도 있을 겁니다. 답은 그렇습니다. 칭찬은 공기처럼 누구에게나 필요한 정신적 산소입니다.

우리의 행동은 늘 칭찬을 받아야만 하는 것이 아닙니다. 우리는 잘못할 때도 있고 나쁜 버릇이 있을 때도 있습니다. 이럴 때 누가 따끔하게 지적해 주면 우리의 나쁜 습관과 잘못을 고치는 데 아주 중요하지요? 그러나 지적은 반드시 그 행동을 지적해야지 사람을 전체적으로 부정하지 말아야 합니다. 특히 지적할 때는 제대로 보고 있었는지 사실인지를 확인해야 됩니다. 그리고 무엇보다도 상대방의 입장과 상황을 고려하여 상대방이 받아들일 수 있는 방식으로 지적해야 합니다. 많은 사람 앞에서 무턱대고 지적하거나, 상황에 맞지 않게 식사라든지 중요한 행사를 앞두고 지적하는 것은 바람직하지 않습니다. 상대가 마음의 여유가 있을 때 상대가 진지하게 자기를 반성하고 자기를 개선하려는 의욕이 있을 때 진지하게 지적해 주면 가장 효과적입니다.

시간상 관계로 칭찬과 지적은 여러분이 일상에서 많이 연습해 보기 바랍니다.

2) 문화통합기술[별지 6-2]

가. 활동의 목적

[지도자] 여러분은 이미 국경과 지역을 넘어선 사람입니다. 여러분이 원하든 원하지 않든 간에 이미 두 가지 이상의 문화에 노출되어 있습니다. 어떤 사람은 몸은 한국에 있지만 마음은 늘 중국에서 사는 것처럼 생각하고 느끼고 있을지도 모릅니다. 그러나 그렇게 생활할 때 여러분은 한국인들과 원활한 교류를 할 수 없을 겁니다. 왜냐하면 한국인들은 중국의 문화를 전혀 모르고 있기 때문에 그들은 자기의 문화배경으로 여러분의 심정과 행동을 해석할 것입니다. 여러분이 상대의 문화배경도 모른다면 두 사람이 무엇때문에 오해가 생겼는지도 이해할 수 없을 겁니다. 이해와 교류를 위하여 우리는 서로를 알아야 합니다. 문화는 단순히 지식으로 알아서 행동으로 바로 옮길 수 있는 것은 아닙니다. 문화는 체험을 바탕으로 장기간의 생활과정에서 형성된 행동방식입니다. 자기와 타인의 반응방식에 놀라지 않고 자연스럽게 받아들일 때 우리는 문화에 적응했다고 할 수 있습니다. 여러분은 나름대로의 경험을 쌓아가면서 적응을 하게 될 겁니다. 여러분의 시행착오를 줄이고 보다 효과적으로 문화에 적응하는 것을 돕기 위하여 여러분에게

문화통합기술 훈련을 실시하고자 합니다.

문화통합이란 두 가지 이상의 문화양식을 동시에 내면화하여 상황에 따라 적절한 행동양식을 선택하고 표현할 수 있는 심리상태입니다. 문화통합기술의 핵심은 자기통제인데 자기통제능력은 자기관찰과 자기기록훈련을 통하여 향상할 수 있습니다.

여러분은 한국에서 중국 방식으로 하다가 통하지 않으니까 자기도 모르는 사이에 엉뚱한 말을 하거나 엉뚱한 행동을 하게 되지요? 이렇게 엉뚱한 말과 엉뚱한 행동을 하게 되면 사람들을 당황하게 만듭니다. 그런 상황이 반복되면 여러분은 점점 사람을 만날 용기를 잃게 됩니다. 사람들이 자꾸 이상한 눈빛으로 여러분을 보게 되고 직선적인 사람은 여러분의 이런 표현에 불쾌감까지 표현하게 되니까요.

자기관찰 자기기록 방법은 여러분의 행동을 효과적으로 통제하는 데 도움이 됩니다.

나. 활동의 진행

[지도자] 어떤 상황에서 어떻게 행동해야 하는지를 배우는 것도 적응에 도움이 되지만 어떤 상황에서 내가 어떻게 했는데 나와 상대에게 어떤 영향을 미쳤는지를 관찰하고 기록하는 것도 여러분의 적응에 도움이 됩니다. 성실하게 자기를 관찰하고 자기를 기록하다 보면 여러분이 스스로 자기의 행동을 성찰할 수 있을 뿐만 아니라 여러분은 자기에 관하여 놀라운 사실을 발견할 수도 있습니다. 정말 인정하기 싫은 자기의 취약점도 발견할 수 있고 자기의 진정한 소원도 발견할 수 있습니다. 자기관찰과 자기기록은 지속적으로 해야 의미가 있습니다. 이번 시간은 자기관찰과 자기기록방법을 가르쳐 드리는 시간이 되겠습니다.

그럼, 지금부터 자기관찰기록을 실제로 한번 해 보겠습니다. [별지 6-2]를 준비해 주십시오. 기억에 남은 사건을 떠오르십시오. 별지에 제시한 내용에 따라 자기의 내면변화와 행동을 기록해 보십시오.

3. 정리단계(10분)

이번 시간에 여러분은 의사소통기술과 문화통합기술의 학습과 연습을 하였습니다. 여러분은 어떤 기술의 학습과 훈련이 여러분한테 도움이 되었다고 생각합니까? 각자의 체험을 나누는 시간을 가져 보도록 하겠습니다.

······

참여자용 [별지 6-1]

나 메시지 전달법

1. 나 메시지
'나'를 주어로 상대방의 행동에 대한 자신의 생각과 감정을 표현하는 대화 방식

상대방에게 나의 입장과 감정을 전달함으로써 상호 이해를 도울 수 있다.

상대방에게 개방적이고 솔직하다는 느낌을 전달하게 된다.

상대는 나의 느낌을 수용하고 자발적으로 자신의 문제를 해결하

고자 하는 의도를 갖게 된다.

2. 너 메시지

너를 주어로 하여 상대방의 행동에 대한 자신의 생각과 감정을 표현하는 대화 방식

상대방에게 문제가 있다고 표현함으로써 상호관계를 악화시킨다.

상대방에게 일방적으로 강요, 공격, 비난하는 느낌을 전달하게 된다.

상대방에게 변명하려 하거나 반감, 저항, 공격성을 보이게 된다.

3. 나 메시지의 실행방법

1) 문제를 유발하는 구체적인 행동을 비난 없이 서술

2) 그 행동으로부터 발생되는 구체적인 영향 또는 결과

3) 그 영향이나 결과로 인한 나의 감정을 표현

참여자용 [별지 6 - 2]

자기관찰 기록지

200 년 월 일 요일	기록자:		
일어난 사건 또는 상황			
내가 지각한 문화배경			
나의 느낌			
심리활동 관찰		행동 관찰	
무엇 때문에 그런 느낌이 생겼을까?		나의 반응행동	
그 느낌은 어떻게 되었나?		나의 행동은 어떻게 변했나?	

참여자용 [별지 6 – 3]

정서 카드

희(喜)

감격스러운	날아갈 듯한	뭉클한	시원한	통쾌한	환상적인
감동적인	놀라운	반가운	눈물겨운	포근한	후련한
감사한	눈물겨운	벅찬	싱그러운	푸근한	흐뭇한
고마운	든든한	뿌듯한	짜릿한	달콤한	흔쾌한
기쁜	만족스러운	살맛나는	쾌적한	행복한	흥분된

로(怒)

고통스러운	기분이 상하는	꼴사나운	끓어오르는	나쁜
가혹한	모욕적	무서운	복수심	패배감
골치 아픈	불안스러운	불쾌한	섬뜩한	소름 끼치는
괴로운	속상한	숨 막히는	실망감	쓰라린
분노	구역질나는	분개	열을 받는	치가 떨리는

애(哀)

가슴 아픈	걱정되는	고단한	고민스러운	공포에 질린	공허한
괴로운	구슬픈	권태로운	근심되는	낙담한	마음이 무거운
멍한	미어지는	부끄러운	불쌍한	불편한	불행한
비참한	비탄함	서글픈	서러운	섭섭한	소외감
안타까운	속 썩는	쓰라린	쓸쓸한	아린	아쉬운
암담한	앞이 깜깜한	애석한	애처로운	애태우는	애통한
언짢은	염려하는	외로운	우울한	울적한	음울한
음침한	의기소침한	절망적인	좌절하는	증오하는	지루한
착잡한	창피한	처량한	처참한	측은한	허전한

락(樂)

가벼운	가뿐한	경쾌한	기분 좋은	담담한	영리한
밝은	산뜻한	상쾌한	상큼한	숨 가쁜	신나는
유쾌한	자신 있는	즐거운	쾌활한	편안한	홀가분한
확신 있는	활기 있는	활발한	흐뭇한	흥분된	희망찬
기쁜	만족스러운	살맛나는	쾌적한	행복한	흥분된

애(愛)

감미로운	감사하는	그리운	다정한	따사로운	묘한
뿌듯한	사랑스러운	상냥한	순수한	애틋한	열렬한
열망하는	친숙한	포근한	호감	화끈거리는	흡족한
고마운	든든한	뿌듯한	짜릿한	달콤한	야릇한
기쁜	만족스러운	고요한	행복한	설레는	

오(惡)

고통스러운	괴로운	구역질나는	귀찮은	근심스런
끔찍한	무정한	몸서리치는	미운	부담스런
서운한	싫은	싫증나는	쌀쌀한	야속한
얄미운	억울한	원망스러운	죄스런	죄책감
증오스러운	지겨운	짜증스러운	차가운	황량한

욕(慾)

간절한	갈망하는	기대하는	바라는	소망하는	애끓는
절박한	찝찝한	초라한	초조한	호기심	후회스런
희망하는	눈물겨운	벅찬	뿌듯한	짜릿한	두근거리는
잠을 설치는					

김삼화

청심국제중고등학교 교사
서울대학교 교육연구소 객원연구원
전국학교상담지원센터 임원

중국 연변대학에서 학사 학위를 받고 한국교원대학교에서 상담심리 석사, 서울대학교에서
교육상담 박사 학위를 받았다.
저서로 감수성훈련의 실제(2004, 한알출판사, 공저)가 있다.

김창대

서울대학교 사범대학 교육학과 교수.

서울대학교 학부 교육학 학사, 대학원 교육학과 상담전공 석사학위, 미국 Columbia
University의 Teachers College 상담심리학과 석·박사 학위를 받은 후, 한국청소년상담원
상담교수와 계명대학교 교육학과 교수를 지냈다.
저서로 카운슬링의 원리(교육과학사, 1999), 탈북가족의 적응과 심리적통합(서울대학교 출
판부, 2007), 대가에게 배우는 집단상담(2008, 학지사), 학교상담과 생활지도(학지사,
2009) 등이 있다.

문화장벽을 넘어
더불어 살기

초판인쇄 | 2009년 4월 20일
초판발행 | 2009년 4월 20일

지은이 | 김삼화, 김창대
펴낸이 | 채종준
펴낸곳 | 한국학술정보㈜
주 소 | 경기도 파주시 교하읍 문발리 513-5 파주출판문화정보산업단지
전 화 | 031) 908-3181(대표)
팩 스 | 031) 908-3189
홈페이지 | http://www.kstudy.com
E-mail | 출판사업부 publish@kstudy.com

등 록 | 제일산-115호(2000. 6. 19)
가 격   29,000원

ISBN   (Paper Book)
        978-89-534-2327-5 98370 (e-Book)

내일을여는지식 ■ 은 시대와 시대의 지식을 이어 갑니다.